Gunther Langes

LA GUERRA FRA ROCCE E GHIACCI

La guerra mondiale 1914–1918
in alta montagna

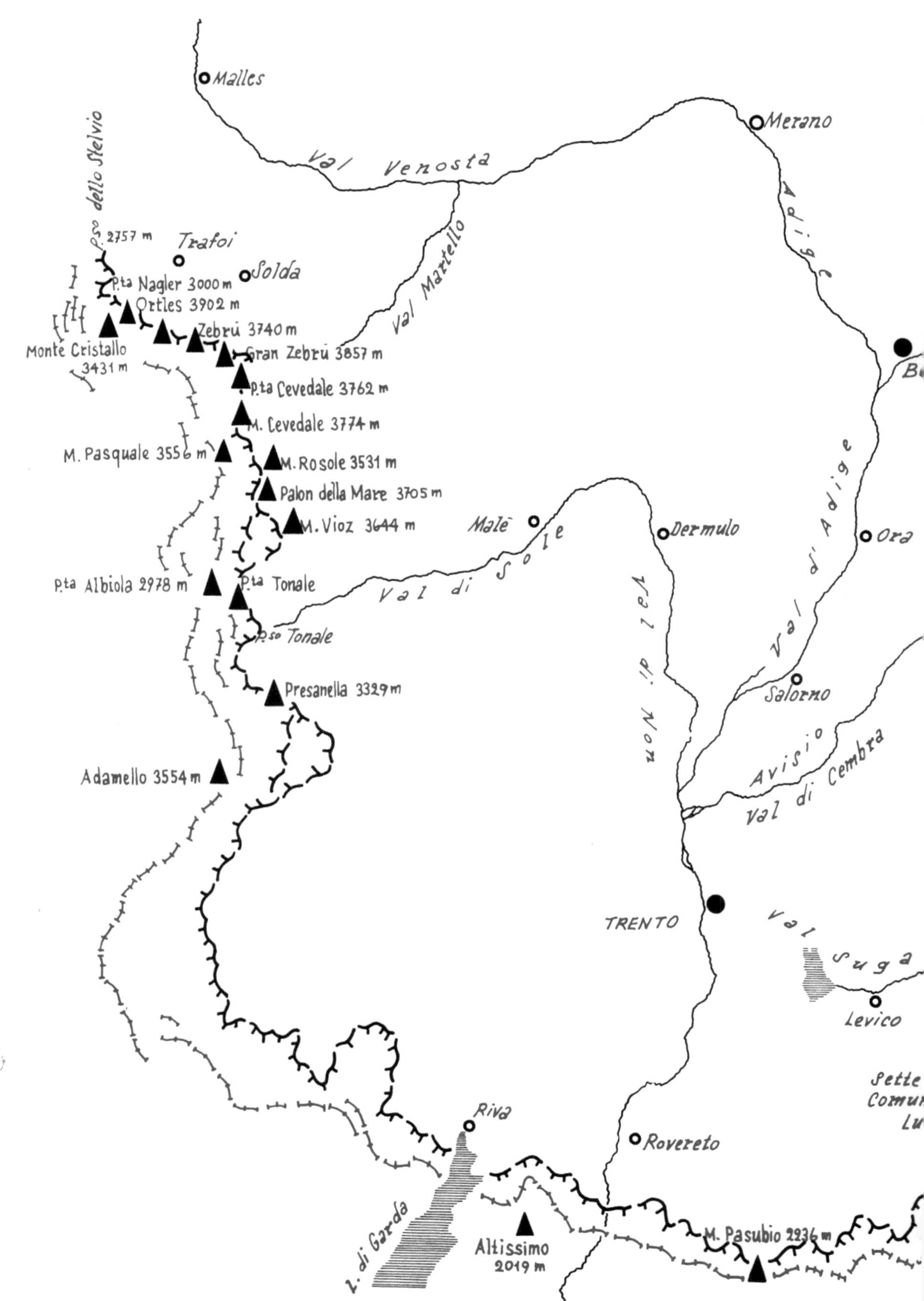

Malles
Merano
Val Venosta
Adige
Val Martello
P.so dello Stelvio
2757 m
Trafoi
Solda
P.ta Nagler 3000 m
Ortles 3902 m
Zebrù 3740 m
Monte Cristallo
3431 m
Gran Zebrù 3857 m
P.ta Cevedale 3762 m
M. Cevedale 3774 m
M. Pasquale 3556 m
M. Rosole 3531 m
Palon della Mare 3705 m
M. Vioz 3644 m
Malè
Dermulo
Val di Sole
Val d'Adige
Ora
P.ta Albiola 2978 m
P.ta Tonale
P.so Tonale
Val di Non
Salorno
Presanella 3329 m
Avisio
Val di Cembra
Adamello 3554 m
TRENTO
Val Suga
Levico
Sette
Comun
Riva
Rovereto
L. di Garda
Altissimo
2019 m
M. Pasubio 2236 m

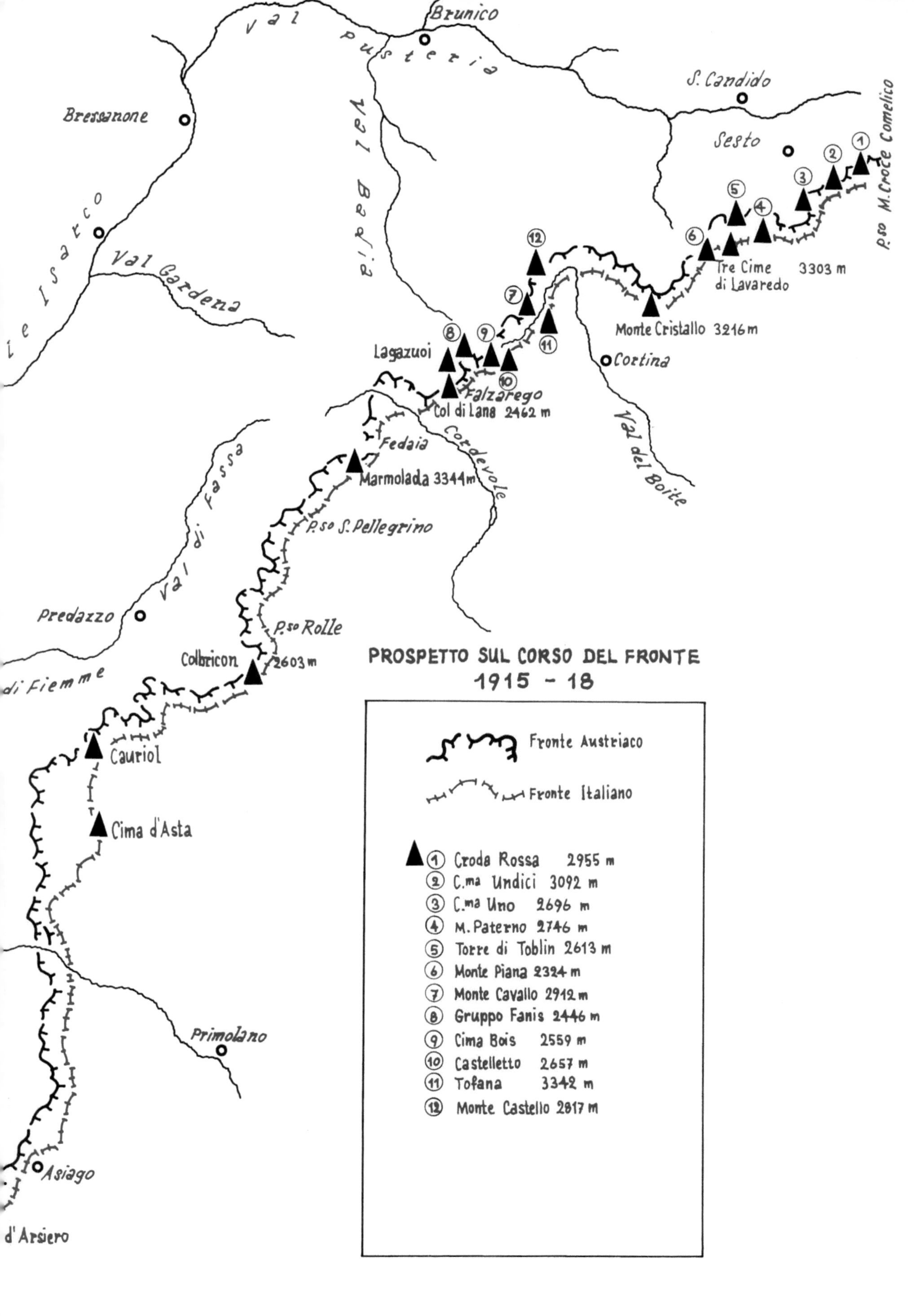

Brunico
Val pusteria
S. Candido
Bressanone
Sesto
P.so M. Croce Comelico
Val Badia
Valle Isarco
Val Gardena
Tre Cime di Lavaredo 3303 m
Monte Cristallo 3216 m
Lagazuoi
Cortina
Falzarego
Col di Lana 2462 m
Fedaia
Cordevole
Val del Boite
Val di Fassa
Marmolada 3344 m
P.so S. Pellegrino
Predazzo
P.so Rolle
Colbricon 2603 m
Val di Fiemme
Cauriol
Cima d'Asta
Primolano
Asiago
Val d'Arsiero
PROSPETTO SUL CORSO DEL FRONTE
1915 - 18
Fronte Austriaco
Fronte Italiano
1 Croda Rossa 2955 m
2 C.ma Undici 3092 m
3 C.ma Uno 2696 m
4 M. Paterno 2746 m
5 Torre di Toblin 2613 m
6 Monte Piana 2324 m
7 Monte Cavallo 2912 m
8 Gruppo Fanis 2446 m
9 Cima Bois 2559 m
10 Castelletto 2657 m
11 Tofana 3342 m
12 Monte Castello 2817 m

In copertina:
Cannone sul Corno Pleisshorn (m 3754) nel Gruppo dell'Ortles

2015 · Settimo edizione

Titolo dell'edizione originale: «Die Front in Fels und Eis»
Traduzione dal tedesco: Generale Aldo Daz

ISBN 978-88-6839-050-1

www.athesialibri.it
casa.editrice@athesia.it

Premessa

Il 14 aprile 1972, quando Gunther Langes, dopo una grave malattia, venne a mancare, rimasero sulla sua scrivania le pagine, quasi ultimate, per la nuova edizione di questo libro.

«Front in Fels und Eis» aveva accompagnato il suo autore e compilatore per una vita intera, fino all'ultimo giorno. Egli stesso aveva più volte affermato trattarsi del volume più caro e più importante fra tutti quelli da lui scritti.

Per Gunther Langes l'esame dei molti eventi della guerra in alta montagna a cui aveva direttamente partecipato, aveva assunto, con il passare degli anni, un valore storico del tutto particolare, pur nella conferma, a quarant'anni dalla prima edizione, della loro immutabile validità.

Questa edizione, pertanto, non si differenzia molto dalle precedenti, salvo l'aggiunta di fotografie e di schizzi fino ad oggi non pubblicati.

***

Fu davvero grande gioia per Gunther Langes la possibilità di poter scrivere ampliata la sua opera sulla prima guerra mondiale. Era per lui la certezza che alle sue pagine era riconosciuto il valore di assoluta obiettività. Opera ormai esaurita da anni, ma richiesta da un particolare pubblico di appassionati e di alpinisti. Anche gli avversari di un tempo ne erano interessati, per la chiara fama dello scrittore, a loro noto per cavalleresca obiettività.

***

Langes nacque nel 1899 a Fiera di Primiero, villaggio allora austriaco, ai piedi delle Pale di San Martino, e crebbe in un ambiente dolomitico che segnò, in modo evidente, la sua personalità.

Allievo delle guide più famose e dei più noti scalatori del suo tempo, superò, in breve, i suoi stessi maestri. Godeva già di una chiara fama quando, a diciassette anni lasciava i banchi della scuola per il fronte dell'Ortles, della Marmolada, per il Grappa, per l'Altopiano dei Sette Comuni, e, molti anni dopo, per il fronte occidentale.

Due medaglie d'argento al valor militare onorarono la sua uniforme di soldato dell'Imperatore e di ufficiale nella seconda guerra mondiale. Il periodo tra le due guerre costituisce storia dell'alpinismo.

Solo nel gruppo delle Pale vi sono cinquanta prime ascensioni, fra cui quella mirabile dello Spigolo al Velo della Madonna. Quale sciatore, nell'anno 1935, inventò il primo slalom gigante sulla Marmolada, e venne subito chiamato negli Stati Uniti quale esperto di sci.

L'esperienza di questo periodo è raccolta nelle numerose edizioni delle guide sciistiche ed alpinistiche alle quali più tardi si aggiunsero cenni storici e topografici, nella originale pubblicazione «Autorama» ed in numerosi volumi di un'opera geografica descrittiva sull'Alto Adige.

Inoltre, studente di filosofia e già laureato in legge, era occupato come redattore presso importanti riviste tedesche e, saltuariamente, quale giornalista a Bolzano.

Egli ha vissuto per parecchi anni in una piccola casa a Siusi, ai piedi dello Sciliar e, successivamente, sul lago di Garda, che aveva particolarmente caro, quale elemento di unione fra i paesaggi delle Alpi Centrali, dell'Ortles e delle Dolomiti.

*
* *

Lo accompagnammo per l'ultimo viaggio terreno al cimitero militare di S. Giacomo presso Bolzano. La sua bara era sostenuta da vecchie piccozze portate da giovani volontari del Soccorso Alpino. La bandiera della vecchia armata sventolava sopra le manciate di quella terra, a dire l'ultimo saluto, terra di un paese che aveva tanto amato e fedelmente servito.

Il tenente Gunther Langes, il primo scalatore dello Spigolo del Velo, il pioniere delle competizioni sciistiche, lo scrittore di successo, fu, soprattutto, un uomo che ha lasciato una traccia incancellabile nella storia del Sudtirolo.

Dr. Josef Rampold

Prefazione dell'autore

Lo scacchiere della prima guerra mondiale che si estendeva per novemila chilometri fra Europa ed Asia, dalle rive del Mare del Nord fino alle sabbie dei deserti dell'Arabia ed alle boscaglie delle colonie tedesche in Africa, era caratterizzato da un continuo variare di aspetti.

Nessun settore fu peraltro così singolare come quello che si articolava sulle più alte vette dell'arco alpino.

Questo libro racconterà le vicende della vita e delle battaglie che hanno avuto luogo lassù. Le fotografie sono testimonianza fedele di azioni che hanno dell'inverosimile, pur nella naturalezza della presentazione che è ben lontana da ogni falsificazione o montaggio.

Teatro della guerra in montagna furono le Alpi, ad una altezza oltre la quale si spegne ogni forma di vita e la stessa natura si fa nemica dell'uomo. Questa linea inizia dove i monti si elevano verso il cielo, oltre i duemila metri, con la nuda roccia ed i ghiacciai perenni. Non sembra possibile estendere l'esame ad altri fatti, in quanto non si intendeva scrivere un'opera completa sulla guerra in alta montagna. Verrà esposta, nelle pagine, solo una scelta di episodi di vita e di combattimenti di questa singolare guerra combattuta dove regna, infinito, il silenzio e si scatenano le grandi forze della natura.

Silenzio e pace quale premio ai soldati che hanno combattuto sui monti; ed asperità della natura che impone eccezionali doti di uomo e di soldato nel compimento del proprio dovere.

E proprio in questa duplice lotta contro le avversità della natura e la difficoltà estrema del combattimento, la guerra si rivelò nei suoi più caratteristici aspetti.

La guerra è sempre presente nel passare dei secoli, come l'amore, come la fame.

E un libro che parli di guerra, non vuole certo essere un incentivo alla guerra, purtroppo inevitabile. Vuole essere solo commossa testimonianza della sofferenza di una nazione che la guerra ha vissuto, dall'inizio alla fine.

Vuole essere solo un ricordo ed un segno di gratitudine per tutti quelli che combatterono in alta montagna.

Dr. Gunther Langes

...«se coloro che sono legati alla loro terra, quelli uomini che hanno le loro profonde origini nel patrio suolo e che fin dall'inizio hanno impugnato le armi con esemplare entusiasmo per opporsi all'invasore su un campo di battaglia di rocce e di ghiacciai, con fedeltà, abnegazione e valore, non fossero stati capaci di dimostrarsi invincibili come lo erano stati i loro antenati»...

V. Graf Dankl

Prefazione

Generale DANKL von KRASNIK conte Vittorio
comandante d'armata austriaco e comandante della difesa territoriale del Tirolo.

Quando, nel 1914, le Armate della Monarchia Austriaca si schierarono contro la Russia e la Serbia, ebbe inizio l'ultima eroica battaglia dell'Austria-Ungheria contro forze avversarie di gran lunga superiori. Quando poi, nel 1915, si dovette pensare alla difesa del confine sud-occidentale dell'Impero, che correva in zona alpina, questa «battaglia» raggiunse il più alto indice del suo valore epico.

Un aspetto di questa epica lotta viene esposto in queste pagine. Si tratta dei combattimenti sui monti rocciosi e coperti di ghiaccio del Tirolo del Sud che per le condizioni di clima e di vita durissima, devono essere annoverati fra i più impegnativi nella storia della guerra.

Sui monti del Tirolo l'uomo ha solo Dio testimone di come soldati ed ufficiali, tiratori tirolesi e truppe della difesa territoriale hanno combattuto, fedeli alle tradizioni millenarie, valorosamente fino alla fine, non decisa dalle armi, ma dal destino che è oltre l'uomo. Una terra che origina uomini di una tale tempra e può sopportare simili sacrifici, dovrà risorgere a nuova vita.

← Sentinella in un ricovero di neve in alta montagna (Monte Cristallo, Gruppo dell'Ortles).

...«Il Tirolo, con la sua bellezza, con i suoi monti che pure a noi sono così cari — la terra dove la lingua tedesca suona in modo così particolare, dove il contadino vive libero sulle sue vette e dove, in ogni angolo, vi sono antichissime tracce della cultura tedesca — è una terra che possiamo considerare spiritualmente ci appartenga»...

Konrad Krafft von Dellmensingen

Introduzione alla 1ª edizione del presente volume

del Generale di Artiglieria Krafft von Dellmensingen, allora comandante del Corpo Alpino tedesco.

L'alta montagna, nella guerra dei tempi andati, costituì solo elemento di passaggio. I combattimenti ebbero luogo sulle strade che portavano ai passi, e sulle cime che ne costituivano i fianchi. Solo eccezionalmente si ebbero episodi di guerra nell'interno delle catene montuose.

Nella situazione in esame la guerra in montagna ha subito cambiamenti radicali, da un lato, per le migliori possibilità di movimenti conseguenti a strade che permettevano, in molti luoghi, di accedere al confine; dall'altro, per lo sviluppo delle tecniche alpinistiche che hanno consentito il superamento delle maggiori difficoltà, sia su roccia che su ghiaccio, fino a raggiungere le vette più alte e difficili.

Subì un conseguente e necessario adeguamento anche la tattica e l'armamento, specie di artiglieria, in quegli Stati che erano interessati a confini aventi andamento montagnoso.

Allora, si potevano impiegare in montagna solo cannoni leggeri; ora, l'indipendenza degli osservatori dalle posizioni dei pezzi, le possibilità di tiro indiretto, le migliori condizioni di comunicazione ed i progressi nel tiro dei mortai consentono l'impiego di ogni tipo di artiglieria e da ogni posizione, sia in alto che in fondovalle, e con notevole massa di fuoco.

Se prima il confine risultava protetto dalla semplice difesa fortificata dei passi, ora invece era necessario difendere le catene montuose tra passo e passo, per mezzo di opportuni provvedimenti. Si dovettero prendere in considerazione anche quei settori di montagna considerati prima inaccessibili, poiché il loro superamento consentiva di aggirare gli sbarramenti e di renderne vana l'efficacia, tenendoli sotto il fuoco dall'alto.

Così ogni settore montagnoso divenne, in pratica, teatro di guerra, per tutti quei paesi confinanti con simili terreni.

Nell'Impero austro-ungarico tale stato di cose fu preso in esame, in vista di una possibile guerra con l'Italia, e si era portata avanti una certa preparazione.

← Marmolada. Ponte in caverna sopra un crepaccio.
L'ingresso della caverna è crollato.

Il Tirolo, in una guerra mondiale, sarebbe divenuto zona di combattimento in quanto ci si doveva aspettare che un attacco italiano avrebbe avuto i suoi obiettivi collocati profondamente ad est e a nord-est, e quindi l'impiego del Sudtirolo, quale zona di sbocco per le forze austriache contro l'Italia, era inevitabile.

Nei primi anni della guerra mondiale, quando l'Italia era ancora neutrale, questo territorio era quasi privo di truppe da combattimento. Ci si accontentò, in questo periodo di tempo, di predisporre una linea di difesa avente una certa continuità, anche cedendo qualche tratto di territorio, e di allestire alcune posizioni di sbarramento più arretrate.

Tutti questi preparativi, sulle montagne rocciose e sui ghiacciai, richiesero improba fatica, ed alla dichiarazione di guerra con l'Italia avevano raggiunto la consistenza di una debole linea difensiva che nei posti più difficili, presentava soluzioni di continuità, e ciò per la scarsità di uomini e di mezzi da impiegare nei lavori necessari.

Vi era anche scarsità di truppe da impiegare nella difesa. Le truppe reclutate localmente stavano combattendo lontano dalla loro terra, su campi di battaglia della Galizia. La carenza di truppe per la difesa del Tirolo era così pressante che si decise di trasformare i battaglioni di lavoratori (formati da anziani, riformati e personale non addestrato) in truppa da combattimento, armandoli con fucili tedeschi.

Ciononostante, all'apertura delle ostilità e di fronte alla superiorità delle forze italiane pronte ad attaccare, vi erano, lungo i cinquecento chilometri del fronte del Tirolo, solo ventidue battaglioni territoriali e sette batterie, tutti di efficienza operatoria discutibile; fra di essi gli sbarramenti fortificati, occupati in permanenza da reparti ben addestrati. Per il completamento di questa insufficiente copertura, l'Austria dovette contare, all'inizio, sui così chiamati «Standschützen» circa trentamila uomini. Si trattava quasi di una «ultima offerta» del Tirolo, giovanissimi, solo sommariamente organizzati in modo militare e superficialmente addestrati all'uso delle armi. Accanto al loro amor patrio, ad un ostinato valore in combattimento ed una certa preparazione al tiro, essi avevano innato la loro fedeltà alla montagna. La tradizionale «difesa» di Andreas Hofer stava per rinascere.

C'è da dire che fino a quando il Tirolo non fu in grado di recuperare truppe particolarmente adatte per la difesa, e dislocate all'est, la Germania si era dimostrata disponibile per un aiuto limitato.

Vi era poi una difficoltà dovuta al fatto che la Germania non aveva truppe da montagna. Per ovviarvi, si dovette creare un «Corpo Alpino tedesco» pochi giorni dopo la dichiarazione di guerra dell'Italia, togliendo il personale dal fronte occidentale.

Fu composto con uomini di valore, parte bavaresi, abituati alla vita tra i monti, ma con reparti formati da uomini originari delle pianure del Nord e Sud della Germania, ai quali la montagna non era certo familiare.

È ben vero che si trattava di soldati valorosi e con grande esperienza di combattimento, ma che dovevano acquisire l'adattamento all'ambiente, esperienza e mobilità su terreno difficile. Tale rafforzamento della difesa del Tirolo consentì un consolidamento della posizione e fu un valido aiuto, accolto con particolare sollievo anche da parte della popolazione.

L'aiuto sarebbe stato veramente tardivo, se gli italiani, sfruttando l'impulso iniziale all'atto della dichiarazione di guerra, avessero invaso il Tirolo attraverso tutte le possibili vie di penetrazione. Avrebbero indubbiamente avuto nelle loro mani, senza difficoltà di sorta, l'intera regione fino al passo del Brennero, tenendo conto che lo stato maggiore tedesco aveva ordinato alle sue truppe di montagna di occupare e custodire le posizioni situate sui monti, a nord del fiume Inn. Ma gli Italiani esitarono ad avanzare e, dopo l'incontro con le truppe tedesche, vennero bloccati.

Così, sulla linea di difesa prevista sulle alte quote, ebbe inizio la lunga guerra di posizione.

Così, insieme al valore dei difensori austriaci, sorsero le prime difficoltà per le truppe tedesche accorse in aiuto. Pur tuttavia non era da sottovalutare l'aiuto tedesco. Le posizioni appena accennate ed i ricoveri incompleti e non utilizzabili costrinsero i tedeschi ad affrontare le difficoltà dell'ambiente, a trasfondere nelle truppe tirolesi l'esperienza derivata dai combattimenti, ad ampliare le possibilità di collegamento ed organizzare l'apparato logistico. Tutto ciò, mentre si doveva adempiere al duro compito della difesa su posizioni così difficili. In tutto questo lavoro le truppe tedesche furono veramente di aiuto e di stimolo. La particolarità della guerra in montagna ebbe quale conseguenza che luoghi particolarmente dominanti ed impervi assunsero importanza determinante per l'esito dei combattimenti (Col di Lana - Tofane - Alpe di Sesto).

Le truppe tedesche hanno dato dovunque il loro aiuto, sia nei lavori di rafforzamento che nei combattimenti più duri, strettamente uniti ai loro confratelli. Più di un combattente tedesco vi ha perduto la vita e riposa nei silenziosi cimiteri di guerra, o in qualche angolo sperduto, lassù, in mezzo alle montagne meravigliose.

I combattenti dei due eserciti furono ben presto uniti da un cameratismo sorto dalle comuni esigenze ed ognuno dava qualcosa all'altro: gli austriaci la loro lunga esperienza nell'organizzazione della guerra fra i monti in cui erano vissuti da sempre; i tedeschi la loro sicurezza bellica, la loro abitudine al combattimento, la condotta accorta e le direttive più proprie per ottenere i risultati migliori.

Il Corpo Alpino tedesco era rappresentativo dell'intera Germania, ne raggruppava tutte le stirpi, così che, nel comune impegno, impararono a conoscere la bellezza del Tirolo e la sua gente, in modo tale da serbarne uno dei ricordi più cari della guerra. Si venne così a creare uno stretto vincolo, ad onta delle diverse provenienze e parlate, tale da unire sempre più profondamente tutti gli uomini appartenenti ai due eserciti.

Dalla emulazione più pura e più sentita, nacque la volontà di non cedere di un passo all'avversario e la certezza che mai l'avversario avrebbe ottenuto un successo di rilievo.

Quando sul finire dell'estate, si affacciarono le prime preoccupazioni per la stagione invernale, esse vennero affrontate insieme. Ciò rese possibile il mantenimento delle posizioni sulle quote più elevate, per l'intera stagione invernale, rifornendole con quanto necessario in materiali provenienti dalla Germania.

Fin dall'autunno 1915 l'Austria aveva potuto recuperare dallo scacchiere est, le sue truppe tirolesi, così il Corpo Alpino tedesco poté essere impiegato altrove ad avvenuto passaggio della responsabilità della difesa.

Il settore Dolomiti, con le sue posizioni ancora intatte, migliorate sotto ogni aspetto e pronte per affrontare l'inverno, costituente nel suo complesso un sicuro baluardo della difesa, venne loro ceduto. Le truppe del Tirolo avrebbero dovuto occupare a lungo le posizioni allineate sui monti, in una estenuante e solitaria difesa durante l'estate e l'inverno, fra le nevi ed il ghiaccio a prezzo di sforzi indicibili, fra privazioni e perdite umane, sacrifici tutti sopportati serenamente nel nome della patria.

Tali posizioni vennero tenute fino al 1917, quando l'offensiva dell'Isonzo, cui parteciparono anche truppe tedesche, pose in movimento dalla rigida difesa tutto il fronte, mentre altri settori vennero tenuti fino alla fine.

Mai era accaduto alle truppe italiane di assicurarsi vantaggi essenziali nei combattimenti. Il fatto che questo strategico «secondo fronte», poco profondo e poco difeso, si sia potuto tenere al di là di ogni immaginazione assume significato quando si esaminino le conseguenze che si manifestarono quando, con la caduta dell'Impero, anche esso cedette ed immediatamente si aprì un varco nel fianco sud della difesa austrotedesca.

Quanto di inaudito, di incredibile, di mai accaduto, è stato compiuto durante la guerra in montagna, fra rocce e ghiacci, nel sopportare fatiche e sforzi in combattimenti durissimi, uniti ad altrettanto duro lavoro, tra fame e privazioni, sulle cime flagellate dalle tormenta, tra i mille pericoli della montagna invernale, nelle città di ghiaccio, con indicibile ingegnosità per opporsi alla natura e alle astuzie dell'avversario, testimonia in modo elevato questo meraviglioso libro, attraverso gli impressionanti racconti di coloro che li hanno vissuti ed attraverso le originali fotografie.

Vi è cantata l'ode dell'uomo bravo e fedele, che riesce a rendere possibile l'impossibile; nessuno avrebbe mai pensato che l'uomo sarebbe riuscito a superare l'inverno sulle cime più alte circondate dai ghiacci e da essi difese, ed inoltre a combattere lassù.

Vi si eterna il ricordo dei molti «militi ignoti» che hanno avuto la loro tomba introvabile nei burroni e negli abissi, caduti in combattimento o travolti dalle valanghe.

Ed il ricordo di questi caduti, nei cuori dei sopravvissuti che hanno lasciato lassù i loro migliori amici, e il pensiero di coloro che leggono queste pagine, costituisce un monumento perenne. Sia reso onore eterno al loro sacrificio.

Monaco, ottobre 1932.

La guerra in alta montagna

Con lo scoppio della guerra tra Austria ed Italia nel maggio 1915, nacque la guerra di alta montagna. Prima del conflitto mondiale, l'alpinismo militare e, di conseguenza, l'impiego delle truppe su territorio alpino, non presentava che uno sviluppo molto incerto. Si erano recuperati ben pochi insegnamenti dal progresso dell'alpinismo civile, così da restare molto indietro, e molto lontani, comunque, dal raggiungere quella perfezione dei pionieri dell'alpinismo classico.

Falsi concetti su quella che sarebbe stata la guerra avvenire, ed una rigida tendenza a conservare forme belliche tradizionali, limitavano talmente l'orizzonte di chi era preposto ai comandi per l'istruzione delle truppe alpine, che gli sforzi dei precursori dell'alpinismo militare vennero tenacemente ostacolati, invece che incoraggiati.

Con questi principi, le splendide imprese alpinistiche di singoli ufficiali e di alcuni reparti di truppa dell'esercito austriaco, compiute negli anni della prima guerra, non furono quasi mai considerate come avviamento ad una istruzione delle truppe di alta montagna, secondo criteri moderni. Si menò vanto delle affermazioni alpinistiche di alcuni ufficiali, come il maggiore Bilgeri ed il capitano Czant, il tenente Löschner ed altri e delle loro truppe: ma se ne esaltò solo il lato sportivo, senza trarne utile insegnamento per l'addestramento di reparti armati.

Al contrario, gli alti comandi si mostravano così retrogradi da addebitare a negligenza degli ufficiali le disgrazie che inevitabilmente accadevano in quei primi tentativi di manovre in alta montagna.

Grande fu lo stupore quando, nell'inverno 1913, una intera compagnia di Kaiserschützen, al comando del capitano Ludwig Scotti, raggiunse la vetta della Marmolada (3309 m). Ma ancora più grande fu la critica intorno a questa impresa di pionieri, perché, in essa, alcuni uomini ebbero congelate le dita dei piedi, soprattutto a causa dell'inadeguato equipaggiamento delle truppe impiegate in alta montagna. Alla strategia moderna, l'alta montagna rimase estranea. Non ci si poteva liberare dall'idea fondamentale che solo la pianura e le valli fossero adatte al combattimento; tutt'al più, si collegarono i colli attraversabili ed i comodi passaggi per le necessarie linee di difesa.

Allo scoppio della guerra, la maggior parte del fronte di alta montagna, costituiva una «zona militare impraticabile» rappresentata da macchie bianche sulle carte dello Stato Maggiore. Di più, fece piacere sentire che, per la difesa del Gruppo dell'Ortles, era stato giudicato sufficiente l'occupazione del passo dello Stelvio, e che tutto il gruppo delle Tofane era «militarmente impraticabile» e perciò non aveva bisogno di difesa.

Già i primi giorni di guerra mostrarono che l'occupazione di queste zone era assolutamente necessaria.

La guerra fu una ben severa maestra, e portò la persuasione che interi battaglioni potevano combattere, d'estate come d'inverno, là dove prima si credeva non si sarebbe mai potuta disturbare la pace delle aquile e dei corvi di montagna. Da dure necessità di guerra, derivarono il rapido sviluppo dell'alpinismo militare e le direttive della guerra di alta montagna.

Quando scoppiò il conflitto con l'Italia, due eserciti si trovarono uno contro l'altro sul fronte alpino. Più di due terzi del fronte del Tirolo, correva su una linea di difesa sopra i 2000 metri, piena di ostacoli: fronte assolutamente di alta montagna, fronte fra rocce e ghiacci.

L'ala destra dello schieramento austriaco che si appoggiava al punto triconfinale italiano, svizzero e austriaco, alla Cima Garibaldi (Stelvio 2843 m) ad occidente del passo dello Stelvio, si estendeva sulle più alte montagne che siano mai state teatro di combattimento, cosicché la vetta dell'Ortles (3905 m) la più alta cima dell'Impero austro-ungarico, divenne campo di combattimento.

Il fronte dell'ala destra austriaca si svolgeva su una linea ininterrotta, sopra le creste di ghiaccio del colosso dell'Ortles, sui ghiacciai e sulle montagne del gruppo dell'Adamello e della Presanella, raggiungendo le depressioni delle valli, passando nelle Giudicarie e nella vallata dell'Adige. Dal confine svizzero fino al declinare delle Alpi nella pianura lombarda, le linee di combattimento formavano un fronte di ghiacci che abbracciava quasi 100 chilometri e correva ad altezza quasi sempre superiore ai 3000 metri, tanto che il valico più basso era il passo del Tonale, alto pur sempre 1900 metri.

Dal punto più basso di tutto il fronte alpino, nella vallata dell'Adige, vicino a Rovereto, la curva altimetrica, già dai contrafforti della Val d'Adige, sale di nuovo ad altezze superiori ai 2000 metri. Sul Pasubio, alto 2300 metri, la montagna più accanitamente contesa su tutto il fronte alpino, fu dimostrato che anche in alta montagna era necessario e possibile lo spiegamento e la presa di posizione da parte di grosse formazioni di truppe, di brigate e di divisioni.

Nella zona prealpina dei Sette Comuni, dell'Altipiano di Folgaria e Lavarone, la linea del fronte si abbassava ad un'altezza dai 1000 ai 1500 metri; anche questa zona, nella cattiva stagione, pretese dalle truppe un allenamento di alta montagna.

La zona di nuda roccia, a sud delle Dolomiti, spinse il decorso della linea del fronte nuovamente sopra i 2000 metri, raggiungendo notevoli altezze sulla cresta tagliente dei monti della Val di Fiemme, poiché nessuna di queste montagne scende sotto i 2500 metri, in un ambiente selvaggio e pericoloso per le valanghe.

Come l'ala destra del fronte austriaco nel Sudtirolo era formata da una chiusa barriera di ghiaccio, così il decorso della linea del fronte, attraverso il mondo fiabesco delle Dolomiti, fu un ininterrotto e compatto fronte di rocce. Sulle carte militari lungo le linee rosse, si notavano vette su vette e la curva altimetrica si manteneva quasi stabilmente sui tremila metri, e là, dove le armate avversarie ci stavano di fronte nel cuore delle Dolomiti, i più elevati posti di vedetta superavano di qualche centinaio i 3000 metri. Il fronte raggiungeva il suo culmine, nella più alta montagna delle Dolomiti, la Marmolada (3344 m), e si manteneva stabilmente sui 3000 metri, nel gruppo delle

Scala di accesso al posto di guardia sul Monte Cavallo (Gruppo di Fanes) ➧

Tofane, nel massiccio del Cristallo, sulle montagne delle Dolomiti di Sesto, come le Tre Cime di Lavaredo, Cima Undici e la Croda Rossa di Sesto. Là, dove le più conosciute montagne delle Dolomiti diminuiscono d'altezza, fu data alle armate avversarie la possibilità di combattere con forti contingenti di truppa: al Col di Lana, alto 2462 metri e al Monte Piano alto 2324 metri.

La propaggine esterna della linea del fronte alpino si abbassava appena sulle creste di confine della Carnia, per estendersi poi, con bruschi piegamenti, verso sud, nelle Prealpi e nella pianura del fronte dell'Isonzo.

La più alta trincea della guerra mondiale fu costruita sulla più elevata montagna delle Alpi orientali, sull'Ortles, a 3905 m e qui fu issato un pezzo d'artiglieria. Trincee e ricoveri, su questo fronte, erano a notevoli altezze. Sul Gran Zebrù (3860 m) sulla Thurwieser (3652 m), sulla parete di ghiaccio della Cima Trafoi (3553 m), sul Cevedale (3778 m) sul Monte Vioz (3644 m), alla Punta S. Matteo (3692 m) ci furono combattimenti che, per l'altitudine, stavano solo di poco al di sotto di quelli sull'Ortles. La più alta bocca da fuoco del fronte dolomitico fu il famoso cannone della Marmolada, a quasi 3300 metri, che superava appena i sei cannoni italiani sulla Tofana di fuori (III) la cui posizione era a metri 3237. Il fronte alpino che abbiamo descritto, non essendo stato considerato vera e propria zona di guerra, fu luogo di concentramenti massicci.

Al principio del conflitto, le prime ardite pattuglie tracciarono, per conto loro gli itinerari, in località difficili, scegliendo i luoghi per le postazioni e per gli osservatori secondo criteri individuali, ed incominciarono, coraggiosamente, un'agitata guerra tra rocce e ghiacci. Senza esempi, senza insegnamenti, senza orientamenti tattici, le truppe alpine si fecero assolutamente da sole, e si istruirono con le loro stesse esperienze.

In questo periodo iniziale, avvenne un grandissimo cambiamento nella guerra di montagna. In molti settori del fronte, dove a difesa vi erano più montagne che pattuglie, si iniziò non la guerra moderna del ventesimo secolo, ma una caccia ardita ad una «selvaggina pericolosa». Fu l'epoca delle ricognizioni e degli attacchi, delle sorprese e dei colpi di mano. Il fronte di alta montagna divenne sempre più continuo, meno elastico. Passarono ancora molti mesi prima che le grandi lacune, sulla linea del fronte, fossero colmate. Tuttavia il primo inverno, con la sua violenza sconosciuta e terribile, creò delle zone neutrali fra le linee di combattimento, a causa delle condizioni atmosferiche e ambientali, giudicate insostenibili.

L'occupazione di monti e di ghiacciai non eccessivamente elevati, nel primo anno di guerra, insegnava già come la guerra di alta montagna potesse svilupparsi rapidamente. Infatti, se, quasi senza eccezione, le montagne intorno ai 3000 e più metri, in questo primo tempo, furono sgomberate da tutti e due gli avversari, negli inverni seguenti, furono occupate tutte, nessuna esclusa.

A ragion veduta, si era ritenuto, in passato, che le montagne, in quanto inaccessibili d'inverno, costituissero in quella stagione, un insormontabile ostacolo per l'avversario. Questa opinione cadde, quando, con enorme sorpresa, ardite pattuglie di amici e di avversari ruppero l'esilio invernale delle montagne, e diedero così la dimostrazione che, in certe regioni gelate, erano possibili molte imprese ritenute in precedenza inattuabili ed assurde.

Fattore determinante che causò l'occupazione, anche d'inverno, delle più alte posizioni alpine, fu l'incertezza sulle intenzioni dell'avversario, se egli cioè avrebbe tentato, a sua volta, l'occupazione d'inverno, o se in primavera. Su questo punto ogni calcolo ed ogni ipotesi poteva risultare vera o falsa. In molti casi, quando si pensava di

Ricoveri del II° Battaglione del 92° Reggimento

essere usciti in tempo, per occupare un'alta posizione abbandonata in inverno, le truppe d'assalto erano accolte a fucilate dall'avversario, che spesso stava lassù già da parecchie settimane, e che doveva poi essere ricacciato, con operazioni ben più difficili. L'esito di questi rapidi combattimenti era il più delle volte incerto, perché si ignorava la capacità di resistenza dell'avversario. Le truppe rimanevano sui monti a qualsiasi altezza, mantenendo le posizioni anche sui ghiacciai, per dodici mesi all'anno, dal primo all'ultimo giorno, fosse ciò pericoloso o meno.

Così il fronte di alta montagna, nei due inverni di guerra 1916—1917, non ebbe discontinuità alcuna, e bocche pronte a far fuoco si allinearono su vette e ghiacciai, tra foreste e su valichi, dall'Ortles, alto 3905 metri, alle azzurre acque del Garda, a 65 metri sul livello del mare.

La guerra di alta montagna ebbe caratteristiche sue particolari. Fu, dapprincipio, guerra di uomo contro uomo, piuttosto che guerra fra grandi masse contrapposte. Dicemmo già che durante i primi mesi del conflitto, sembrò che l'unico sistema possibile di lotta fosse e dovesse restare la guerriglia di pattuglia. Poi, anche in questo campo, lo sviluppo della guerra, dimostrò la necessità di metodi diversi. Con il rafforzamento del fronte di alta montagna, si ebbe una condotta di combattimento del tutto nuova. Le fortezze naturali delle più alte montagne, grazie agli accennati lavori di rafforzamento delle posizioni con sistemi moderni, divennero baluardi formidabili. Dove si volle procedere alla loro occupazione, si conseguì la vittoria, ma solo quando non ci si occupò del numero degli uomini, dei mezzi e dei materiali. La guerra di pattuglia e il combattimento individuale si sviluppò in guerra di assedio e di posizioni.

Ciò ebbe come conseguenza che numerose truppe furono poste su settori molto limitati di fronte, come si era visto per grosse battaglie sul fronte, in zona di pianura. I combattimenti del Pasubio e del Col di Lana hanno dimostrato che anche la favola dell'impossibilità di impegnare grandi masse di truppa, in combattimenti d'alta montagna, era tramontata. Tuttavia il combattimento delle pattuglie d'assalto restò, anche in questo più ampio quadro, uno dei metodi di lotta più efficaci della guerra alpina. La pattuglia fu continuamente il polso martellante del fronte montano. Il piccolo successo conseguito dalla pattuglia, di limitata importanza in azioni di combattimento su altri fronti, se utilizzato abilmente in territorio di montagna, poteva dare risultati più che sorprendenti. Non era affatto raro che solo pochi uomini annientassero o facessero prigionieri forti nuclei di pattuglie, dieci o venti volte più forti, e che un gruppo ridicolmente esiguo potesse opporre resistenza, con successo, a interi battaglioni, decimandoli. Come caratteristica speciale del combattimento di alta montagna, si può anche ricordare la lotta corpo a corpo. Le nostre possibilità di adoperare il fucile, in terreno difficile, e le straordinarie possibilità di mettersi al riparo sotto le rocce, costringevano assalitore e difensore a balzare contro l'avversario, corpo a corpo.

Si sa di molti combattimenti nei quali i soldati, dopo aver completamente esaurito le munizioni, afferrarono le pietre, in una sorta di lotta primitiva.

Il terreno di alta montagna richiedeva, in ogni combattimento, l'azione, indipendente e decisa, del singolo uomo, più che l'impiego di truppe più o meno numerose. Ogni piano già studiato e preparato nei minimi particolari, in montagna, trovava elementi imprevisti e sorprendenti, nel terreno, nel sistema di difesa dell'avversario, nell'effetto dei singoli mezzi di assalto e di difesa. In tali condizioni, solo uomini che agissero indipendenti e combattessero individualmente, potevano avere speranza di successo. Soltanto truppe di altissimo valore umano e militare, potevano essere valide in questi difficili e impegnativi combattimenti. Il principio della massa, in questi combattimenti di alta montagna, perdette il suo valore militare. La truppa così impiegata era somigliante ad un gregge pieno di paura ed incapace di reagire, esposto alla furia del combattimento, alla cattura ed alla morte.

L'artiglieria, grazie alla sua preparazione specifica, fronteggiò le difficoltà ed i problemi inerenti alla guerra sulle Alpi, ancora meglio della fanteria, pur essendo le formazioni impiegate non sufficientemente istruite per un utile adempimento del compito loro assegnato, in zone tanto elevate. Già per quanto riguarda il trasporto dell'artiglie-

Avamposti sulla cima di Bocche (Passo S. Pellegrino)

ria, si era fermi all'idea che mai sarebbe stato necessario portare l'artiglieria in alta montagna, e non si era mai pensato che le pazienti bestie da soma avrebbero potuto rendere grandi servigi, arrampicandosi abilmente su per gli stretti, ripidi sentieri montani, i basti carichi dei singoli pezzi dei cannoni. Così pensavano, nel 1914, gli eserciti al di qua e al di là delle Alpi. Ma, neppure due anni dopo, si vedevano cannoni sulle cime ghiacciate dell'Ortles e sul fronte dell'Adamello e della Presanella; un pezzo sparava a valle dall'alto della cresta della Marmolada (3300 m), da un picco sopra i mille metri della verticale parete Sud e gli italiani avevano piazzato sei cannoni sulle vette rocciose delle Tofane. Dalle liscie pareti di roccia, dalle nevi dei ghiacciai, dalle vette e dalle creste delle alte cime, fischiavano le granate contro gli avversari, e poiché l'uomo non poteva condurre lassù un'esistenza da lombrico come in pianura, perché occhi attenti e cannocchiali spiavano continuamente monti e valli, dovette nascondersi nel grembo delle montagne.

Si formarono quelle pericolose batterie in caverne profonde, scavate nella roccia, invisibili e indistruttibili che si manifestarono mezzi di battaglia fastidiosissimi e molto efficaci nella guerra di alta montagna. Le batterie non si appiattivano soltanto sotto le dure «corazze» di roccia, ma si rintanavano anche nel ghiaccio e di là tenevano testa all'avversario.

Non vi fu parete di montagna, nessun monte, nessun ghiacciaio, nessuna valle alpina dove non siano stati issati cannoni, se vi era speranza di utilizzare una posizione dalla quale operare costruttivamente contro l'avversario. Non sembrò esserci località impraticabile per il trasporto dei cannoni.

Tra le imprese più memorabili della guerra alpina in fatto di trasporti, va ricordato quello sulle vette di ghiaccio del gruppo dell'Ortles, e, soprattutto, sulla cima dell'Ortles stesso; ed il traino dei cannoni sui monti seghettati delle Dolomiti e anche quello degli italiani sulle cime delle Tofane. Occorse lo sforzo di centinaia di soldati, per issare un unico pezzo di artiglieria sull'Ortles, lungo erti pendii di ghiaccio e di neve. In due giorni fu pronto a far fuoco dalla vetta. Gli italiani fissarono grosse carrucole alle pareti, per potervi issare cannoni non scomponibili che, di lassù, fecero ottimamente il loro servizio, con la stessa sicurezza che se fossero piazzati in un campo di grano.

Forse il più difficile di tutti i trasporti d'artiglieria fu quello su Punta Graglia (3392 m) per la parete nord, che per la prima volta veniva scalata da uomini. Questa parete ha una inclinazione media di 45 gradi e negli ultimi tratti, raggiunge una pendenza di 60 gradi. Un pezzo di artiglieria scomponibile, fu issato con slitte da Solda verso il rifugio Città di Milano e di qui, per il ghiacciaio di Solda, fu portato nella conca di neve racchiusa dallo Schrötterhorn, dalla Punta Graglia e dal Gran Zebrù; dalla conca venne issato poi sulla vetta attraverso un canale di ghiaccio e la parete nord della Punta Graglia. Da Solda fino alla metà della parete nord, i pezzi del cannone furono trainati su slitte, esclusivamente con la forza degli uomini, e di là issate in alto con corde di acciaio. Qui avvenne un incidente che, tuttavia, finì bene. Due abili guide, provviste di piccozze e di ramponi, dovevano portare giù dalla parete sud di Punta Graglia, il capo della corda di acciaio, perché non si impigliasse. Erano legate insieme ed avevano sceso solo 50 metri della parete, quando uno di essi scivolò sul ghiaccio, trascinando l'altro verso il precipizio. Con una spaventosa discesa i due corpi volarono per quasi 500 metri, andando a sbattere sui ripidi pendii del ghiacciaio e sui salti di roccia. Uno, con una gamba rotta, l'altro con una profonda ferita al capo, laceri e contusi, erano tuttavia ancora in vita, e, dopo un soggiorno di quattro mesi in ospedale, poterono riprendere il loro duro servizio fra i monti.

Assai spesso, durante la guerra, si dovette scegliere per l'artiglieria, un punto di appoggio nascosto agli osservatorii, ai nidi delle mitragliatrici ed alle batterie avversarie,

Mascheramento della strada posto in opera dagli Italiani a S. Martino di Castrozza. Sullo sfondo il Colbriccon 2603 m, duramente conteso e più volte minato e fatto saltare in aria. ➔

Un cannone da 75 issato fino alla postazione attraverso pareti rocciose.

Soldato italiano in completo equipaggiamento da montagna invernale.

e che fosse accessibile solo ad esperti alpinisti. Un cannone fu mascherato nel mezzo della cresta rocciosa della Marmolada, sulla parete di roccia precipitante quasi a picco sul ghiacciaio, e l'accesso alla quale era di per sè, un'impresa acrobatica. Cannoni vennero issati su molte posizioni in cima alle rocce, nei posti di vedetta più avanzati, per poter meglio operare contro l'avversario. Sulla vetta della Punta dei Bois (Castelletto) vi era un cannoncino che, situato sui merli della roccia, disturbava molto gli italiani sulla strada delle Dolomiti. Anche questi avevano trascinato un pezzo da montagna tra le caverne dei loro posti di vedetta del Lagazuoi, e di lassù fu fatto sparare contro l'avversario, all'unisono con le mitragliatrici e con i lanciamine.

Sentinelle in alta montagna con equipaggiamento invernale.

L'artiglieria pesante fu molto impegnata sul fronte alpino. Fin nelle più remote vallate furono trainati i mortai da 305 che richiesero la sistemazione delle cattive strade di montagna, spesso per molti chilometri ed il rafforzamento di tutti i ponti; al di sopra di Corvara vi era uno di questi mortai, al quale era affidata la difesa del Col di Lana, e, in alta valle Fedaia, dietro Canazei, un altro sparava sulle posizioni italiane, verso il ghiacciaio della Marmolada.

Uno straordinario raggruppamento di cannoni sul fronte di alta montagna si rese necessario là dove i baluardi, pur tenacemente difesi e rafforzati dalla natura e dall'uomo, dovevano essere presi d'assalto. Con grande concentramento di artiglieria ciò fu possibile, specialmente alle truppe italiane, grazie al maggior numero di mezzi a loro disposizione. Un esempio ne fu il bombardamento di Col di Lana, per la caduta del quale operarono centoquaranta cannoni, in uno spazio nel quale si sarebbe potuto allineare un solo battaglione, spalla contro spalla. Le conseguenze dei colpi di artiglieria, in alta montagna, furono di doppia efficacia. Le granate staccavano dal suolo roccioso frammenti di pietra che, alla loro volta, colpivano, forti come granate ed erano poco meno pericolose delle scheggie dei proiettili.

Ancora più tremendo era l'effetto delle pietre, allorché le granate andavano a scoppiare contro erti pendii di roccia, dalla quale le lastre staccate rotolavano verso il basso, come valanghe di sassi, ingrossandosi e travolgendo senza rimedio tutto quanto non era bene al riparo.

Al contrario, i resistenti ricoveri di neve indurita dei ghiacciai e la massa di neve dell'inverno precedente, alta parecchi metri in certi periodi, diminuivano assai l'effetto delle granate, perché inghiottivano nella loro bianca poltiglia, i proiettili che affondavano nella neve.

Un particolare mezzo di combattimento d'alta montagna furono i barilotti, grosse bombe che si facevano rotolare giù per le pareti, per poter colpire l'avversario annidato tra le rocce, e distruggere le sue posizioni irraggiungibili con altri mezzi. Le bombe pesanti cento libbre, rotolavano come grossi blocchi di pietra, tuonando giù per le pareti e frantumando enormi quantità di rocce, ed esplodevano, infine nel precipizio, munite come erano di una accensione a tempo.

Con il trascorrere dei giorni, le posizioni delle truppe alpine furono costruite addirittura con arte. Il terreno di alta montagna rese possibile la costruzione di trincee, di punti di appoggio, di ricoveri tali che si poteva stare tranquilli, anche sotto l'azione della potente artiglieria avversaria. Le ricche possibilità di copertura offerte dal terreno, furono utilizzate con ingegnosa abilità. In ogni posizione fu adottato il sistema di costruire caverne nella roccia, perché erano il riparo più sicuro. Non soltanto cannoni e mitragliatrici, ma anche ricoveri, cucine, depositi e stazioni di teleferiche, non appena possibile, furono internate fra le rocce. In queste posizioni, la vita era simile a quella degli abitanti delle caverne. L'ampio campo visivo dell'alta montagna, obbligò a speciali costruzioni delle vie di accesso alle posizioni che spesso, per lunghi tratti, erano guardate dall'avversario da vicino. Furono costruiti tunnel che forarono la montagna. Presso il passo di Falzarego, nelle Dolomiti, davanti al Sasso di Stria (2477 m), la cui vetta precipitava a perpendicolo verso sud, ed era presidiata dagli Austriaci, fu tenuta occupata una terrazza ampia 200 metri, rivolta verso l'avversario, a piombo sotto le alte posizioni della vetta. Con una galleria lunga 500 metri, tutto il corpo di roccia del Sasso di Stria fu forato, così da rendere possibile alla guarnigione di giungere rapidamente e con sicurezza alla sua posizione, sospesa nell'aria, come un balcone verso l'avversario.

Anche la preparazione delle camere da scoppio per lo scavo delle caverne e la costruzione delle gallerie era incredibilmente faticosa; solo in pochi tratti più importanti del fronte, le truppe potevano disporre di perforatrici, che consentissero un rapido avanzamento nella roccia. Ma la maggior parte dei lavori era eseguita solo con punta da mina e mazza. Anche le truppe di prima linea prendevano parte assiduamente, nonostante il difficile servizio di trincea, alla costruzione delle caverne, per crearsi un rifugio più sicuro e meglio abitabile. I lavori nella roccia presentavano grandi pericoli, perché talvolta, grossi blocchi di montagna andavano in pezzi e precipitavano, rosi dalle eccessive perforazioni. Le truppe italiane subirono perdite gravissime per uno di questi franamenti. Nelle rocce di Lora, a sud del Pasubio, gli italiani avevano scavato un villaggio in miniatura, in una parete rocciosa alta 25 metri. Gli scavi furo-

Il più alto obice da 75/13 nel gruppo della Presanella.

no così numerosi che tutta la parete di roccia, una notte, precipitò in basso, travolgendo ogni cosa. Più di duecento, tra ufficiali e soldati, vi trovarono morte.

Non credo ci sia monte, sul fronte alpino, che non sia stato scavato da numerose caverne. Nelle loro pareti si aprono ancor oggi, grandi fori neri, come superstiti occhi di guerra. Lavori enormi furono necessari su questi monti dirupati le cui ripide pareti erano vinte solo con difficili arrampicate e dovevano essere percorse da grandi masse di truppa, dirette alle posizioni.

Baracche austriache al passo delle Selle (2531 m) si noti a sinistra una ridotta con sacchi di sabbia. Sullo sfondo il gruppo delle Pale di S. Martino.

Sul Costabella, a sud del gruppo della Marmolada, fu resa possibile la traversata di pareti perfettamente liscie, strapiombanti, appena abbordabili da arrampicatori, che permise ai soldati di raggiungere rapidamente e con sicurezza la posizione, al riparo della vista del nemico. Sul vicino Colle Ombert (2671 m) fu eretto un posto di vedetta austriaco, ma la montagna precipitava sul versante amico, con una cresta di roccia molto scoscesa. Fu perciò necessario cercare un accesso: dai piedi della montagna fino alla cima, furono fissate, nella roccia, con uncini, scale di ferro, su per le quali il presidio si arrampicava rapidamente. Gli italiani crearono una delle più vaste e sicure reti di collegamento congiungendo il ghiacciaio del Zebrù con la vetta della Thurwieser (3648 m). La sicurezza fu ottenuta con corde libere, che in parecchi punti, erano doppie e anche triple per una lunghezza di 3000 metri, con un dislivello di 700 metri (da 2900 a 3648 m). Molto giustamente, questo collegamento di vette, per il quale furono messe in opera molte scale di corda, fu chiamato «la scala del cielo».

La roccia conserverà per migliaia di anni i segni delle perforazioni. I ghiacciai, invece, con il loro lento movimento di avanzata, di crescita, di rinnovamento, hanno ritrovato la loro intatta purezza non appena l'uomo è ritornato alla pace delle valli.

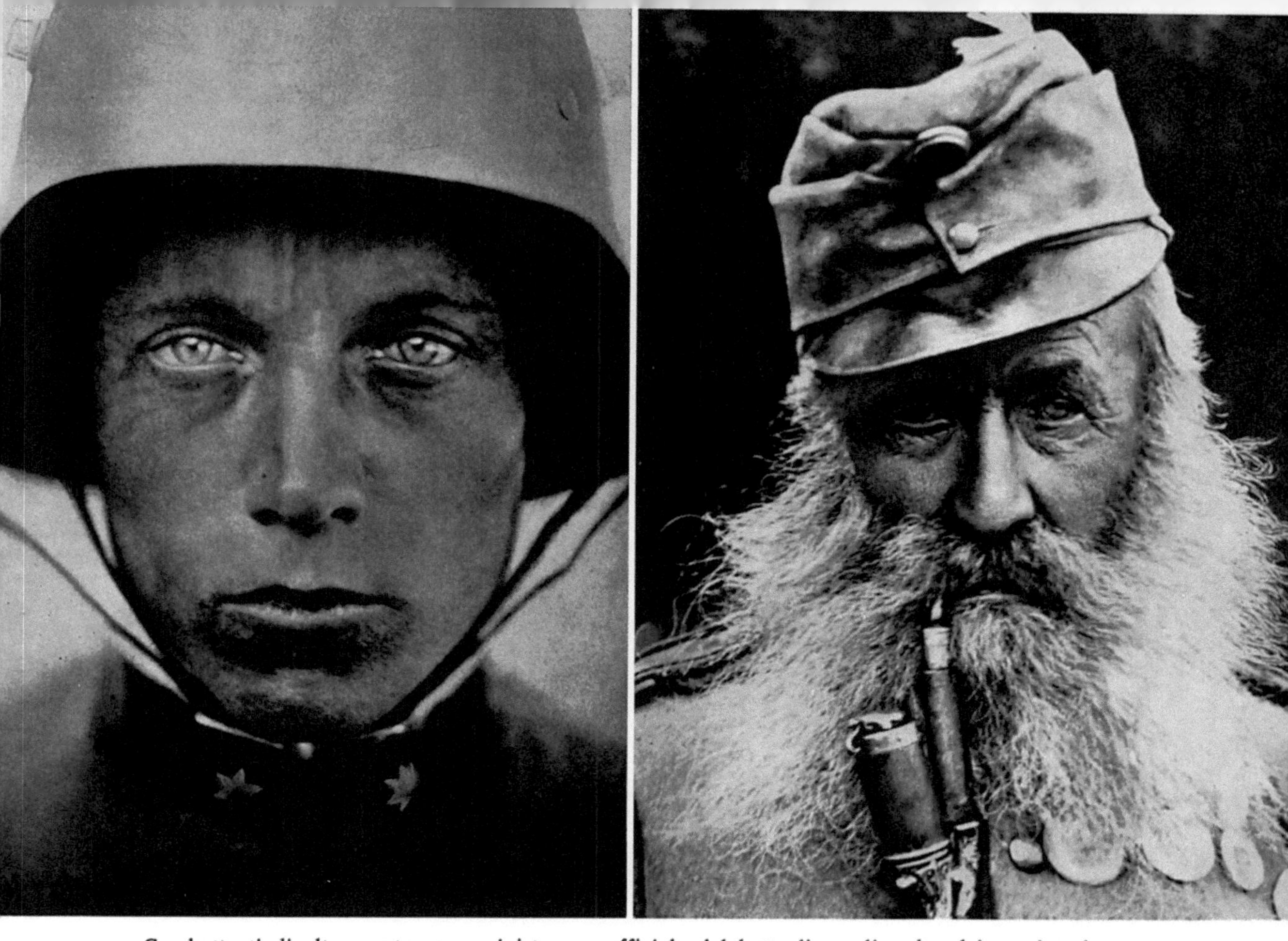

Combattenti di alta montagna: a sinistra un ufficiale del battaglione d'assalto dei cacciatori imperiali del Tirolo; a destra un caporale degli «Standschützen» che già nel 1866 è stato decorato della medaglia d'oro al valore nella guerra contro l'Italia, ed è nuovamente sceso sul campo allo scoppio della guerra nel 1915.

Nei ghiacciai si scavarono molte più gallerie che non nelle rocce. Il lavoro di perforazione nel ghiaccio fu senza paragone più facile e più rapido. L'assoluta mancanza di riparo, sugli immensi ghiacciai e nevai, costrinse le truppe ad affondare nel ghiaccio la loro vita e la loro attività, ancor prima e ancora più che nella roccia. Nelle posizioni, i ricoveri, le vie di accesso e di collegamento sotterranee, scavate sotto il ghiaccio, furono semplicemente grandiose.

Più di 8 km di camminamenti s'intersecavano in tutti i sensi, sotto il ghiacciaio della Marmolada. Posti di ascolto, osservatorii e posti di vedetta, erano situati di faccia all'avversario, all'imbocco delle gallerie. Esisteva un fronte letteralmente affondato nel ghiaccio, sopra il quale, come unici segni della presenza dell'uomo, correvano le luccicanti corde di ferro delle teleferiche. Ma solo le corde e i vagoncini correvano nell'aria. Le piccole stazioni erano profondamente affondate nella roccia e nel ghiaccio, come le stazioni di una metropolitana.

Una «città di ghiaccio» sorse al riparo delle rocce di Cima Dodici (2720 m) nel massiccio della Marmolada e custodiva ricoveri e depositi per grandi reparti di truppa, e un cannone.

Fanteria italiana all'assalto nel gruppo dell'Adamello.

La «scala verso il cielo» sospesa su un seracco, nelle posizioni italiane, a circa 3600 m di quota nel gruppo dell'Ortles. ➔

Da tutti e due gli avversari furono fatte, in gran numero, costruzioni di ghiaccio sull'Ortles e nel gruppo dell'Adamello. Qui è doveroso accennare alla costruzione di una galleria italiana lunga ben sei chilometri. Le gallerie scavate in queste montagne di ghiaccio non servivano solo come ricovero alle posizioni, ma erano anche usate per portare avanti l'attacco contro l'avversario. Le posizioni degli Italiani sulla vetta del Monte Cristallo (3431 m) e sulla parete di ghiaccio del Pizzo Trafoi (3568 m) furono espugnate, grazie alla costruzione di una galleria di ghiaccio, lunga parecchi chilometri.

La stessa natura dell'alta montagna, sempre ostile, è un nemico dell'uomo. Su nessuna parte del vastissimo fronte della guerra mondiale, la natura fu così terribilmente nemica agli uomini che combattevano, come sul fronte delle Alpi. Qui il soldato doveva lottare ogni giorno, ogni ora, contro due nemici: l'avversario e le forze selvagge degli elementi. Questo secondo nemico poteva essere molto più pericoloso delle pallottole avversarie, perché era sempre in agguato, imprevedibile e onnipresente, così potente e forte che ogni misura per difendersene era impari, o addirittura, inutile.

Il triste capitolo delle sofferenze sopportate dalle truppe di alta montagna, tra le rocce ed i ghiacci, occuperà per sempre, un posto particolare nella storia della lotta fra i popoli.

Quando il sole splendeva e l'aria limpida dei monti vibrava sulle vette, allora la vita in alta montagna era un'esperienza meravigliosa, e la guerra sembrava un triste ricordo. Ma quando la violenza degli elementi si scatenava, in tutta la sua violenza, sui presidi, allora il soggiorno diventava difficile, un dannato inferno che molte volte causò più vittime che non il combattimento contro l'avversario.

Durante i primi mesi della guerra, le truppe, in posizioni pochissimo difese, erano particolarmente esposte alle intemperie ed ai pericoli del cattivo tempo. Nelle posizioni senza protezioni artificiali, senza sufficiente armamento, le pattuglie passarono molte notti, fra la tormenta e le bufere, sulle più alte cime. Di colpo, il nuovo fattore, il tempo cattivo, cambiò i pericoli della montagna. Con le bufere, le piogge, il freddo, la neve ed i congelamenti, divennero pericolosi e talvolta assolutamente impraticabili sentieri e piste, il cui transito, col tempo buono, non presentava alcuna difficoltà per persone esperte. La difficoltà di passare su queste difficili vie, in qualunque momento e con qualsiasi tempo, provocò numerose disgrazie e cadute tra le rocce. Altrettante insidie celavano i passaggi sul ghiaccio dove era anche più difficile migliorare la viabilità con l'aiuto di mezzi artificiali. Era frequente sui ghiacciai, la morte per caduta di seracchi. Tormenta e nebbia su ghiaccio e neve, potevano cancellare, in pochi minuti, ogni traccia di sentiero. Ogni soldato che dovesse aprirsi la via, con un tempo tanto avverso, moriva per esaurimento o per assideramento. I dolori causati dal freddo, nelle posizioni molto alte, furono indicibili. Pare impossibile che uomini abbiano potuto vivere, sia pure tra gravi stenti, a 40 gradi sotto zero, compiere il proprio dovere, ed essere sempre pronti al combattimento. Qualsiasi mezzo di difesa era insufficiente per il freddo enorme che quegli uomini dovevano sopportare nei posti avanzati, durante i servizi di guardia a 3000 metri di altezza, soprattutto quando infuriava la tempesta, d'inverno e di notte. Le perdite di effettivi, sulla prima linea, a causa dei congelamenti, salì ad una cifra spaventosa che calò soltanto quando lo assestamento delle posizioni fu così stabile, da rendere possibile ai soldati di dormire e di abitare in caverne riscaldate. Il freddo intenso fu pericoloso anche perché rendeva inservibili le armi da fuoco. Accadde spesso che i fucili, deposti a fasci in trincea, in previsione di un attacco avversario, gelassero e gli uomini non potessero più combattere, se non con le bombe a mano.

Il più spaventoso nemico dei soldati, sempre incombente su essi, in alta montagna, era la valanga. Anche alpinisti e sciatori che hanno esatta conoscenza di questo pericolo e di come combatterlo, sono vittime di valanghe, che ci saranno sempre; e sempre, finché uomo salirà montagne, ci saranno vittime. Per il soldato di alta montagna che non poteva pensare di mettersi al riparo in seconda linea, perché il suo primo pensiero era il compimento del proprio dovere, le valanghe furono un terribile destino; dovunque si era colti di sorpresa da questo malvagio nemico, nei posti più avanzati, come nei ricoveri. Non si poté mai stabilire chi sacrificasse più vittime alla «morte bianca»: se le truppe della prima linea, per le quali la trincea diventava spesso tomba di neve, oppure le interminabili colonne di corvés che, nel compimento del loro pesante servizio, dovevano avanzare verso una morte quasi certa, senza riguardo alcuno per il pericolo incombente.

La violenza delle valanghe distruggeva tutto: ricoveri, baracche, teleferiche; trascinava in basso uomini e materiali, cannoni e serventi.

La valanga del Lagazuoi spazzò via il cannone di una batteria che stava sparando, insieme con i serventi. Allorché gli italiani trasportarono le loro posizioni al margine inferiore di Fontananegra, un ricovero ed i soldati che vi si trovavano furono, un giorno, travolti da una valanga lungo la parete di roccia fin sulle posizioni austriache, là dove Fontananegra precipita in Val Travenanzes.

Numerosi furono i casi di soldati travolti dalla valanga per centinaia di metri, riuscendo ad uscirne illesi, per puro miracolo. La posizione a valle di Cimabanche, a sud di Carbonin, si trasformò, un giorno, in uno spaventoso circo infernale, nel quale precipitavano, senza sosta, le valanghe, lungo le pareti rocciose dei monti, simili a cascate d'acqua. Per i presidi delle linee avversarie e delle nostre, non vi fu nessun altro modo di salvarsi da questa furia degli elementi, se non abbandonando le trincee e cercando rifugio nel mezzo della valle. Qui i soldati, amici e nemici, stavano, all'aperto e scoperti, irrigiditi dal terrore delle valanghe. La guerra fece tregua per qualche ora e per qualche ora ci fu un solo nemico contro il quale imprecare.

L'inverno 1916—1917, durante il quale cadde una quantità di neve come mai s'era vista a memoria d'uomo, fu causa di una più grave catastrofe. In dicembre, nevicò ininterrottamente per settimane. Il bianco manto sotto il quale ogni segno di vita e di lotta sembrava spento, crebbe metro su metro. Da tutte e due le parti si dovettero fare sforzi sovrumani per impedire il soffocamento del fronte sotto questo soffice, implacabile diluvio, e la morte per fame e congelamento. Austriaci ed Italiani raccolsero tutte le loro energie per salvare i compagni in pericolo. L'enorme massa di neve aveva già ridotto le due linee in condizioni molto pericolose, quando, un umido scirocco seguito alla nevicata, incominciò a sciogliere la neve già caduta. Anche là dove non era mai stata ritenuta possibile la caduta di una valanga, accaddero grosse disgrazie. Tutto il fronte parve sciogliersi. Il 13 dicembre 1916, venerdì, fu un giorno terribile: esso volle da solo più vittime che non tutto il precedente inverno.

Ci fu sulla Marmolada, quel giorno, una enorme sciagura: la più grande di tutta la guerra e di tutti i tempi. Dalla vetta si staccò un denso strato di neve alto parecchi metri, e precipitò a valle, tuonando e sommergendo sotto di sè ogni cosa. Il grande deposito sul Gran Poz fu completamente sepolto. Con sforzi inauditi e con ansia frenetica, le truppe di salvataggio cominciarono il lavoro di disseppellimento, continuamente minacciate da altre valanghe. Solo pochi di quegli infelici poterono essere salvati; più di trecento uomini furono sacrificati alla bianca morte in una volta sola. Ancora nel maggio dell'anno seguente, furono trovati cadaveri nella neve della valanga.

Una delle caratteristiche singolari della condotta di guerra di alta montagna, fu quella delle mine. Tutti i mezzi più moderni di lotta, come la enorme preponderanza di truppe, fallirono contro montagne che per loro natura erano baluardi inaccessibili, per l'impraticabilità dei fianchi e che, difese ancor più strenuamente con tutti i mezzi immaginabili, divennero costruzioni munite come fortezze ed inespugnabili, nel vero senso della parola. Per poter conquistare queste mostruose fortezze, si diede inizio ad una guerra sotterranea, nella roccia, nella neve, nel ghiaccio. Le montagne dolomitiche furono il teatro d'operazione dove la guerra di mine raggiunse il suo massimo sviluppo. Con tenace energia, si iniziarono da ambo le parti, i preparativi di un lavoro estremamente faticoso, difficile e pericoloso, nel corpo della roccia, metro dopo metro, fin sotto l'avversario.

Spesso si dovettero costruire gallerie per mine, estremamente lunghe. Le maggiori perforazioni furono fatte dagli Italiani, alla Punta dei Bois (Castelletto) con 507 metri di sviluppo, e all'anticima del Piccolo Lagazuoi con 1100 metri di galleria, in roccia. Questi lavori impegnarono molti mesi, fino a sei e anche più, e lo sforzo unito di molte centinaia di uomini.

Grandi quantità di esplosivo erano necessarie per far saltare le vette di roccia compatta. Dopo la grande mina della guerra mondiale sul Pasubio, di 55.000 kg di esplosivo, la più potente fu quella degli italiani al Castelletto, di 35.000 kg di gelatina. Numerose furono le mine il cui esplosivo era fra le dieci e le venti tonnellate, e incalcolabili le esplosioni provocate da mine di un centinaio circa di kg di dinamite, su tutto il fronte di alta montagna.

Il lavoro, nelle gallerie per mine, non rimase quasi mai ignorato dall'avversario e portò all'unica contromisura efficace: costruire gallerie in direzione del nemico che stava perforando e ostruirgli il cammino sotto terra facendo saltare la sua galleria. Avvennero combattimenti regolari, sotto terra, contro l'avversario che rodeva, invisibile, la roccia ed il ghiaccio e la cui vicinanza era avvertita solo in modo vago e discontinuo, dai sordi rumori provocati nelle viscere della montagna. Non si riusciva mai a capire se lo scavo fosse esattamente diretto verso la galleria avversaria, e quanto ancora distasse. Chi aveva la fortuna di far brillare per primo la mina, e alla giusta distanza, distruggeva di colpo il lavoro di molti mesi dell'avversario.

La più grande mina della guerra mondiale fu fatta esplodere, s'è detto, dagli Austriaci, sul Pasubio. Numerose mine di minore potenza erano state collocate in precedenza da tutte e due gli avversari. Il 13 marzo 1918, alle ore 8 antimeridiane doveva esplodere una mina italiana, caricata con 13.000 kg di gelatina, che dal versante italiano del Dente del Pasubio, era stata posta sotto il pianoro austriaco. Nello stesso giorno, fu pronta per lo scoppio anche la mina austriaca, posta sotto le posizioni italiane del Dente con la spaventosa carica di 55.000 kg di dinamite. Gli austriaci arrivarono

L'inverno 1916/17 fu eccezionalmente nevoso. Ne fa testimonianza la catastrofe conseguente alla valanga piombata su baraccamento del Gran Poz (Marmolada) il 13 dicembre 1916. Una valanga di straordinarie dimensioni, travolse più di 500 uomini e 300 di essi vennero recuperati morti. — A destra in alto: i baraccamenti prima della valanga; a destra in basso: i baraccamenti dopo la valanga; a sinistra in basso: un ricovero liberato dalla neve che lo circonda alta ben 6 metri. ➔

prima degli italiani. All'alba del 13 marzo l'eccezionale mina ridusse a pezzi la cima del Pasubio. L'effetto fu inaudito. La violenza delle fiamme provocate dallo scoppio fu tremenda e penetrò fin nel corpo della roccia della montagna, in ogni sua fessura e fenditura, così che lingue di fiamma raggiunsero gallerie anche molto lontane.

*
* *

Nelle alte e remote posizioni delle Alpi, dove raramente sale un turista, la testimonianza di questi crudeli anni di guerra, solo in piccola parte sono ancora visibili, nell'azzurro limpido del cielo, sulle montagne. Dovranno passare decenni prima che anche queste ultime tracce della grande guerra siano scomparse.

Esse restano, ancora oggi, a testimonianza di una guerra terribile, che dalle valli si estese alle cime più alte e più inviolate. Sono il ricordo perenne dell'eroismo degli uomini, che su un fronte e sull'altro, valorosamente combatterono e morirono, nell'adempimento del loro dovere.

Cimitero di guerra a Canazei in una fotografia del 1916. Il cimitero oggi non esiste più e la piccola cappella in legno è stata portata altrove. Le salme sono state traslate nell'ossario di passo Pordoi.

Il fronte sulle Dolomiti

Il monte Paterno (2746 m) a sinistra, e le Tre Cime di Lavaredo. Sulla vetta del Paterno trovò la morte nel tentativo di occupazione, la celebre guida Sepp Innerkofler il 4 luglio 1915. Sulla destra le rovine del vecchio rifugio Tre Cime.

⚲ = fotoelettrica italiana
•⚲• = cannone italiano
+++++++ = andamento delle posizioni italiane all'inizio della guerra
~~~~~ = via di arrampicata della pattuglia Sepp Innerkofler nel tentativo di conquista.
✢ = luogo dove la guida è caduta
~~~~~

L'eroica morte della guida Sepp Innerkofler

Quando il 24 maggio 1915, scoppiò la guerra con l'Italia, sulle Dolomiti di Sesto, lungo il confine minacciato, gli uomini in armi non erano certo più numerosi dei turisti che, nelle belle giornate estive, scalano le pareti di quelle montagne e ne percorrono i valichi. Ma il nerbo di questo piccolo esercito era formato da uomini di tempra singolare, da dominatori dei deserti rocciosi e delle pareti liscie come campanili: le guide. E Sesto era appunto il paese di origine di una compagnia di guide fra le più abili e conosciute di tutte le Alpi.

Era d'altra parte naturale che in questa valle, sopra la quale le Dolomiti si innalzano ardite, in forme quasi irreali, si formassero scalatori di prim'ordine, dominatori delle loro montagne.

Il migliore, fra essi, era Sepp Innerkofler, in cui si assommavano con straordinaria perfezione le grandi doti dell'uomo e dell'alpinista. Quest'uomo, di quarantacinque anni, vantava una carriera di guida quasi inimitabile quando imbracciò il fucile e posò la mano sulla roccia per difendere la sua patria.

Sulle pareti dei suoi monti Sepp Innerkofler era stato il primo a percorrere gli itinerari più difficili, a raggiungere le cime, superando enormi difficoltà, tali da far rabbrividire al solo pensarvi.

Da quando, nel 1890, aveva scalato per la prima volta la parete nord della Cima Piccola, ossia uno strapiombo da far temere che crolli da un momento all'altro in un ammasso di rovine, era considerato un asso e un pioniere dell'alpinismo. Ardimento, coraggio, decisione e amore della montagna avevano fatto di Sepp Innerkofler una famosissima guida. L'illimitato disprezzo del pericolo e della morte, l'amore per la sua terra minacciata, la coscienza del dovere, fecero di lui uno degli eroi più splendidi delle Alpi.

Venne il 24 maggio e la guerra. Dell'avversario che si preparava dietro il grande massiccio roccioso delle Dolomiti di Sesto, non si sapeva niente; non si conoscevano né la sua forza, né i suoi propositi. Quella che si conosceva, era la «ridicola esiguità delle nostre forze», messe assieme alla meglio, appena sufficienti a formare una linea di difesa presso i valichi più importanti. Fu allora che Sepp Innerkofler, silenzioso e pronto, prese il comando delle prime azioni difensive.

Come comandante della «pattuglia volante» iniziò sulle montagne di Sesto ancora coperte di neve, una ostinata ed accanita guerriglia, cogliendo di sorpresa l'avversario.

La «pattuglia volante» perlustrava, tendeva inganni, combatteva. Sepp Innerkofler non indugiò a pensare se si potesse combattere anche in cima alle montagne, là dove solo esperti alpinisti potevano salire, superando grandi difficoltà in imprese considerate sportive. Egli ed i suoi uomini erano di casa lungo i canaloni gelati e in fondo agli abissi, negli anfratti e nei camini, sulle pareti e sulle creste. Scalavano le cime per le

← Sepp Innerkofler, caduto sulla cresta del Paterno, nel tentativo di conquista. La sua salma fu recuperata e sepolta provvisoriamente dal presidio italiano sulla vetta.

vie più difficili, vi passavano all'addiaccio le notti, frugavano scrupolosamente i valloncelli soleggiati, a sud della montagna, dove l'avversario si celava ed usciva per prendere contatto.

Sepp Innerkofler passava con la sua pattuglia, senza temere, fra quelle montagne. Dalle Tre Cime di Lavaredo fino al Passo di Monte Croce di Comelico egli era sempre presente, sbucando all'improvviso sulle cime più alte, arrampicando sulle forcelle rocciose e osservava, creava disturbo, sparava.

Le Tre Cime lo interessavano in modo particolare: quella era la porta che consentiva all'avversario di sfondare alla Sella del Paterno (2457 m); là, a nord delle Tre Cime

Monte Paterno: avamposti italiani sulla sella del Camoscio nel luglio del 1915 subito dopo l'occupazione. Il primo a sinistra è Angelo Loschi che scese, sotto il fuoco dei fucili austriaci, per recuperare la salma di Innerkofler.

Torre di Toblin (Gruppo delle Tre Cime): le scale in legno consentivano l'accesso all'osservatorio di artiglieria dislocato sulla vetta. Allo stesso arrivava anche una piccola teleferica. ➔

sulla forcella di Toblin (2438 m) si trovava la sua capanna, di cui temeva la sorte; in realtà anche agli Italiani la sella del Paterno appariva il luogo più adatto per superare le linee austriache e penetrare nella Valle di Sesto. Ma le truppe austriache non avevano potuto tenerla. Avevano dovuto ritirarsi per quasi un chilometro dal Passo di Dobbiaco, su spazio non coperto, sotto il tiro degli alpini, che stavano sulle Tre Cime e sulla Forcella Passaporto. Tuttavia sul Passo di Dobbiaco, dove era la capanna, tra le frantumate impalcature rocciose della Cima Paterno (2746 m) e sul massiccio Sasso di Sesto, si poteva resistere a qualunque attacco; se la linea austriaca si fosse trovata in quella posizione, l'avversario avrebbe dovuto aprirsi la strada dalla parte della Sella del Paterno, sotto il fuoco austriaco. La Cima Paterno dominava, minacciosa, la capanna Tre Cime: era tale la vicinanza che da qui, ad occhio nudo, si poteva vedere chiunque si arrampicasse sulle rocce; finché la Cima avesse costituito per gli Austriaci un solido pilastro, l'avversario non avrebbe potuto passare. Se egli invece fosse arrivato fin lassù, allora tutto sarebbe stato inutile.

Sepp Innerkofler comprese tutto ciò fin dal primo giorno di guerra. La Cima Paterno era il fortilizio roccioso che difendeva la vallata natia, il bastione di roccia contro il quale i reggimenti avrebbero inutilmente cozzato.

Questa era la ferma persuasione di Sepp e delle sue guide. Perciò essi chiesero al loro comandante di poter presidiare la Cima Paterno. Ma il capitano, non esperto di montagna, non era troppo convinto dell'importanza della cima. Ciononostante Sepp e la sua pattuglia l'avevano scalata, portando la notizia che la vetta non era ancora occupata dall'avversario. La guida spiegò al capitano come, dalla cima del monte, fosse possibile fermare, per lungo tempo e facilmente, in basso, l'avversario, e come lassù, anche pochissimi uomini sarebbero stati più utili di un'intera compagnia. Il capitano non si lasciò convincere e ordinò di sgomberare, da quel momento, il Paterno. Sepp sapeva che quella montagna avrebbe fatto passare ai difensori ore difficili. Sapeva che laggiù in fondo c'erano tra gli alpini, le guide di Auronzo, che non ignoravano quanto la cima dominasse dall'alto le posizioni austriache, e come si potesse, di lassù, gettare uno sguardo al Tirolo, meta dei loro sforzi.

Sepp obbedì senza protestare, certo che il comando si sarebbe ben presto reso conto che senza quella cima, l'intera linea di difesa sarebbe stata presidiata inutilmente. Cominciarono i primi combattimenti, ci furono i primi morti, quali sinistre macchie nere sulle scintillanti pietraie grigie, sotto le gigantesche Tre Cime ed il Paterno. Valorosi e tenaci, gli uomini di Sesto difesero ogni palmo della loro terra natia. La «pattuglia volante» di Sepp Innerkofler si prodigò nelle Dolomiti di Sesto, spiando l'avversario fin nelle più nascoste pareti del monte, disturbando e sorprendendo le sue pattuglie.

Il 2 giugno Sepp Innerkofler scalò con i suoi uomini Cima Undici (3092 m). Allarmato, l'avversario vide che anche i più alti ed inaccessibili baluardi rocciosi erano stati occupati dagli Austriaci. Cinque giorni dopo egli era al monte Popera (3095 m) dal quale, per le valli, la vista poteva giungere fino al mare. L'avversario dovette riconoscere che il fronte dei 3000 metri si stava chiudendo in un cerchio inespugnabile. Il 18 giugno «la pattuglia volante» tornò a scalare i pericolosi canaloni ghiacciati e le pareti della Cima Undici, aprendo un cammino mai prima percorso sul fianco roccioso e per ghiacciai strapiombanti. Lo scopo era di venire a contatto con le pattuglie degli alpini che da sud cercavano di avanzare dentro il massiccio montano. Con due audaci azioni di fuoco, Sepp ricacciò le pattuglie avversarie.

Cupola corazzata nelle Dolomiti di Sesto. Sullo sfondo da sinistra: Croda Rossa di Sesto (2955 m), Cima Undici (3092 m), Cima Dodici (3094 m), Forcella Giralba (2433 m), Cima Uno (2696 m).

Al suo ritorno a Sesto ebbe la prima ricompensa: fu promosso ed il tenente colonnello gli appuntò sul petto la medaglia al valore di seconda classe. La valle era piena di ammirazione e fiera di lui.

Sepp e la sua pattuglia ripresero il cammino della Cima Undici, dove si diceva che le truppe italiane fossero avanzate fino alla forcella Giralba (2433 m). Ci fu un violento duello di fuoco con gli alpini; le pallottole della «pattuglia volante» dall'alto delle rocce, fischiavano sulle teste degli avversari, come lampi a cielo sereno. Per questa impresa gli fu assegnata la grande medaglia d'argento. La «pattuglia volante» toccò anche le cime del Gigante orientale di Sesto e poté così vedere come gli italiani ammassassero grandi unità di truppe, dietro la Sella di M. Croce.

*
* *

Ma poi si tornò ad avere bisogno di lui nella valle presso le Tre Cime. Era accaduto ciò che Sepp temeva. Lassù, sulla cima del Paterno, spuntò un giorno dalla roccia un piccolo riparo e subito dopo partirono i primi colpi sui difensori attorno alla Forcella di Toblin: il Paterno era occupato dall'avversario. Uomini e fucili degli avamposti italiani rimasero sulla cima fastidiosi e pericolosi ad osservare le posizioni austriache, per tutto l'arco luminoso del giorno. Accadde ciò che non sarebbe successo se si fosse ascoltato Sepp ed i suoi uomini. Si dovette attaccare il Paterno.

*
* *

Nella notte del 4 luglio 1915 Sepp Innerkofler scalò, in testa alla sua pattuglia, la difficile cresta nord occidentale del Paterno. Come fantasmi, senza far rumore, con le soffici suole delle scarpe da roccia, i coraggiosi si arrampicarono sulle balze ripide della cresta che si eleva nel chiaro cielo della notte. Non cadde la più piccola pietra, non il più lieve rumore giunse dalla parete ai camerati, nelle posizioni sottostanti, dove essi attendevano, col cuore in gola, l'esito di questa audacissima impresa.

Quando il grigio mattino del 4 luglio spuntò sulla montagna, le batterie austriache, tuonando, spararono sulle rocce della cima Paterno, mentre le pallottole delle mitragliatrici seguivano, sibilando, la traiettoria delle granate.

In alto, sotto la cima, stavano incollati e come fissati alla roccia, gli uomini della «pattuglia volante» pronti all'assalto, in attesa che arrivasse il segnale ad occidente. I primi raggi del sole dovevano tornare a battere sul Paterno, ritornato austriaco.

Passarono i minuti, una bandiera gialla sventolò sulla parete grigia e cadde in rapido semicerchio. D'un colpo tacquero fucili e mitragliatrici e regnò fra le montagne un silenzio di morte. Migliaia di occhi, amici e nemici, da tutte le cime, dai valichi e dalle montagne attorno, si fissarono sulla vetta che si innalzava, nitida, nel grigio cielo del mattino.

Una figura oscura si staccò allora dalla roccia, si raddrizzò e stette nettamente rilevata sulla cresta. A passi lunghi e lenti l'uomo salì, arrampicandosi sulle rocce, fino alla cima. Giunto a pochi passi, fu visto arrestarsi ed alzare il braccio. Una granata a mano, con larga parabola cadde dietro il muretto del presidio italiano. Poi una seconda e una terza. Nessun rumore nell'aria, solo silenzio, quasi le granate fossero scomparse nelle rocce. E improvvisamente si scorse sopra il muro ancora più alta nel cielo, la sagoma di un'altra grande maestosa figura.

Baracche austriache sotto la Torre di Toblin (2613 m) ➔

Nessun altro fronte vide una così indimenticabile lotta. L'uomo sorto all'improvviso, sollevò con forza straordinaria sopra il capo, con tutte due le mani, un masso e lo scagliò, facendo precipitare nell'abisso l'avversario.

Così si concluse questo duello che, dal passato, ritornava nella moderna guerra del XX secolo, come simbolo dell'eterna lotta dell'uomo contro l'uomo. Così cadde Sepp Innerkofler, uno degli uomini più valorosi. Così si chiuse il suo destino, a gloria di Dio, dell'Imperatore e della sua Patria.

Il Paterno rimase agli italiani.

*
* *

L'imperatore conferì all'eroe delle Dolomiti non più tornato alle sue montagne, la medaglia d'oro al valore militare.

I soldati italiani, tra difficoltà indicibili, portarono sulla cima le spoglie del loro grande avversario, e sulla vetta del Paterno scavarono pietosamente per Sepp Innerkofler una tomba di roccia, incidendovi parole di ammirato elogio. Nella tomba in cima alla montagna dove aveva trovato la morte, Sepp Innerkofler riposò due anni, fino a che fu portato nella terra consacrata del cimitero del suo paese.

La versione qui data dall'Autore sulla morte di Sepp Innerkofler, è tratta dagli scritti di Antonio Berti in «Guerra in Ampezzo e Cadore». Questa versione è stata contestata a seguito di affermazioni di testimoni oculari che non sono affatto concordi. Prima di ogni altro ha dato una versione il figlio ancora vivente di Sepp Innerkofler (vedi «Schlern», Bolzano, anno 1975, quaderno n. 11) che afferma che la guida è caduta a seguito mal calcolato fuoco di copertura dei mitraglieri austriaci. Una versione definitiva sarà ben difficile ma potrà solo essere tratta dal lavoro di Josef Anton Mayr (Annuario dell'Alpenverein tedesco e austriaco, 1976, pag. 104, che esamina obiettivamente tutte le possibilità.

La casa editrice.

Tenente Colonnello a. D. Weiser

La conquista di Monte Piana — 7 giugno 1915

L'occupazione di Monte Piana non è avvenuta solo ad opera dei Kaiserschützen, anche se essi hanno preso parte così viva nell'espugnazione di questo pilastro del fronte delle Dolomiti nella zona di Carbonin; e tale impresa con ragione va ascritta a titolo di onore nella loro storia.

Alla dichiarazione di guerra italiana del 23 maggio 1915 il confine tirolese era debolmente protetto da possibili attacchi avversari, rafforzato solo da alcune vecchie opere di fortificazione permanenti. La mancanza di truppe fu un elemento fondamentale nello studio di una tattica che prendesse in esame solo l'occupazione dei punti più importanti sul davanti della linea di difesa.

Uno di questi punti era Monte Piana il quale assunse particolare rilievo perché distante solo dodici chilometri dalla Valle Pusteria, che con la sua linea ferroviaria costituiva il cordone ombelicale per l'alimentazione di qualsiasi difesa del Sudtirolo. In questo tratto di confine, la difesa si valeva di due fortificazioni: una nella valle nei pressi di Landro, e l'altra in alto nella zona di Prato Piazza.

Il Monte Piana (2325 m) si innalza dalla strada delle Dolomiti, diviso ad ovest dalla val Popena e ad est dalla valle della Rienza, dalle frastagliate cime vicine, quasi come un insolito altopiano cui si riferisce anche il nome. Questo altopiano è articolato da un avvallamento, in una parte nord ed una parte sud. Da tre lati si presenta con pareti quasi verticali e, soltanto verso sud in direzione dell'Italia, presenta dei pendii abbastanza dolci. Il confine si configurava in modo che solo la parete esterna del Plateau di nord-ovest apparteneva all'Austria. Il valore tattico della montagna era stato esaltato dagli italiani già in tempo di pace, con la costruzione di una strada di accesso che consentiva il trasporto di artiglieria pesante, mentre i pionieri del Reggimento fucilieri territoriali «S. Candido» avevano preparato, sugli scoscesi pendii verso sud soltanto due sentieri, percorribili abbastanza facilmente.

Alla dichiarazione di guerra, forti reparti di alpini con supporto di artiglieria, occuparono il Plateau. Le pattuglie di confine austriache dovettero ritirarsi verso valle, dopo aver distrutto i sentieri. Il 5 giugno 1915 il Feldmaresciallo Ludwig Goiginger assunse il comando della divisione Pusteria e decise, già al 6 giugno, di occupare, con un colpo di mano, Monte Piana e di inserirlo così nella linea di difesa. Nello stesso giorno, la divisione venne affidata al comando del generale Konrad Krafft von Dellmensingen, in atto comandante del Corpo alpino germanico dislocato in Bressanone.

Il comandante del Corpo d'armata decise di bloccare qualsiasi movimento offensivo delle truppe a lui sottoposte e lo confermò con un messaggio che giunse alla divisione alle ore 18.30.

Soltanto in seguito alla presa di posizione del Feldmaresciallo Goiginger il compito della occupazione ebbe ordine esecutivo. Il comando di sottosettore 10 A (Prato Piazza) dovette assumere la responsabilità dell'attacco, con la particolare indicazione di sferrarlo su due gruppi operanti contemporaneamente da Landro e da Carbonin, nella notte dal 6 al 7 giugno. In quel periodo, i mezzi necessari all'allestimento del fronte erano così scarsi che l'invio di quattro cannoni da montagna germanici fu praticamente impossibile, cosicché si dovette far conto solo su due cannoni di parte austriaca.

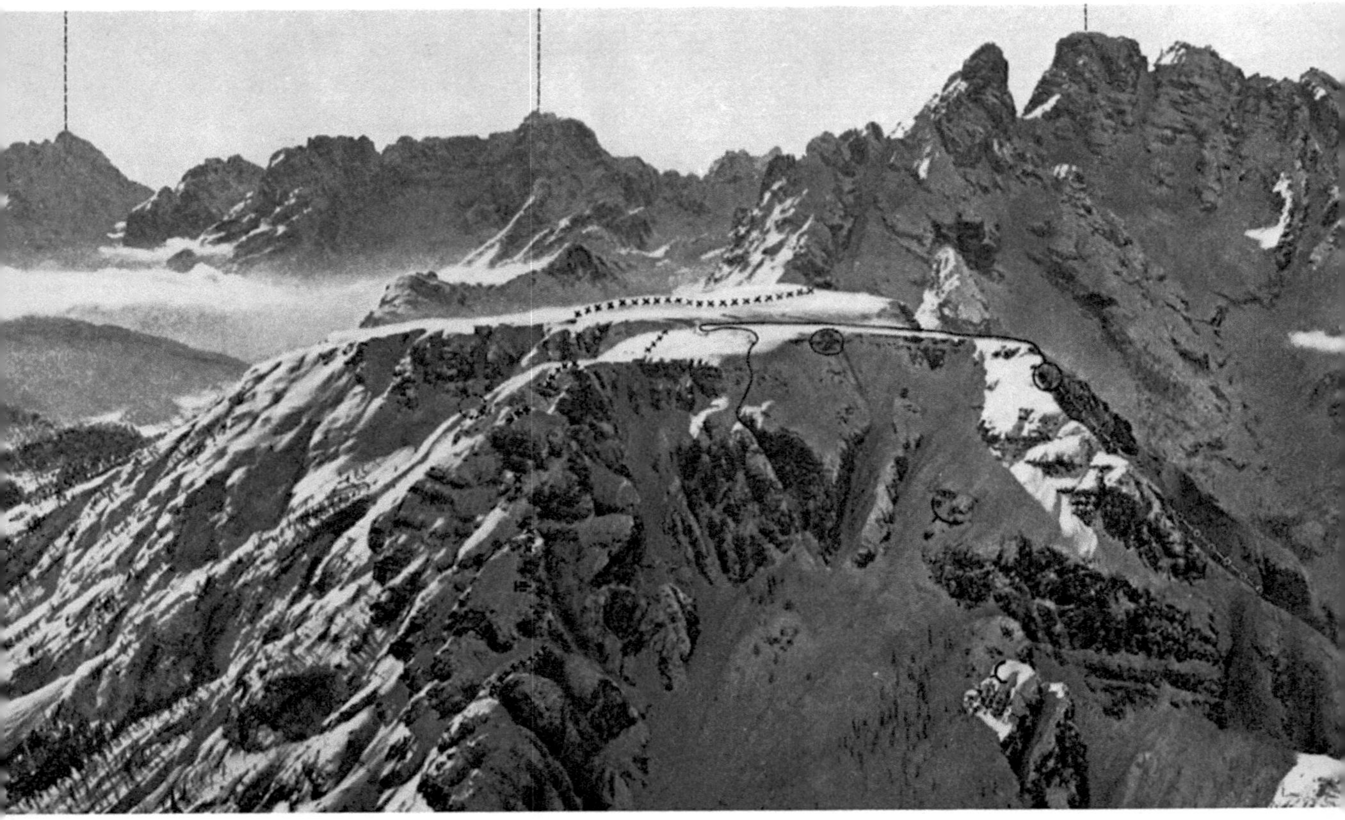

Antelao, 3263 m

Sorapis, 3203 m

Gruppo del Cristallo

Il selvaggio Monte Piana, sul cui pianoro di vetta per due anni si succedettero aspri combattimenti ravvicinati.

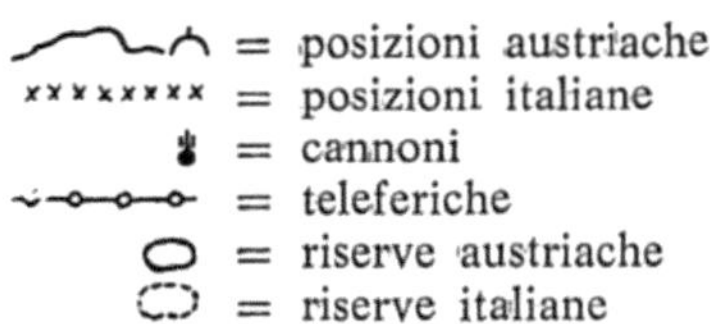

Dopo la diffusione dell'ordine di attacco, venne immediatamente radunato il reparto d'assalto formato di tre ufficiali e centottanta uomini, che si erano, senza eccezione, volontariamente offerti. Durante la notte essi si erano radunati nella stretta valle di Landro. Un distaccamento eterogeneo composto di fucilieri tirolesi per i quali si preparava il battesimo di fuoco, di truppe territoriali, di fucilieri territoriali, di artiglieri da fortezza e di civili ruteni quali portatori, si trovò pronto all'ora stabilita e fu diviso in due gruppi: il primo agli ordini del comandante dell'opera di Prato Piazza, sottotenente del Reggimento di fucilieri territoriali «S. Candido 3», che due settimane dopo trovò morte da eroe nella zona del Cristallo, nell'attacco da parte di Carbonin. Il secondo, al comando di un tenente delle truppe territoriali, l'alfiere Atteneder, del Reggimento fu-

Dettaglio della posizione di Monte Piana (Valle di Landro, 2324 m) ➔

cilieri territoriali n. 1, col compito di attaccare dalla valle di Landro. I due gruppi dovevano tentare di raggiungere il Plateau allo spuntare del giorno, attaccando la posizione con immediatezza. Siccome però qualsiasi possibilità di collegamento, tenendo conto delle difficoltà del terreno, risultava difficile, se si voleva agire di sorpresa ognuna delle due forze di attacco doveva proseguire da sola, qualora l'altra non avesse raggiunto, con contemporaneità, la propria linea di partenza. Il gruppo «Carbonin» portò con sé una mitragliatrice greca, mentre per il combattimento ravvicinato ogni uomo disponeva solo di un paio di bombe a mano. Era chiaro, per i due comandanti, che solo giocando sulla piena sorpresa dell'avversario, l'obiettivo poteva essere raggiunto.

La salita notturna, a causa dell'oscurità e del silenzio imposto al movimento, fu oltremodo difficile; si aggiunga inoltre che in certi tratti molto ripidi si dovettero superare ostacoli che sarebbero risultati difficili ed avrebbero richiesto tempo e fatica anche

Rifornimento di munizioni a Monte Piana.

Monte Piana (2324 m) da Ovest. Dietro si scorgono le Tre Cime ed il Paterno.

ᗑ = posizioni austriache
xxxxx = posizioni italiane
♜ = cannoni
-o-o-o- = teleferiche
.... = vie di accesso
♟ = osservatori italiani di artiglieria

di giorno, ad una truppa con equipaggiamento pesante. Al distaccamento operante da Landro e che avrebbe incontrati particolari difficoltà vennero assegnati i portatori civili ruteni con l'incarico di portare il più avanti possibile, pali, travi e materiale speciale necessario per migliorare e rendere transitabili i passaggi più difficili e già distrutti. Per questo motivo, i portatori dovevano essere inseriti nella colonna, così da accorciare il più possibile il tempo di salita.

Solo la pattuglia di testa al comando dell'alfiere Atteneder, riuscì a procedere abbastanza rapidamente, ma poiché il distacco dalla testa della colonna diventava sempre più sensibile, egli decise di proseguire per portare le sue scarse forze di fronte alla linea avversaria, nel tempo stabilito. Riuscita migliore ebbe il distaccamento operante dal lato di Carbonin, che raggiunse il Plateau allo spuntar del giorno, tra la sorpresa delle sentinelle.

Gli alpini non avevano certo preso in considerazione la possibilità di un attacco austriaco contro le loro imprendibili posizioni, e non avevano pertanto predisposto un servizio di sicurezza e sorveglianza ben articolato ed operante. Avevano calcolato che una sola sentinella posta allo sbocco del sentiero che veniva da Carbonin sul Plateau (che era peraltro al suo giusto posto) fosse sufficiente.

All'avvicinarsi degli austriaci, allorché si apprestava a dare l'allarme, l'alfiere venne centrato da una bomba a mano e cadde e gli italiani furono destati dal fragore dello scoppio della granata, ma ormai troppo tardi. La maggior parte delle truppe della colonna Landro aveva già raggiunto il Plateau, e, approfittando della confusione sorta tra gli alpini, aveva sferrato immediatamente l'attacco. Soltanto in prossimità dell'obelisco, eretto già in tempo di pace, a ricordo del poeta Carducci, essi sostarono un attimo, spronati dall'eroico esempio del loro comandante che fino all'ultimo istante, tentò di salvare la situazione, e cadde sotto il fuoco, nell'attimo in cui lanciava l'ultima bomba a mano sugli elementi avanzati del nostro reparto. Quelle truppe italiane che si erano ritirate sulla parte sud, vennero attaccate sul fianco dal distaccamento proveniente da Carbonin, coinvolte così in un combattimento che infuriava contemporaneamente da più direzioni.

A circa cinquanta passi di distanza dagli alpini, gli assalitori si trovarono coinvolti nel fuoco battente delle artiglierie italiane che dalla Sella del Plateau, cercavano di contenere l'attacco. Ma anche le batterie della fortificazione di Prato Piazza aprirono il fuoco ed i loro colpi costrinsero gli alpini a ritirarsi in direzione di Misurina.

Il Monte Piana, il pilastro della difesa della valle Pusteria, era completamente nelle nostre mani. I caduti ed i prigionieri appartenevano al 7° Reggimento alpini. Il loro comandante era un aristocratico veneziano, ufficiale di non comune coraggio: si fece l'impossibile per far arrivare ai suoi parenti attraverso la Croce Rossa, il suo portafoglio e le cose di valore.

Le perdite austriache nel combattimento ed in seguito ai successivi tiri di artiglieria furono mediamente basse: dodici morti e venti feriti. Siccome sulla parete sud non vi era alcuna possibilità di protezione dal fuoco di artiglieria italiano, fu costruita una posizione sulla parete nord più defilata che costituì un punto di appoggio per il successivo rafforzamento della posizione per artiglieri e fanti. Tutti i successivi tentativi degli italiani per occupare il Plateau, che rivestiva inestimabile importanza tattica, si risolsero in attacchi senza successo e con molte perdite. Il 18 giugno 1915 gli italiani raggiunsero con molte perdite la posizione sul Popena e costrinsero tre compagnie del Reggimento fucilieri territoriali n. 3 e del Reggimento di Fanteria n. 14 a ritirarsi. Nella notte tra il 18 e il 19 luglio 1915 la compagnia 2/9 del Reggimento fucilieri territoriali n. 3, al comando del tenente V. von Tepser, aveva nuovamente rioccupato le posizioni.

Anche i difensori di Monte Piana subirono molte perdite, causa il pesante fuoco di artiglieria. Le loro croci, che portano i numeri del 14° Reggimento «Hessen», del 59° Reggimento «Rainer», «Kaiserschützen», sono i segni del compimento del loro dovere, e del loro silenzioso eroismo.

La distruzione del «Col di Sangue»

Dum sanctis patriae legibus obsequimur.

Tra i massi rocciosi della Marmolada, fra il Boè e il Settsass, il Col di Lana sta come un cuneo a sbarramento della val Cordevole. Ai suoi piedi sono dei piccoli villaggi, le terre ladine attraversate dalla strada dolomitica che dal Passo Pordoi conduce al Passo di Falzarego. Poco appariscente e poco notato accanto alle stupende cime che lo attorniano, il Col di Lana divenne la più tristemente celebre, fra le montagne delle Dolomiti, solo con la guerra mondiale, così da essere chiamata il «Col di sangue».

*
* *

Nel buio mattino del 16 dicembre 1915, si frantumarono gli ultimi attacchi italiani di quell'anno contro il Col di Lana (2464 m), nei quali era stata impiegata una massa di dodici compagnie di fanteria e quattordici compagnie di alpini. Le perdite sofferte dalle truppe che avevano sferrato l'attacco, superando enormi difficoltà nella neve alta un metro, indussero il comando italiano a convincersi che il Col di Lana era imprendibile, con normali mezzi di offesa.

Da ciò era venuto al Col di Lana, datogli dai soldati italiani, il nome di «Col di sangue». Il generale Rossi, comandante del corpo che operava al Col di Lana, riferì al suo comandante di armata, generale di Robilant che, a causa della ostinazione dell'avversario e della avversità del tempo doveva rinunciare a conquistare il Col di Lana, mediante attacchi convenzionali. Le valanghe che si staccavano dai ripidi pendii causavano gravi perdite: in quindici giorni le truppe italiane avevano avuto, al Col di Lana, 278 morti, 97 feriti e 63 dispersi.

Un sottotenente, l'ingegnere Cattani, al quale si doveva la costruzione delle posizioni italiane in caverne, con collegamenti sotterranei, ebbe l'idea di preparare, durante i mesi invernali, una galleria di mina fin sotto le posizioni austriache, così da far saltare in aria la cima della montagna.

Nella sua relazione al comando egli osservava che anche allo sciogliersi delle nevi in primavera, ben scarsa sarebbe stata la possibilità di conquistare il Col di Lana, perché, contro quella sottile cima non era possibile muovere grandi effettivi di truppa. Si doveva inoltre prevedere che, nel frattempo, la posizione della cima sarebbe stata attrezzata a difesa dagli austriaci in maniera ancora più efficace.

Il piano del sottotenente Cattani ebbe il consenso dei comandi italiani, e, in quello stesso mese di dicembre, sotto la sua direzione, si iniziarono i lavori di scavo.

Tali lavori furono eseguiti con molta avvedutezza. Si trattava prima di tutto, di portarli avanti in segreto, perché l'avversario non notasse il minimo segno del piano italiano. Era chiaro, che se gli austriaci fossero venuti a conoscenza del progetto avrebbero immediatamente iniziato una contromina, tale da sventare il disegno italiano. A causa delle spaventose difficoltà di trasporto nella regione di montagna in inverno e del rumore dei motori che facilmente avrebbe potuto tradire, non fu impiegata alcuna macchina perforatrice: i lavoratori usarono solamente perforatrici a mano, con ferro da mina e mazza. Gli uomini, nell'angusta apertura, lavoravano a due per volta, dandosi frequentemente il cambio in questa dura fatica. Lo scavo si portò avanti ininterrottamente giorno e notte. I minatori italiani proseguivano nella loro difficile impresa spronati, nel compimento del loro dovere, dal desiderio di conquistare, senza vittime quella montagna, con una esplosione che avrebbe evitato di attaccarne i fianchi sacrificando sicuramente la vita. Erano anche premiati con un assegno giornaliero.

Il sottotenente Cattani mascherava con abilità straordinaria gli scoppi delle mine di perforazione: nel momento esatto nel quale esse scoppiavano, sparava l'artiglieria, contemporaneamente al lancio di granate a mano. L'avversario, sulla cima non udiva fra le esplosioni delle granate, quegli altri scoppi, brevi e soffocati, delle mine di perforazione, nelle viscere della montagna. La galleria, grazie a quel tremendo lavoro, avanzò di qualche metro al giorno. Gli uomini addetti all'impresa e gli ufficiali comandanti erano tenuti, sul loro onore, anche verso i camerati a mantenere il più rigoroso segreto. I rapporti al comando vennero trasmessi da ufficiali, solo verbalmente. Al principio di marzo la galleria era stata condotta fino a metà della distanza fra i reticolati avversari.

Ma ad onta di ogni mascheramento, gli austriaci capirono ben presto che, nelle posizioni italiane più avanzate, sotto la cima del Col di Lana, si stava preparando qualche cosa di eccezionale. Già al principio del gennaio 1916, un osservatore d'artiglieria del Passo Pordoi segnalava la presenza di enormi cumuli di terra e detriti sotto le posizioni italiane, che egli era in grado di dominare dal fianco della montagna. Questa notizia fece subito balenare il sospetto, nei comandi austriaci, che si minacciasse la cima del Col di Lana. La grande quantità di detriti che macchiavano i ripidi pendii nevosi, non poteva assolutamente provenire che dallo scavo di caverne. Si cercò quindi subito di sapere quale fosse e quale scopo avesse l'attività dei minatori italiani sul Col di Lana. Le osservazioni del servizio di ascolto, non portarono, tuttavia, ad alcun risultato preciso. Furono sì uditi leggeri ronzii di trapani, ma parve possibile che essi venissero dalla costruzione in grande stile di caverne. A scopo di prevenzione, venne istituito un servizio continuo di ascolto, lasciando sulla posizione una compagnia di zappatori; e si tenne pronta una perforatrice. Ma il ronzio della perforazione era appena percettibile e, ad intervalli, perfino cessava.

Solo verso la metà del marzo 1916, il rumore della perforazione avversaria fu più nettamente avvertito sulla vetta. Non c'era dubbio alcuno: l'avversario minava la cima della montagna.

***

Cominciò allora un periodo tremendo per le truppe austriache del Col di Lana. Il ronzio della perforazione e il fragore degli scoppi delle mine si facevano sempre più vicini, cupi e monotoni. Come un morbo subdolo, il rumore sinistro che veniva dall'inter-

Croce di nuvole sul Col di Lana (2462 m). La montagna, duramente contesa, venne occupata dagli italiani dopo il brillamento della mina avvenuto il 17 aprile 1916 alle ore 20.30. Gli italiani battezzarono la montagna col nome di «Col di Sangue». ➔

no della montagna, penetrò nei nervi di quegli uomini che mai avevano perso il loro sangue freddo, nei momenti più gravi della lotta all'aperto. Così, nei posti di vedetta meravigliosamente liberi e dominanti, da mille metri di altezza, le ombrose e scure valli, si viveva come in una orribile prigione dalla quale non c'era scampo: sotto di essi, l'avversario caricava di dinamite le viscere della montagna.

Ardite azioni di sorpresa tentarono invano di distogliere gli italiani dalla loro impresa. La neve, alta diversi metri, soffocava all'inizio ogni attacco. Parve allora che esistesse un'unica possibilità, per non saltare in aria insieme alla mina: si cominciò affannosamente a scavare una controgalleria, dalla caverna situata sulla vetta del monte, in direzione della galleria avversaria. La lotta all'interno della montagna era iniziata. Gli occupanti si aggrappavano ormai solo alla speranza di procedere abbastanza rapidamente alla costruzione della nuova galleria per poter, con uno scoppio, far crollare quella nemica, e allontanare così, per lungo tempo, il pericolo.

Nello scavare l'ultimo tratto di galleria, i minatori italiani udirono risuonare sordi colpi al di sopra delle loro teste. Vennero sospesi i lavori e si comprese senza fatica che anche gli austriaci preparavano una mina. Poco dopo essi intercettarono anche un ordine telefonico alla Divisione austriaca «Pustertal» (Pusteria) così formulato: «L'avversario non ha più il coraggio per sferrare altri attacchi, ma ripone tutta la sua attenzione ai lavori riguardanti una galleria per mina sotto la vetta.»

Gli italiani sapevano ormai scoperto il loro piano di far saltare la cima del monte. Non mascherarono più il loro lavoro, ma lo condussero con ogni energia al compimento. Simultaneamente l'artiglieria italiana scatenò il fuoco pesante, ogni giorno verso la vetta per disturbare il lavoro della controgalleria austriaca.

Il 5 aprile i lavori per ultimare la contromina erano finiti, ma quando esplose, si vide che non aveva dato i risultati sperati: i lavori dell'avversario furono scarsamente danneggiati.

La guerra di mina era iniziata. Vennero costruite, instancabilmente, altre piccole gallerie laterali, facendovi esplodere altre mine. L'attesa terribile dei soldati fermi sulla vetta crebbe: la tensione si fece immobile terrore.

*
* *

Gli italiani, dopo aver aumentato quanto più possibile il numero dei minatori e la quantità del materiale impiegato, proseguivano nel lavoro. Nulla era trapelato circa altri progetti austriaci di difesa, ma era necessario fossero pronti a tutto, poiché sapevano che l'avversario era al corrente del loro piano. Pochi minuti di ritardo potevano bastare per impedire la riuscita di tutta l'azione.

Il 12 aprile lo scavo nella galleria italiana, condotto con febbrile attività, era ultimato. La galleria principale misurava 52 metri; nell'insieme, comprese le gallerie laterali minori, gli italiani avevano compiuto un traforo di 105 metri. All'estremità esterna della galleria, erano state traforate due diramazioni a forma di U in direzione delle due vette del Col di Lana. Era stata portata a termine anche la galleria laterale «Trieste» che si staccava dalla principale proprio al centro, sotto i reticolati, spingendosi per 30 metri verso la superficie. Avvenuta l'esplosione, si doveva far saltare lo strato sottile che separava questa galleria secondaria, dalla superficie: dallo squarcio, si sarebbero lanciate all'attacco, sul cratere, delle compagnie.

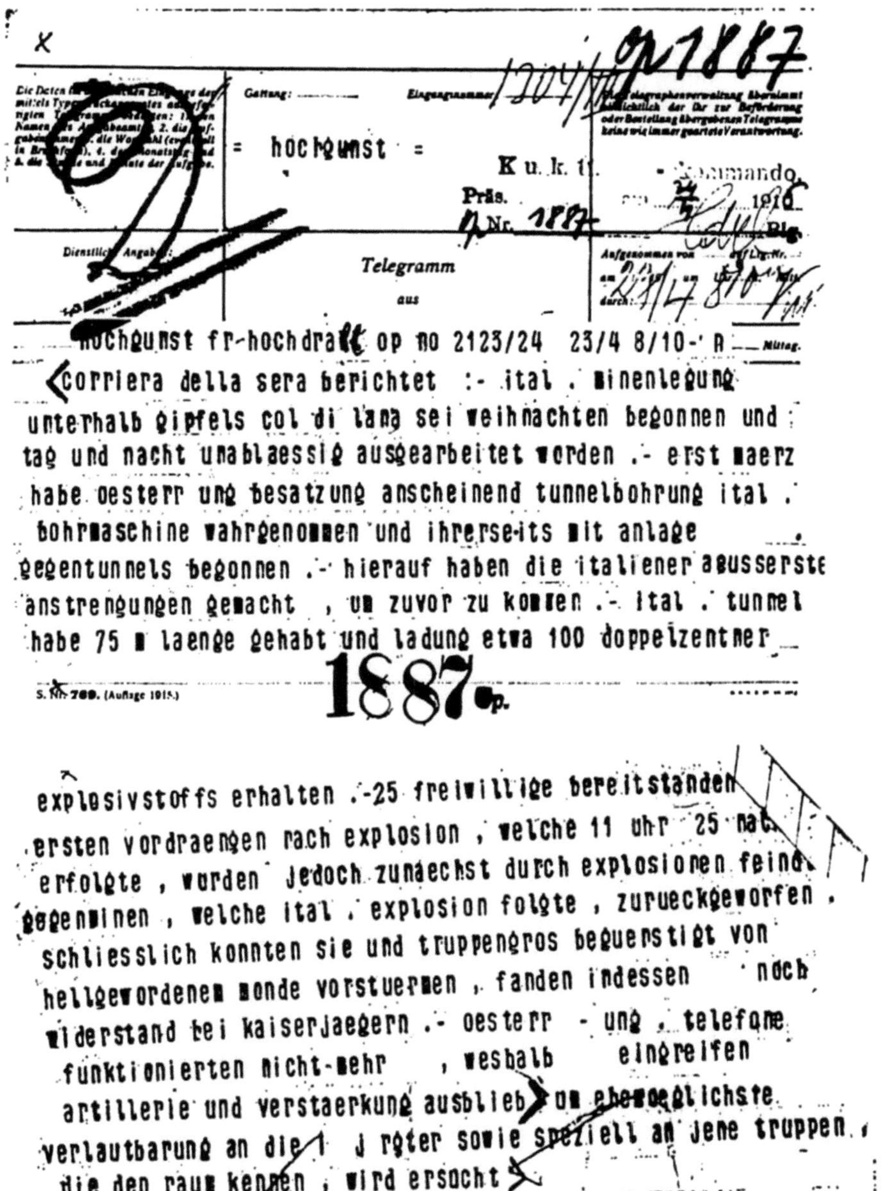

= hochgunst =

K. u. k. ... Kommando

Präs. Op Nr. 1887

Telegramm aus

hochgunst fr-hochdrall op no 2123/24 23/4 8/10 - n

corriera della sera berichtet :- ital . minenlegung unterhalb gipfels col di lana sei weihnachten begonnen und tag und nacht unablaessig ausgearbeitet worden .- erst maerz habe oesterr ung besatzung anscheinend tunnelbohrung ital . bohrmaschine wahrgenommen und ihrerseits mit anlage gegentunnels begonnen .- hierauf haben die italiener aeusserste anstrengungen gemacht , um zuvor zu kommen .- ital . tunnel habe 75 m laenge gehabt und ladung etwa 100 doppelzentner

1887 Op.

explosivstoffs erhalten .-25 freiwillige bereitstanden ersten vordraengen nach explosion , welche 11 uhr 25 nacht erfolgte , worden jedoch zunaechst durch explosionen feindl. gegenminen , welche ital . explosion folgte , zurueckgeworfen . schliesslich konnten sie und truppengros beguenstigt von hellgewordenem monde vorstuermen , fanden indessen noch widerstand bei kaiserjaegern .- oesterr - ung . telefone funktionierten nicht-mehr , weshalb eingreifen artillerie und verstaerkung ausblieb um ehemoeglichste verlautbarung an die ... j roter sowie speziell an jene truppen , die den raum kennen , wird ersucht

= op nro 2123/24 hochdrall =

Venne iniziata la carica dei due fornelli da mina dove furono collocati 5000 kg di nitroglicerina; in più in ogni fornello, 100 tubi di nitrocotone e 100 inneschi, per garantire l'accensione. Gli italiani fecero il lavoro in una sola notte, dal 15 al 16 aprile, pur soffrendo non poco, per le esalazioni della nitroglicerina, che provocarono svenimenti a molti uomini. Sistemato il cavo blindato per una duplice accensione elettrica, i fornelli vennero intasati con sacchetti di sabbia e traversine di ferro.

La sera del 17 aprile il comando italiano ricevette l'annuncio che la mina era pronta per essere fatta brillare. Vennero appostate le truppe d'assalto. Due battaglioni si disposero nei camminamenti coperti, all'imbocco della galleria di mina. Verso le ore 22 gli avamposti furono fatti ritirare nelle caverne.

Veduta del Col di Lana (2462 m). La linea scura verticale è dovuta alla ghiaia conseguente alla costruzione delle caverne sulla posizione austriaca.

Il Col di Lana dopo il brillamento della mina. L'intero monte è annerito dai frammenti rocciosi. A destra il Sief (2425 m) e la Sella del Sief.

L'artiglieria italiana partecipante all'azione era formata da 111 cannoni di medio calibro e da 28 di grosso calibro. Di questi 139 pezzi, la maggior parte sparava sulla cima del Col di Lana e più precisamente su di un'area che sarebbe bastata appena ad una casa. Già da 14 giorni queste batterie sparavano tutte sul medesimo obiettivo, distruggendo continuamente le trincee e le opere che i difensori, senza posa, ripristinavano. Stipati nelle caverne e nelle gallerie, appoggiati alle loro armi, i soldati italiani attendevano il momento dell'esplosione e dell'assalto. Regnava negli uomini quella calma sinistra ed ansiosa che precede la tempesta, e nella quale si avvertono i battiti ansiosi del cuore. L'esplosione era fissata per le 23.30 del 17 aprile 1916. Poteva dunque cominciare la distruzione del maledetto «Col di sangue». Alle ore 23.30 precise del 17 aprile 1916 il dito, leggermente tremante, del sottotenente Cattani si avvicinò alla tastiera elettrica . . .

«Wir zählen zu den Besten,
solang' die Treu besteht».
Kaiserjägerlied

Su quella cima, tanto vicina al cielo, gli ultimi giorni che precedettero l'esplosione furono un vero inferno. Non si udiva più la perforazione all'interno della montagna; Ormai, ognuno dei difensori austriaci del Col di Lana sapeva che si avvicinavano per lui le ultime ore. Finché si era udito l'avversario che perforava, batteva colpi di martello ed il silenzio era rotto solo dallo scoppio delle mine avversarie, era rimasta aperta una via di salvezza, si era potuto sperare nell'imprevisto, sperare che, all'ultimo momento, si sarebbe potuto sventare il tremendo piano avversario. Ma le ore, i minuti della speranza passarono sempre più rapidamente come il pietrame che le granate avversarie sollevavano dalla vetta devastata, e gettavano, simili a fontane, giù dai dirupi della montagna.

Ed i cuori di quei poveri uomini, sulla cima, divennero pesanti.

Ai rumori nell'interno del monte, era seguito un concerto infernale, indescrivibile che investiva da ogni lato il Col di Lana e le posizioni vicine. Con crescente violenza i 139 cannoni italiani scagliarono proiettili contro la montagna. Negli ultimi tre giorni prima dell'esplosione (15, 16, 17 aprile) il bombardamento raggiunse una violenza distruttrice. Dalle batterie, disposte a semicerchio, circa 2000 proiettili al giorno — molti di grosso calibro — passarono sibilando sulle valli profonde, per schiantarsi contro il massiccio del Col di Lana.

Le posizioni, alla sera di queste tre giornate, erano ridotte ad un ammasso di rovine. La trincea profonda due metri, era piena di terriccio, ridotta al livello del suolo.

Le truppe di occupazione (esse alternavano sei ore di lavoro a sei di riposo) lavoravano senza sosta per ripristinare la posizione, aiutate da un certo numero di pionieri e di zappatori.

Nella notte fra il 16 e il 17 aprile, la 5ª Compagnia, del tutto esausta, del 2° Reggimento dei Kaiserjäger tirolesi, al comando del capitano Adalberto Homa venne sostituita. Il cambio avvenne indisturbato per vero miracolo. Il tenente Toni von Tschurtschenthaler, comandante della 6ª Compagnia del medesimo reggimento procedette con le sue pattuglie verso il Col di Lana dalla cresta del Sief.

Il saluto tra i due ufficiali che insieme avevano passato molte ore difficili in una dura guerra, fu commovente.

Il capitano Homa si meravigliò che la sostituzione fosse stata predisposta, avendo egli chiesto al comando di settore di procrastinarla, perché il fuoco delle artiglierie italiane che negli ultimi giorni era quasi senza intervalli, aveva distrutto la compagnia. Il tenente von Tschurtschenthaler dichiarò che al comando non era giunta alcuna comunicazione. Solo dopo, si seppe che il portaordini era stato ferito ed era precipitato dalla cresta. Il tenente con comprensibile tensione chiese come stessero le cose ed il capitano Homa riferì che, dal 14 sera, non si erano più uditi rumori di perforazioni. Si pensò che il caricamento della mina durasse almeno 48 ore; dopo questo termine tutto poteva accadere, in ogni istante. Ma non si avvertiva alcun segno. I due ufficiali si guardarono negli occhi e si strinsero la mano in silenzio.

«Toccherà a te, Toni» — disse il capitano Homa commosso. «Non prendertela, Roberto, non sarà così terribile» — lo tranquillizzò il tenente.

Uomo dopo uomo, la compagnia sostituita si ritirò sulla cresta gelata.

Il capitano Homa poté riferire al comando di settore, verbalmente e con tutti i particolari, sulla situazione disperata della vetta del Col di Lana, e la notizia venne subito riportata ai comandi superiori. Ancora lo stesso giorno venne confermato dal Comando di Divisione che il Col di Lana si doveva tenere a tutti i costi.

Baracche italiane sul Col di Lana nel novembre del 1917.

Il giorno 17, il fuoco delle artiglierie avversarie iniziò con estrema violenza fin dalle prime ore del mattino. Il primo proiettile — da 210 mm — esplose proprio al centro della posizione. Il bombardamento andò poi intensificandosi: ai 210 che scoppiavano ad intervalli regolari, si aggiunsero granate e shrapnel di ogni calibro. Nelle ore antimeridiane, l'artiglieria avversaria tambureggiò senza tregua. Il comandante ordinò lo sgombero dei ricoveri; tutti gli uomini non in servizio si portarono nella grande caverna di seconda linea.

La posizione venne affidata al minor numero possibile di difensori, e il resto degli uomini, le armi alla mano, rimase in attesa di lanciarsi nelle trincee, all'attacco degli italiani.

Verso le 9 del mattino, una granata scoppiò davanti al grande ricovero di legno, e, subito dopo, una seconda distrusse la scaletta d'allarme, l'accesso principale della trincea. Verso le 11 una granata cadde sull'ingresso della caverna ed esplose contro la roccia sovrastante ostruendo completamente l'entrata con le pietre ed il terriccio franato. Rapidamente i soldati riaprirono l'ingresso ma, se si era con ciò riparato un danno, non si era potuto però evitarne un altro, più grave. I gas, prodotti dall'esplosione, penetravano all'interno della caverna, rendendo la respirazione quasi impossibile, data la mancanza di ventilazione. Diversi uomini svennero. Bisognava assolutamente provvedere, perché la situazione non peggiorasse. Una parte dei 100 uomini ricoverati nella caverna dovette essere spostata in altri ricoveri, meno sicuri.

Nel frattempo, ci si procurò una scarsa, ma provvidenziale ventilazione, agitando grosse coperte: la respirazione ridiventò possibile. Questo faticoso lavoro continuò fino a notte, perché le continue esplosioni producevano sempre nuove esalazioni di gas.

Una parte delle truppe si era appena riparata in altri ricoveri, quando un colpo centrato in pieno, tornò a distruggere l'ingresso della galleria, ricreando la situazione di prima.

Il bombardamento continuò, intensissimo, per tutto il pomeriggio. Le truppe di occupazione assolsero il loro difficile compito con alto senso del dovere e sacrificio. La presenza dei morti e dei feriti, che non si potevano allontanare e rimanevano rinchiusi assieme ai combattenti, nella tremenda prigione, gravava sul morale degli uomini.

Solo verso le 21, quando le batterie cessarono il fuoco, cominciò a svanire anche quel senso di assoluta impotenza. Finalmente, dopo il fuoco infernale durato tutto il giorno, era arrivata la calma, anche se sospetta.

Tutti i soldati si unirono agli zappatori per costruire con i detriti causati dal bombardamento, difese provvisorie, posizioni approssimative, per resistere ad attacchi notturni.

Le comunicazioni telefoniche col comando di settore, stabilitosi presso il campo «Alpenrose» erano interrotte fin dalle prime ore del mattino.

Solo a sera inoltrata, a mezzo di portaordini, il comando riuscì ad avere la prima relazione scritta dal Col di Lana:

«I. R. Comando di Battaglione»

«Dalle 5 alle 9 del mattino, bombardamento leggero di medi calibri; dalle 9 tambureggiamento con grossi calibri. La posizione è totalmente distrutta; distrutte anche le posizioni arretrate; la scaletta di soccorso, il sentiero che porta alla galleria, sono un cumulo di rovine. I ricoveri degli ufficiali e delle truppe sono stati rasi al suolo, dai colpi in pieno, e non sono utilizzabili. Le caverne diventano sempre meno abitabili per l'aria irrespirabile. Collegamento telefonico interrotto da questa mattina. La situazione è terribile! Non so più che cosa fare. In caso di attacco avversario, tenteremo tutto il possibile, ma gli accessi alle trincee sono quasi tutti impraticabili. Prego inviarmi la Sanità per trasportare i feriti. Questa relazione non tende ad esagerare i termini della situazione: tutto, purtroppo, è vero. Se non sarà possibile riadattare i ricoveri, sarà urgente e necessario dare il cambio alle truppe, fin da domani. Chiedo immediato soccorso.»

Tenente v. Tschurtschenthaler

Le trincee avanzate sul Col di Lana (2462 m). A dieci passi corrono le trincee avversarie. Il reticolato è quasi scomparso sotto la spessa coltre di neve. Sullo sfondo il Monte Civetta e la Val Cordevole.

Poco dopo fu ristabilito il collegamento telefonico. Il tenente von Tschurtschenthaler, si annunziò presso il comando e riferì di nuovo sugli avvenimenti della giornata. Gli fu assicurato che sarebbe stato soccorso in tutte le maniere. Alle 22.30 un sottoufficiale di servizio in trincea diede l'allarme, gridando: «Gli italiani avanzano strisciando! Allarme!» Tutti i soldati si precipitarono nelle trincee afferrando fucili e bombe a mano. In pochi istanti tutta la posizione fu presidiata. I difensori, stipati gli uni contro gli altri, protetti da detriti e blocchi di roccia, tra cumuli di terra e residui di difese distrutte, attesero l'attacco dell'avversario che li doveva liberare da una attesa lunga e sfibrante.

Al comando di settore venne comunicato per telefono: «La situazione si fa seria: si sta preparando qualche cosa.» Venne impartito l'ordine ai comandi di artiglieria di tenere pronte le batterie. L'intero fronte era in allarme: dalla vetta della Marmolada al Passo di Falzarego i presidi vegliavano dentro le trincee, pronti a far fuoco, con i loro fucili e muniti di bombe a mano; gli uomini di rincalzo stavano nelle trincee; gli artiglieri attorno ai pezzi carichi, i telefonisti in ascolto, con il capo chinato sui ricevitori. Centinaia di occhi indagatori frugavano le tenebre della notte, fissi a quel punto dove si ergeva il Col di Lana, il «Col di sangue», il «vulcano» simile ad una belva enorme, tigrata da macchie di neve sporca e da segni neri. Di qua e di là, amici ed avversari, lungo tutto il settore, attendevano all'agguato.

La notte era buia. I difensori del Col di Lana erano pieni di fiducia, di forza e di serena speranza, tra le rovine delle loro posizioni bombardate e il fango ghiacciato. Il freddo era intensissimo. Di tanto in tanto, i soldati muovevano con attenzione l'otturatore dei fucili, per evitare che gelasse.

Su tutto il settore regnava un silenzio di morte: la calma sinistra prima della tempesta.

Tutto a un tratto i riflettori italiani si accesero. I coni luminosi cominciarono la loro danza leggera sul corpo del monte, rischiarando campi anneriti dalle granate, campi immacolati di neve gelata, profili scintillanti di monti coperti di ghiaccio. Da tutte le cime, nuove luci si unirono alle prime e intrecciarono il loro gioco attorno alla sinistra montagna. Le «faci funebri» del «Col di sangue». Il comandante, sulla vetta, sapeva ormai che alla luce dei riflettori, nessun attacco sarebbe stato sferrato. Egli temeva invece una sorpresa da parte dell'artiglieria, che sarebbe stata fatale alle forze austriache, disposte in ordine serrato sulla cima della montagna.

Perciò diede ordine che la metà delle truppe lasciasse le trincee, per ripararsi nelle caverne. Rimasero sulla posizione due soli plotoni della compagnia con i relativi ufficiali. Ancora un breve colloquio telefonico col comando di settore e l'assicurazione, da parte di questo, che tutte le batterie del settore attendevano l'ordine di aprire il fuoco dal comando del Col di Lana.

Allora anche il comandante della posizione si ritirò nella grande caverna. La calma sinistra permaneva, i riflettori continuavano la loro «ridda». L'attesa gravava su tutto il fronte.

Un dito premette un pulsante elettrico . . .
Erano le 22.30.

*
* *

Allora la montagna sinistra si squarciò; una fiammata gialla balenò improvvisa verso il freddo scintillio del cielo stellato delle Dolomiti. 10.000 tonnellate di blocchi di pietra vennero proiettate in aria, insieme a lembi di carne umana, e 140 cannoni scagliarono una tempesta di granate, sulle trincee austriache. Tale fu l'esplosione al «Col di sangue».

Nella grande caverna fu un brancolare di uomini afferrati da un invisibile morsa e scagliati lontano. Poi seguì uno scoppio pauroso e la montagna tremò, quasi volesse crollare. Tutti fecero un balzo e si precipitarono con impeto selvaggio verso l'uscita. Ma non c'era più scampo. Massi di roccia e cumuli di pietra chiudevano la caverna. Gli uomini erano prigionieri.

Intanto, attraverso una stretta fessura, penetrava nella caverna l'infernale fragore che si scatenava fuori. Valanghe di sassi precipitavano rombando, accompagnandosi al fuoco tambureggiante delle artiglierie; intorno alla cima si alzavano le urla di aiuto degli uomini spaventosamente mutilati; invocazioni tronche e disperate che si perdevano nel frastuono spaventoso.

Dentro la caverna si lavorò febbrilmente per aprire un varco. Ma, una volta raggiunto lo scopo, nessuno poté mettere piede sul terreno scoperto, che le batterie battevano metro su metro. Oltre 80 cannoni nemici mantenevano sotto fuoco continuo l'imbuto di 100 metri formatosi sulla cima e gli accessi alle caverne.

Quand'ecco che ai boati profondi dei colpi di artiglieria, si unisce il secco crepitio della fucileria. Le vedette sull'ala sinistra, risparmiate dall'esplosione, combatterono un ultima disperata lotta contro le truppe italiane lanciate all'assalto. Fu agevole impresa, per gli italiani, avere ragione di quei pochi uomini.

D'un tratto l'artiglieria ammutolì e con mossa fulminea, la prima ondata nemica avanzò all'assalto del monte. Ormai, dall'alto, gli italiani immobilizzarono, sparando con i fucili e lanciando granate a mano, ogni tentativo di difesa da parte dei rincalzi. Allora cominciarono a crepitare colpi di fucile anche nella caverna. Le truppe di assalto avevano già raggiunto le gallerie di accesso, situate di fronte alla caverna stessa, e vinto la resistenza delle superstiti truppe occupanti.

Per il presidio del Col di Lana, era svanita ogni speranza di soccorso: dovette rassegnarsi alla più dura sorte. Seguirono per quei valorosi soldati i minuti più crudeli che uomo possa vivere nella vita. La loro terribile situazione era giunta al suo culmine. Atterrite le truppe temevano che l'avversario — giunto davanti alla «trappola» — lanciasse, attraverso lo stretto ingresso, delle bombe, nella caverna rigurgitante di uomini. Il fuoco dei fucili nella caverna divenne più forte e la tensione raggiunse il massimo. Allora da quegli uomini spaventati e che cercavano scampo, si levarono grida di dolore e invocazioni di aiuto e strazianti parole di commiato alle madri, alle spose, ai figli che echeggiavano tristemente fra le nere pareti della gigantesca prigione. Gli ufficiali si prodigavano per calmare gli uomini.

L'aria, nella caverna, diventava sempre più irrespirabile. I gas dei proiettili esplosi avevano saturato l'atmosfera, ancora più che nei giorni precedenti. Le candele si spegnevano a poco a poco e le tenebre ebbero un effetto spaventoso.

Al comandante non rimaneva altra scelta: o soffocare o arrendersi!

I soldati italiani si avvicinarono cautamente all'ingresso della caverna, intimando alle truppe di sgomberare. Nell'antro si fece un silenzio profondo. Dopo una muta stretta di mano, prima i soldati, poi gli ufficiali abbandonarono l'ultimo palmo di terra austriaco sul Col di Lana, che sopraffatto da una forza irresistibile doveva essere ceduto all'avversario.

All'uscita della caverna, ognuno gettò le proprie armi nella gola profonda del Sief; poi tutti salirono, con cuore pesante, fino alla cima, dalla quale furono allontanati dal campo di battaglia. La vecchia posizione di difesa era diventata irriconoscibile.

Là dove i bravi Kaiserjäger e gli zappatori avevano compiuto eroicamente fino all'ultimo il loro dovere, si apriva un cratere profondo che, in meno di un secondo, aveva ingoiato duecento uomini.

Un solo austriaco sfuggì alla morte ed alla prigionia: lo spostamento d'aria prodotto dalla mina lo proiettò lontano centinaia di metri. Egli precipitò nella gola del Sief e solo due giorni dopo, con fatiche e stenti inauditi, poté riguadagnare le proprie linee. Ma nulla seppe dire: il terrore gli aveva tolto la parola.

Col di Lana: incontro sotto la vetta. La 5ª Compagnia agli ordini del capitano Homa e la 6ª Compagnia agli ordini del tenente Tschurtschenthaler si alternavano ogni tre giorni nel presidio della vetta. Da sinistra: Cap. Homa, Ten. Toni von Tschurtschenthaler e Ten. Kreissl.

Hubert Mumelter

Tra le rocce e il fuoco

Ricordo ancora come nevicasse terribilmente quando, alla fine del febbraio 1916, risalimmo la val Pusteria, e, attraverso la val Gadera andammo verso San Cassiano. Era già la quarta volta in quell'inverno che la nostra compagnia d'assalto di Kaiserjäger veniva comandata ad occupare un nuovo tratto del fronte selvaggio delle Dolomiti. Questa volta dovevamo prendere posizione in una località in Travenanzes, al di là della forcella del Fanis, in quella solitaria alta valle circondata dal gruppo delle aride e friabili Dolomiti del Fanis, delle Tofane e del gruppo del Lagazuoi.

Dovemmo essere contenti che la nostra destinazione non era il Col di Lana, in quanto era già saltato in aria per effetto della mina.

Marciando penosamente nella neve, raggiungemmo il piccolo villaggio posto a 1500 metri, mezzo sepolto fra le rocce e la neve.

Vi arrivammo proprio in tempo per dissotterrare una stazione di teleferica al di sopra del villaggio, travolta da una valanga: ciò che fece differire da un giorno all'altro la nostra marcia per raggiungere le posizioni. E nevicava sempre: dai posti più avanzati arrivavano notizie di valanghe rovinose, di colonne di portatori sepolte, di collegamenti interrotti; nessuna linea telefonica funzionava più ed evidente era il nervosismo dei comandanti del fronte a queste impossibili diavolerie della guerra di alta montagna. La Brigata dava ordini che non ci raggiungevano mai. E l'altezza della neve aumentava. Ma poi a poco a poco anche il diluvio di neve ebbe fine e quando finalmente ci si spedì alla forcella Fanis imparammo, quale ultima scoperta, ad usare delle bellissime rosse funicelle da valanga. Però gli uomini impararono subito che il loro impiego più utile tra i viventi, era quello di trasformarle in eleganti e durevoli corde per scarpe.

La forcella Fanis è alta 2700 metri, intagliata nel muro di roccia del Gran Lagazuoi (2803 m) e della cima Fanis (2810 m). Ricordo che ci venne mostrata la grande valanga sotto la quale giacevano ancora trenta uomini di un gruppo di portatori. Proprio in cima alle rocce stava appesa la stazione superiore della teleferica ed i ricoveri. Là dietro doveva cominciare la famigerata val Travenanzes.

Volgeva alla fine una freddissima giornata quando noi, dall'alto della forcella, ammirammo per la prima volta quella zona montuosa che per circa due anni non ci avrebbe più abbandonato e ci sarebbe stata familiare, come può essere ad un cacciatore la sua riserva.

Le Tofane si ergevano gigantesche come fantasmi nella luce della sera, sul bianco e immenso deserto che si apriva per noi nello scosceso precipizio della valle. La potenza di questa visione era opprimente.

Dovevamo passare la notte laggiù in una posizione affatto sconosciuta. Ci fu indicato dov'era dall'altro lato il Col dei Bois e la Fontananegra, nomi convenzionali che ci turbavano come «Testone» e «Nemesis». Però noi vedemmo soltanto deserti di neve e di roccia.

La val Travenanzes è una delle più grandiose e selvagge delle Dolomiti, ma le posizioni austriache, in quella località, erano notevolmente esposte, circondate da tutte le parti dall'avversario, in qualche punto perfino alle spalle.

Dalla cima delle Tre Tofane gli italiani potevano vedere, quasi a volo di uccello, il rovescio delle nostre posizioni sull'alta val Travenanzes, tra la forcella Lagazuoi e Col dei Bois. Dall'altra parte la cima Falzarego vedeva i nostri movimenti nella bassa val Travenanzes e sul «Testone» e su «Nemesis» punti di appoggio laterali di Fontananegra. Questa posizione appariva a sua volta, cinta dalle Tofane, debole e precaria. Ci fermammo sul lato del fronte rivolto a destra, sovrastante il nemico da 100 a 1000 metri da ogni parte. Prendemmo posizione nel cavo profondissimo di una roccia ad imbuto paventando per l'estate, qualora fossimo ancora rimasti in vita; la stagione, cioè, nella quale gli italiani avrebbero sferrato delle grosse offensive. La posizione principale e, nello stesso tempo più avanzata e più isolata di questo settore, era costituita dal Col dei Bois (2559 m).

La possibilità da parte nostra di osservare da questo lato e di disturbare i movimenti del nemico lungo la strada delle Dolomiti, dal passo di Falzarego e alla forcella Col dei Bois, doveva certo invogliare gli italiani alla conquista.

La nostra compagnia venne suddivisa lungo il settore e fu impegnata in diversi servizi di pattugliamento. Degno di considerazione era il fatto che il fronte rimaneva immerso, quant'era largo e lungo, nel letargo invernale.

Tutti vivevano sepolti sotto due o tre metri di neve; perfino le granate affondavano in questa massa candida, senza scoppiare. Si poteva perciò fare tranquillamente i bagni di sole, una volta presa conoscenza dell'orario del bombardamento quotidiano.

Nevicava di frequente, a tratti impetuosamente, a tratti adagio, adagio. Era una vita senza movimento, ma sempre in allarme, quando non si aveva la disgrazia di ricevere una fucilata e di essere schizzati in aria da una mina.

Ma venne la fine di marzo 1916 e sulla cima cominciò a «puzzare». Il tenente Kall avvertì dei rumori sospetti; sommesse, ma distinte detonazioni dall'interno del monte, ai piedi della sella che divide la cima seghettata della parete della Tofana. Kall si trovava là sopra, con una delle nostre pattuglie. Poco dopo ricevetti anch'io l'ordine di raggiungerlo. Per uno stretto passaggio roccioso, che sovrasta la parete triangolare, giunsi alla conca scoscesa, a forma di imbuto limitata dalla parete occidentale delle Tofane. La neve era ancora alta. Incontrai Kall tormentato da un terribile catarro, che gli accresceva l'eccitazione causata dal rumore sotto di sé. Si udiva, in realtà, un rombo sotterraneo che aumentava di continuo, proveniente dalle posizioni inferiori dietro le grandi rocce quadrate sotto la selletta.

Dopo essere stati in ascolto giorno e notte, giungemmo alla conclusione che non vi poteva essere dubbio sul fatto che si stava minando la nostra posizione. Col tempo, specialmente di notte, ci confermammo nella nostra opinione perché circa ogni quattro ore si udivano venti scoppi di mina.

Dovevano avere fretta, lavorando con parecchie perforatrici. Ci restava, per lo meno, una quiete provvisoria, perché, per tutta la durata della perforazione, gli avversari non ci avrebbero inquietato. Gli italiani chiamavano «Castelletto» quello che noi chiamiamo «Schlößchen». La sentinella alla selletta ci gridava l'allarme ad ogni istante. Di notte, si percepivano lassù rumori strani, come un continuo sfaldarsi e precipita-

Un mortaio da 150 in posizione sotto le cime di Fanis. ➔

re di detriti; talvolta il fragore di arnesi di ferro, proprio sotto di noi nel camino profondo forse meno di 70 metri. Tutte le sere ci arrampicavamo alla luce dei razzi, là sopra, per scoprire la posizione esatta dell'ingresso delle gallerie, ma non riuscivamo ad identificarli. Tutte le notti lanciavamo grosse bombe, scaraventavamo barilotti ed ogni cosa ci capitasse, laggiù in fondo, ma senza effetto. Le percussioni, sotto di noi, continuavano regolarmente, ed a poco a poco si giunse perfino a percepire le vibrazioni del sottosuolo. Dormivamo male, se pure dormivamo. Ad ogni modo sulla punta c'era ancora una certa calma. V'erano giorni nei quali non un solo tiro pioveva su di noi, e il sole di marzo schiudeva sulle nostre teste il cielo turchino. Molte volte, nel pomeriggio, ci spostavamo sulla vetta a guardare giù gli italiani sulla strada di Falzarego; oppure come essi spalavano neve sulla cima di esso; ma ci irrigidivamo contro la parete della montagna se improvvise precipitavano le valanghe, provocate dal sole alto.

Di faccia a noi, verso mezzogiorno, tuffati nel magnifico azzurro di quelle giornate, emergevano il Civetta ed il Pelmo e, più in là, la massa nevosa della Marmolada. Quasi come per gioco risonavano talvolta in questa quiete solare, a questa altitudine, le fucilate sibilanti. Soltanto quando noi con le bombe di caduta facevamo troppo chiasso, si svegliavano i cannoni dell'Averau. La guerra così si trasformava in un divertimento di bambini. «Augusto» il posto di vedetta italiano sulla parete sud della Tofana si muoveva. Quando, per toglierci di dosso la muta presenza dell'avversario sul fianco, ci arrampicavamo cautamente sui merletti della Punta, vedevamo proprio sopra di noi i cavalli di frisia coperti di neve sulla cima della Tofana di Roces, placidamente rivolti verso di noi e potevamo sputare sopra i ricoveri italiani sotto di noi, dietro le rocce del Col dei Bois. Talvolta li disturbavamo mentre appunto, stavano facendo la siesta al sole. Ma non era una buona azione perché allora «Augusto» e la Tofana ci restituivano lo stesso scherzo, e, per di più, ricevevamo sul tetto dei ricoveri una valanga di granate.

Le notti erano di solito paurosamente tranquille, echeggianti dei colpi sul Col di Lana, caduto in mano degli italiani in quei giorni. Protetti dall'oscurità giungevano i portatori; essi dovevano fare un cammino di quattro ore, dalla forcella Fanis, e fornivano specialmente materiale di rafforzamento e grandi quantità di bombe. Alla minaccia contro la selletta si poneva intanto riparo con l'abbandonare i ricoveri qui costruiti, portandoli più indietro, nelle rocce della Punta e della parete della Tofana. Una notte giunse il sottotenente Seyfried con un vecchio e ridicolo cannoncino da montagna, che si comportò tuttavia valorosamente, anche quando fu ridotto a reggersi su una sola ruota. Finalmente giunse anche la perforatrice da tempo e insistentemente richiesta, ma prima che la macchina scomposta in innumerevoli parti per poterla trasportare di notte, fosse pronta, passò molto tempo, perché ora mancava questo ora mancava quello. Questo ordigno, causa di tante contrarietà, ci consentì di scavare una caverna nella parete della Tofana. Sotto i nostri piedi continuava ininterrotto il fragore confuso che ci avvertiva dell'incessante progredire della perforazione, giorno per giorno. Le scosse alcune volte si avvertivano più forti, altre più deboli. Non era più possibile farci un'idea adeguata di ciò che accadeva. Stavamo chini con l'orecchio appoggiato al suolo; talvolta pareva che le detonazioni fossero vicinissime. Anche presso «Augusto» che incominciò proprio allora a sparare con rinnovata frequenza, udivamo nuove detonazioni e nuovi rumori. Subimmo alcune perdite per causa sua, perché poteva vederci meglio di prima, in quanto ci eravamo spinti fuori, sulle guglie del Castelletto. Di notte, spesso, dalla cima della Tofana venivano scagliati razzi; ma una notte un riflettore ci accecò con la sua luce. Poco dopo un altro, dalla cima della Tofana III, gettò il suo occhio luminoso contro la forcella Fanis e sul rovescio delle posizioni di Col dei Bois.

Forcella e circo di Fontananegra con le posizioni dopo diversi combattimenti infruttuosi.

⌒⌒ = posizioni austriache
++++++ = posizioni italiane

Un giorno l'artiglieria incominciò a sparare dalla cima della Tofana I. Ciò significava qualche cosa di coordinato. Noi scoprimmo poi sempre nuove postazioni di batterie sulle Cinque Torri e sul monte Nuvolau che sparavano su tutto il settore. Il nostro accesso al «Sasso Triangolare», di notte, si trovava spesso sotto i riflettori. Di qui, perdite da parte dei portatori.

Una notte, tutta Travenanzes, alle nostre spalle, fu in tumulto. Il fronte verso Fontananegra era sconvolto, le pareti del monte rumoreggiavano di mitragliatrici e di fucilate, tutte le batterie sparavano, la Tofana sopra di noi si infiammava di razzi, le luci dei riflettori frugavano nervosamente ogni parte. Da noi non accadde nulla. Ma, il giorno dopo, udimmo che la posizione antistante a Fontananegra era caduta in mano agli italiani. Il «Testone» e «Nemesis» i due punti di appoggio laterali, raggiungibili soltanto con scale a pioli, spararono ancora per tutto il giorno, con ogni arma. Ma erano del tutto tagliati fuori e dovettero presto capitolare. Il «Testone» si arrese infatti tre giorni dopo, per totale mancanza di munizioni e di viveri. Perciò noi ci trovammo ad avere il lato orientale dalla parte della grande Tofana, scoperto sul rovescio. La guarnigione del «Nemesis» al quarto giorno scese, non vista, in val Travenanzes. Se ne erano andati attraversando con dodici ore di virtuosismo alpinistico la parete occidentale della Tofana III.

A Fontananegra si sosteneva ancora, a fatica, sull'orlo del precipizio, la cosiddetta posizione di agguato. Il capitano Raschin assunse, da quell'istante, il comando del settore Travenanzes. Egli chiamò presso di sé Kall che venne sostituito al Castelletto dal sottotenente Schneeberger, l'ardita «pulce della neve».

Eravamo in luglio. Appariva chiaro che Fontananegra era il preludio di una azione più vasta; tanto più inspiegabile ci sembrava perciò questa interminabile perforazione. Oltre ad essa, vi era qualcosa di opprimente nell'aria, e non si poteva essere certi che avremmo potuto dormire tranquilli ad onta delle perforatrici. Sulla cima della Tofana III gli italiani avevano piazzato due grossi riflettori, oltre ad una intera batteria installata in una caverna: tutto questo rivelava la loro attività. Le posizioni al Col dei Bois e su cima Falzarego erano pericolosamente sotto il fuoco, da tergo. La forcella Fanis veniva ogni notte illuminata dai riflettori e bersagliata. C'era assai cattivo tempo: nebbia, neve e pioggia. Un giorno, improvvisamente il nostro ricovero fu bersagliato da un tiro di fucileria da tergo. Ce la svignammo in tempo facendo rapidamente un buco nel pavimento, dietro i sacchi a terra del muro di rinforzo. Una pattuglia doveva essere scivolata sotto la parete est della Tofana. Ma non riuscimmo ad accertare esattamente da dove era giunto il fracasso. Nella notte noi murammo i nostri ricoveri, come tombe di giganti. In tempi successivi avemmo molta tranquillità, pure con la certezza che abbastanza presto saremmo usciti da questa inconsueta situazione. E ciò infatti avvenne.

Un mattino scoprimmo, sulla parete della Tofana, appena 20 metri sopra la selletta, un foro della grandezza di una testa, che sembrava guardarci con gli occhi spalancati. Non volevamo credere alla sua esistenza in un posto così pericoloso, fino a che Schneeberger non si arrampicò fin lassù. Il lancio di una bomba a mano ci tolse ogni dubbio. Essa venne immediatamente scagliata fuori e scoppiò davanti alla povera «Pulce della neve», sotto il circo; un'ora dopo, il buco era già stato otturato dagli avversari. Ne provammo un certo sollievo, ma il motivo della perforazione per noi restava un mistero. Vi erano due possibilità: o tutto era pronto sotto i nostri piedi per lo scoppio

Cavalletto della teleferica alla forcella di Fanis (2657 m). Sullo sfondo le Torri di Fanis.

della mina od essi lavoravano solo a scopo di inganno in una galleria sul fianco. Oppure non era previsto alcuno scoppio, ma noi dovevamo essere liquidati con un attacco nel fianco. Ma si parlava con più insistenza di una esplosione perché, da quanto ci riferivano le stazioni in ascolto, si poteva presumere tale mossa da diverse ripetute comunicazioni telefoniche in cifra. Noi stavamo quindi proprio su un barile di polvere. L'attesa diventava ogni giorno più ansiosa. Ci si poteva inoltre muovere sempre meno, perché «Augusto» sparava infliggendoci continue perdite. Non potevamo abbandonare, neppure per un attimo, l'osservazione della parete della Tofana. Udimmo ancora colpi di perforazione, ma non accadde nulla. Di notte, per stare sulla selletta, bisognava armarsi di una buona dose di fatalismo. Ma le notti si seguivano l'una all'altra: ci sembrava di impazzire. In un nuvoloso pomeriggio, la «Pulce della neve» intraprese con alcuni uomini la salita su per le pareti scoscese, a mezzogiorno di «Augusto». In un camino egli si trovò faccia a faccia con una sentinella avversaria; la scaraventò giù, contro la parete, sfogandosi con le bombe a mano contro il posto di guardia, incassato là sotto finché il camino fu sgomberato. Ma le nostre sentinelle, lasciate sul posto, non poterono mantenersi sulla parete. Ne furono cacciate facilmente, di giorno.

I giorni passavano uno dopo l'altro. Le nostre posizioni sulla Forcella Col dei Bois reggevano al fuoco dell'artiglieria e delle bombarde. Il sottotenente Richter mi sostituì: andai nella posizione di rincalzo presso la Wolf-Glanwell-Hütte. Ogni giorno si prevedeva la caduta della «posizione d'agguato», debole e insufficiente. Tra gli avanzi di neve ed i blocchi di pietra stavano ancora, discretamente, delle truppe qua e là, in val Travenanzes.

Il sottotenente Fleck respinse in quei giorni alcuni assalti sull'anticima nord della Tofana III. Nell'alta val Travenanzes si ebbe un periodo di calma molto sospetto. Tutti si aspettavano il crollo. Nel grigiore di un giorno di luglio alle cinque del mattino, il Castelletto finalmente sputò nel cielo una enorme massa di fuoco. Lo spostamento d'aria e la scossa del terreno furono sentiti fino in val Travenanzes e alla forcella Fanis. Subito dopo la terribile detonazione, la valle divampò per il subitaneo fuoco tambureggiante sulle posizioni di Col dei Bois. Due minuti dopo giungeva rumore di battaglia anche sul Castelletto, ma non durò a lungo. Kall, che da giorni si trovava sulla cosiddetta «cengia», salì per il canalone sul Castelletto e poté convincersi che lassù tutto era in ordine.

L'esplosione nel suo effetto immediato, non era riuscita appieno. Le trenta tonnellate di ecrasite, avevano schiantato le rocce compatte, ed erano esplose là dove occorreva. Ma la massima parte dei detriti si rovesciarono sull'aggressore cosicché gli italiani non si mossero all'attacco a tempo debito. Le nostre truppe, passato lo spavento, occuparono il cratere della mina sulla selletta. Il cannoncino a una ruota, portato su, si mise subito a sparare a shrapnel verso il basso, e sulle pattuglie che venivano da «Augusto». Sulla selletta apparve una scena orrenda: circa una ventina di uomini giacevano sepolti e martoriati sotto le rovine provocate dallo scoppio. Per la maggior parte appartenevano al Genio Militare, fermatisi nell'antico ricovero degli ufficiali, contrariamente agli ordini ricevuti. Un masso più grande di una stanza era rotolato sulla baracca. Nonostante questo successo ognuno di noi sapeva che il Castelletto avrebbe resistito poco. L'attesa durò un paio di giorni durante i quali sotto il fuoco continuo, alle spalle, potemmo osservare un incessante andare e venire di pattuglie alpine sulla parete occidentale della Tofana. Sulla stessa punta si era senza difesa. La nostra artiglieria e le mitragliatrici del «Gasserdepot» non potevano scorgere quell'andirivieni e, di conseguenza, impedirlo, specialmente a causa della fitta nebbia, che toglieva la possibilità di riconoscere la posizione. D'un tratto gli italiani apparvero sul circo, alle spalle, sopra la selletta. Nella mischia si trovò anche Schneeberger con alcuni uomini che non erano stati sorpresi nella caverna. Invece Richter, rinchiuso là dentro, dovette arrendersi. Il Castelletto moriva di morte naturale.

Restava sempre incomprensibile come mai gli italiani non sfruttassero la situazione per continuare l'offensiva sul Col dei Bois. Noi avremmo potuto tenere la «cengia», perché ora essi tiravano direttamente alle spalle delle trincee del Sasso Triangolare e del Sasso spaccato. Il sottotenente Sild aspettava appunto ai piedi della Tofana con due mitragliatrici. I nostri tiri di controbatteria e di sbarramento sulla punta Castelletto erano deboli, non riuscendo l'artiglieria che a sparare difficilmente, dato il tempo nebbioso. Poi cominciò a piovere.

Col dei Bois e gli accessi al Castelletto restarono tutto il giorno sotto un fuoco incessante. Forse, nella notte, si sarebbe scatenato l'attacco principale. Verso sera Raschin mi chiamò alla sella Fanis. Ora la pioggia si era mutata in neve. Trovai il comandante presso il «Gasserdepot». Erano le undici di notte. L'acqua mi colava giù dai calzoni, nelle scarpe. Tutt'intorno scoppiavano granate, shrapnel, razzi e bombe: la valle era in fiamme. Io dovevo subito presidiare un tratto del settore che mi era sconosciuto al di sotto del «Gasserdepot» e, con Kall e Sild, salire poi sulla «cengia»: ordine della Brigata di riconquistare, a qualunque costo, il Castelletto. Notai che Raschin stesso dubitava della opportunità e della possibilità di un contrattacco. Non restava altra via che quella attraverso l'imbuto, presso la «cengia» contro il torrente di fuoco delle mitragliatrici.

Il mantenersi sulla punta non presentava per noi alcun vantaggio: a quale scopo, dunque, ancora un inutile contrattacco. Ma, data la perentorietà dell'ordine, qualche cosa doveva essere tentata. Kall mi avrebbe informato dei dettagli. Le pattuglie dei telefonisti dovevano essere già fuori a stendere un collegamento con lui. Perciò mi disposi alla partenza secondo gli ordini, nella speranza che, ingoiato anche questo calice, avrei potuto fidarmi di Raschin, col quale non si sarebbe continuato per molto a fare cose senza senso. Avremmo potuto contentarci di arrivare alla «cengia».

L'oscurità della notte, la neve, la pioggia si accompagnavano all'azione di fuoco che imperversava con rombo infernale. Sul Col dei Bois e contro il Castelletto si vedeva uno scintillio impressionante. Mi avanzai in gran fretta e trovai finalmente la via al Sasso Triangolare: ero tutto bagnato e sfinito. Le granate fischiavano ininterrottamente. Nel mio vecchio ricovero, il sottotenente Amonn mi diede una camicia asciutta e un sorso di acquavite con i migliori auguri. Strisciammo sul circo, in mezzo a una barriera di fuoco. La parete della Tofana rimbombava e rumoreggiava. Ad ogni momento il Castelletto divampava spaventosamente. Razzi di tutti i colori salivano alti sulla selletta. Probabilmente aspettavano l'assalto. Le mitragliatrici sparavano senza tregua, colpendo le scanalature delle rocce per le quali dovevamo passare. La nostra artiglieria batteva oltre, coprendoci. Non avevo con me che la metà della mia truppa, allorché, alle tre del mattino, mi cacciai nel ricovero, simile ad un nido di rondini dove erano Kall e Sild, gridando per farmi udire, tanto era assordante il fracasso, se fossero pazzi per tentare un attacco. Kall rise. No; poco prima egli si era inteso per telefono con Raschin. Proprio nell'istante nel quale lasciavamo il ricovero, una nostra granata da 305, scoppiò dietro di noi tra le rocce.

I giorni seguenti trascorsero febbrili, colmi di avvenimenti e di preparativi. Non vi era dubbio che dovevamo aspettarci un grande assalto da parte degli italiani perché le loro precedenti azioni ed i successi sul Castelletto ed a Fontananegra potevano avere un valore tecnico e tattico solo per la presa alle spalle di tutto il nostro presidio di Travenanzes. Per la caduta della punta, le posizioni di Col dei Bois, sulle quali batteva l'arti-

Fotoelettrica in caverna sulla vetta del Sasso di Mezzodì (2734 m)

glieria della Tofana III erano diventate assurde e malsicure. Ogni attacco, specialmente giù dalla punta, doveva portare a una sconfitta. Abbandonare l'alta val Travenanzes era logico e urgente, dati gli ultimi avvenimenti. Una nuova linea di resistenza più o meno continua era già occupata e in costruzione, congiungente la cima Falzarego con la costa rocciosa del Gasserdepot fino alla forcella di Torre di Fanis e giù fino al rifugio Wolf Glanwell. Pezzi da 210 e da 280 bombardavano continuamente il «Gasserdepot» e la forcella Fanis. Nella notte vi fu ovunque un rumore assordante ed i tre potenti riflettori della Tofana vagavano sopra di noi, senza posa, come spiriti inquieti.

Ma i giorni passavano lasciando a Raschin il tempo di preparare un piano temerario, ma ben calcolato. Egli fece abbandonare la prima linea della Forcella Col dei Bois, mantenendola occupata solo con alcune sentinelle per ingannare il nemico. Circa 500 passi indietro il grosso della compagnia, agli ordini del tenente Ritter, costruì una linea a sacco nel labirinto pietroso di Travenanzes, che doveva passare inosservata. Non dovevano essere costruite né trincee, né ricoveri, né reticolati: né un colpo, né una fumata, né alcun lume dovevano rivelarla. Di giorno nessun uomo doveva muoversi: essi giravano come una banda di predoni, nascosti dietro le rocce. Il mascheramento riuscì perfetto, quantunque gli italiani avessero ottimi osservatori su tutte le Tofane. Mentre la posizione anteriore della Forcella Col dei Bois non occupata, rimaneva continuamente sotto il fuoco, quelli del «Sacco» dormivano tranquilli, simili a marmotte nelle loro tane. Certo, non poteva durare a lungo questa permanenza all'aria aperta dato il tempo piovoso. Il numero degli ammalati era in continuo aumento. Come era da prevede-

La stessa fotoelettrica con la strada costruita per portarla in posizione.

re, cadde in una di quelle notti di nebbia, la posizione di Fontananegra con un sordo boato al mattino. Raschin ed io scendemmo dalla forcella Fanis verso la valle. La visibilità era scarsa a causa della nebbia. Raschin si vide portare via di mano la piccozza da ghiaccio, mentre ci guardavamo attorno, sotto il gradino della parete che separa Fontananegra da val Travenanzes. Gli italiani stavano proprio lassù, fermi, probabilmente in attesa di ricongiungersi con le truppe che avevano tentato di fare breccia sulla Forcella Col dei Bois. Un centinaio di passi più avanti, fummo fatti a segno di colpi di fucile dalle nostre vedette, del nuovo sbarramento della valle.

Dopo un colloquio col tenente Fleck, tornammo indietro alla forcella Fanis. Sul Col dei Bois e sulla cima il bombardamento pesante infuriava. L'assalto doveva essere sferrato certamente quella notte. Tra il «Gasserdepot» e la forcella Fanis, il fuoco, verso sera, diventò violentissimo ed i fasci di luce dei fari vagavano incessantemente sulla zona colpita. All'imbrunire cessò ogni rumore. Il comandante del settore del Lagazuoi annunciò un attacco alle posizioni di Cima Falzarego. Ricevetti l'ordine di tenermi a disposizione col plotone di rincalzo, presso il «Gasserdepot». Mentre noi passavamo sotto il fuoco attraverso la forcella Fanis, vedemmo che giù nel «Sacco» si scatenava un inferno; uno scintillio ed uno stridore continuo giù sulla parete della Tofana, con razzi e scoppi di granate presso il «Gasserdepot». Al «Gasserdepot» ci attendeva già l'ordine di appoggiare Ritter. Il frastuono, frattanto, concedeva una tregua. Non eravamo ancora nella valle che già ci venivano incontro dei soldati con alcuni prigionieri. Il trabocchetto era riuscito in modo sorprendente. Un forte nucleo nemico, spintosi avanti dal Castelletto per la forcella Col dei Bois, si era portato presso le nostre antiche posizioni. Le trovò, con sua meraviglia, vuote, abbandonate a tempo debito dai posti di osservazione e di allarme, e corse avanti, secondo gli ordini, senza incontrare resistenza, verso il fondo della valle, proprio incontro all'imboscata. Il fuoco, aperto solo all'ultimo momento, secondo il piano immaginato da Ritter, l'oscurità e la difficoltà del luogo scosceso, confusero l'assalitore. Dopo una breve resistenza, nel combattimento corpo a corpo, l'avanguardia imbattutasi nel «Sacco» si arrese. E poiché il capitano Baccon che guidava l'assalto, era stato gravemente ferito ad una gamba durante la mischia, insieme con alcuni ufficiali che erano con lui, il proseguimento dell'azione si fece arduo, e venne poi sospeso. Potemmo portare i prigionieri non feriti alla forcella Fanis durante la notte, e il capitano Baccon e gli altri feriti, nella notte successiva, poiché, di giorno, il fuoco dell'artiglieria era continuo e violento sulla posizione del «Sacco», ora individuata. Così il trasferimento fu reso difficile dal bombardamento alla luce dei razzi. Per noi Baccon fu un grande e lieto successo, perché lo conoscevamo da tempo, attraverso le intercettazioni telefoniche, quale comandante delle forze opposte. Anche Baccon conosceva Raschin. Essi si intrattennero come vecchi rivali riconciliati, mentre noi stavamo loro rispettosamente intorno, nella baracca degli ufficiali. La sosta durò un paio d'ore poi Baccon venne calato in basso con la teleferica. Così personale era la guerra delle Dolomiti con episodi ancora tanto cavallereschi, perché non era una guerra di massa e di tecnicismo, ma piuttosto un'avventura sui monti, per uomini di alta specializzazione.

Venne poi l'autunno. Già prima, invero, era nevicato abbondantemente per alcuni giorni, per quanto si fosse appena in agosto. L'attività sul fronte diminuì sensibilmente. Raschin abbandonò la posizione del «Sacco» che non aveva più motivo di esistere, e noi ci ritirammo su una nuova linea; una parte di noi venne dirottata sulla forcella Fanis e costruì sulle pareti del grande Lagazuoi e della Torre di Fanis le posizioni in roccia di questa linea avanzata. Ciò fu bello ed interessante perché arrampicammo molto.

A poco a poco, cessò anche il fuoco dell'artiglieria. L'autunno si prolungò, chiaro e meraviglioso, fino a novembre inoltrato. Soltanto nella bassa val Travenanzes e sulla cima della Tofana III si ebbero alcuni combattimenti. La quiete aumentò. Quando sentivamo colpi di fucile, attraverso le pareti di roccia dei nostri rifugi, sapevamo individuarne subito l'origine e l'obiettivo.

La guerra sembrava uno spirito irreale che si aggirasse sui monti. Mi è ancora ben vivo nella memoria il fuoco ed il lampeggiare di quella fine di autunno, quantunque io abbia trascorso da allora, serate in montagna assai più pericolose. Ai primi di dicembre, improvvisamente venne la neve, tremenda neve del 1916. Giunse il 13 dicembre con le sue spaventose valanghe. Comandavo, in quel tempo, la mezza compagnia a presidio della forcella Fanis. La neve si accumulava ogni giorno, metro su metro, così che tutti i contatti telefonici furono, in breve, interrotti. Sopra di noi, sulla forcella, si staccavano blocchi di ghiaccio, seppellendo a metà i ricoveri costruiti l'uno sopra l'altro, lungo la parete di roccia. Un giorno alle quattro sopra il mio capo s'udì, improvvisamente, come il rombo di un tuono. Nel momento dell'urto, del buio improvviso e del seppellimento, ebbi la sensazione delle vertigini, come se tutto cadesse in rovina. Ma non fu così. Non sapevamo però a quale profondità fossimo sepolti: speravo che lo strato di neve sopra di noi non fosse molto alto, perché la quantità maggiore doveva essere scivolata in basso. Udivamo, di tanto in tanto, qualcosa scorrere cupamente

Un plotone mitraglieri delle truppe da montagna germaniche in difficile ascesa verso il Costabella. ➜

sopra noi: dovevano essere sempre nuove valanghe. La situazione era molto incerta ed era impossibile, di notte, fare qualche cosa. Solo con il mio attendente, me ne stavo lì senza riuscire ad immaginare che cosa fosse successo. Rinforzammo, per quanto era possibile, le travi del tetto, che si curvavano in maniera impressionante. Cominciammo anche ad avvertire un crescente malessere, provocato dallo sviluppo di acido carbonico nella stufa otturata dalla valanga. Verso mattina, ci sembrò che gli slittamenti di neve, sopra di noi, fossero finalmente cessati. Sopra di noi, di tanto in tanto, udivamo un sordo rotolare. Quando poté essere giorno, provai ad aprire uno spiraglio verso la parete di roccia: riuscii a proseguire lungo la parete. Sia lodato Iddio! Cielo azzurro e freddo! Ma dove erano più i sei ricoveri dei miei uomini. Non scorsi altro che un bianchissimo pendio. Lanciai alcune grida e, dalla neve, improvvisamente, sbucò una testa e poi un'altra ancora. Notai subito chiaramente che la situazione era preoccupante, perché il cielo tornava ad annuvolarsi. Mancavano alcuni uomini che la prima valanga del pomeriggio aveva trascinato giù nel profondo. Che cosa era successo con le sentinelle giù in basso? Ma ecco delle alte grida. Avanzammo nella neve, nella quale sprofondavamo fino al collo, e trovammo due uomini travolti dalla neve fin dietro le rocce, dove avevano passato la notte. Le sentinelle più in basso erano salve, ma dinnanzi ad esse, in mezzo alla valle, c'era una valanga rotolata dal salto roccioso presso l'estrema trincea di Fontananegra, dopo aver travolto il posto di guardia italiano con il ricovero e le mitragliatrici. Durante la notte si era udito gridare dappertutto. Non uno sparo, non una pattuglia intorno: ovunque un bianco deserto.

Sulla sella di Torre di Fanis lavorammo febbrilmente per collegare con gallerie, prima di sera, i ricoveri ed i posti più vicini. La neve era alta da cinque e sei metri. Non c'era da pensare ad alcun collegamento con le posizioni retrostanti. Sulla forcella di Fanis, nessun uomo avrebbe potuto ritrovare il nostro accesso, prima che la neve si fosse sciolta. Noi avevamo, come le altre truppe di alta montagna, provviste di riserva e legna per due settimane. Verso sera incominciò di nuovo a nevicare, ma noi eravamo ormai al riparo, e le valanghe avrebbero potuto passarci sopra senza farci danno.

Per due settimane durò questo tempo: sembrava non dovesse finire mai. Avevamo l'impressione di essere sepolti nella neve e di non poterne più uscire. Rimasi lì per tre settimane, con un paio di pattuglie, assolutamente tagliati fuori dal mondo, senza notizie di ciò che accadeva intorno a noi. Io credo che in tutti quei giorni non un solo colpo fu sparato in tutta la val Travenanzes.

Quando, alla fine, il primo gruppo di portatori, si arrischiò per il ripido pendio della forcella Fanis, cominciavamo già a soffrire la fame ed avevamo ridotto mezzo ricovero a legna da ardere.

Era la sera di San Silvestro.

Contag von Kleberg

Combattimenti di Jäger germanici fra le rocce delle dolomiti

SUL COL DEI BOIS

Sull'ala sinistra della nostra posizione sulla Forcella Col dei Bois (2330 m) emergeva con una breve cima tagliente e un dente di roccia, assieme alla Tofana di Roces (3225 m) il Col dei Bois (alto 2657 m) su un ripido pendio digradante verso il basso. Era un unico bastione gigantesco, a punta di lancia smussata, sovrastante le nostre posizioni e quelle avversarie di circa 300 m; e, rispetto alla Tofana di Roces sembrava un nano accanto ad un gigante.

Volendo salirvi, si doveva retrocedere un poco dalla nostra posizione e arrampicarsi per il pendio percorribile, fin sulla sella, là dove la parete del nano si unisce a quella del gigante. Il punto di intersezione dei due massicci montani era segnato da un profondo burrone pieno di neve dalla quale affioravano alcuni scogli rocciosi, poi non si incontravano altre difficoltà lungo la salita. In un'ora si poteva raggiungere la sella, dov'era annidato, in un labirinto di rocce, invidiato da noi tutti, il sottotenente Wendland, con un presidio forte di 18 uomini e di una mitragliatrice. Essi conducevano una vita meravigliosa.

È ben vero che avevano per giaciglio pietre disposte a strati e qualche tenda, ricoveri alti appena fino all'altezza del petto e che riparavano malamente dalla pioggia e dalla neve; è ben vero che dovevano trascinare tutti i giorni per ore intere lungo una via pericolosa fra le rocce, tutti i viveri ed il più piccolo pezzo di legna da ardere; è ben vero che, di notte faceva così freddo, che la faccia, le mani ed i piedi della sentinella quasi gelavano, ma che cosa era tutto questo in confronto alla bellezza che si presentava loro ogni giorno.

Di lassù, si dominavano le posizioni avversarie, su un mare di montagne, e le verdiazzurre valli delle Dolomiti verso l'Italia.

Quando, al mattino, il Col dei Bois stava nell'ombra fredda della Tofana di Roces e la luce del giorno nascente non giungeva ancora, il sole illuminava ai suoi piedi un paesaggio di una bellezza fiabesca. Allora la cima sfavillava nella luce del mattino, giù le nebbie risplendevano bianche come la neve e rilucevano come fossero divenute altrettanti soli. E più oltre, verso sud, dove nessun ostacolo si opponeva alla vista che facilmente arrivava fino al piano, sembrava che tutto trascolorasse in quell'immensità di luce infinita.

L'occhio spaziava così lontano da sentirsi inebriato dallo spettacolo sovrumano. La terra, riscaldata, vibrava di felicità al contatto col sole e ne restituiva alla fonte tutta la luce avuta: scintillio e splendore senza pari: sole, sole, la grande meraviglia del sole. I monti offrivano così a coloro che per essi combattevano, ogni mattino, la loro infinita bellezza, quasi invincibile sorgente di forza. Non andavamo a dormire se non dopo aver di nuovo ammirato e vissuto la magnificenza del monte, al sorgere del sole. Verso mattina, quando i due fronti erano più tranquilli, restavano sulla vetta del Col dei Bois e sulla cima della Tofana di Roces, soltanto alcuni tiratori scelti che, con i loro fucili a cannocchiale sorvegliavano l'avversario. Essi non dovevano mostrarsi allo scoperto, ma stavano nascosti fra le rocce e sparavano attraverso le feritoie. Gli italiani, infatti, osservavano attentamente il monte e tentavano l'immaginabile per rendere più difficile, lassù, la vita alle ultime sentinelle degli Jäger, o addirittura per annientarle.

I fucili degli Jäger davano giornalmente noia all'avversario; sparavano instancabili, da mattina a sera, sulla grande strada delle Dolomiti che si disegnava giù nel profondo della valle bianca di polvere. C'erano sempre, là in fondo, bersagli notevoli. Infatti, questa era l'unica via, per l'avversario, verso il fronte.

Gli italiani tentarono di passare dapprima a gruppi, poi uno alla volta per il breve tratto che si trovava sotto il fuoco degli Jäger tedeschi. Ma, poiché le perdite aumentavano, ed anche gli animali da soma venivano colpiti, si arrischiarono a passare solo di notte. Ma anche in questo modo, il transito, in breve tempo, divenne difficile.

All'imbrunire Wendland puntava le mitragliatrici in direzione della strada e tutta la notte le pallottole fischiavano intermittenti, discontinue rendendola impraticabile. Verso mattina, le tracce sul prato, al di là della strada, rivelavano che l'avversario era sgattaiolato per un altro posto e che la mitragliatrice, per la prossima notte, aveva un diverso bersaglio.

Una volta Wendland scoprì, nel bosco fitto che nascondeva la strada proveniente dalla valle alcuni movimenti dai quali credette di poter dedurre la presenza di una gran massa di truppe, sotto quel verde rifugio. Appostò tutti i suoi Jäger sugli spigoli delle rocce, e, servendosi egli stesso della mitragliatrice, sventaglio il bosco sospetto con una grandinata di piombo, per alcuni minuti. L'effetto fu disastroso: cavalli feriti in fuga in tutte le direzioni, uomini spaventati che abbandonavano il bosco, incontro alla morte. Gli Jäger li presero di mira con il fucile a cannocchiale, ed i loro colpi andarono a segno. Così fu distrutto un accampamento italiano ai piedi del Col dei Bois.

Anche l'avversario tentò di scalare il monte. Una notte la sentinella posta sulla cima avvertì, sotto di sé, uno strisciare ed un bisbigliare sommesso. Si distese bocconi per udire meglio e per tentare di scandagliare l'oscurità. Non c'era dubbio. Il rumore era discontinuo, ma si avvicinava sempre più. Più in basso, qualcuno si arrampicava sulla parete di roccia a picco. Lo Jäger mandò il secondo uomo di guardia ad avvertire Wendland. Stettero tutti e tre in silenzio e attenti, stesi a terra. Si sentiva sempre il rumore soffocato prodotto dagli arrampicatori. Improvvisamente ecco un suono, come di metallo contro la roccia. Il nemico! Com'era dunque possibile. Su guglie e pareti che si potevano salire solo di giorno, col pericolo di precipitare, chi osava tentare un assalto nella notte buia. Impresa temeraria!

Un uomo solo contro una compagnia poteva difendere la cima fino a che avesse avuto munizioni. L'ultimo tratto della salita era possibile solo per uno stretto camino, così bisognava procedere uno dopo l'altro e sparare era impossibile, perché tutte due le mani servivano per arrampicare. Tuttavia una ardita pattuglia avversaria saliva sulla cima, per sorprendere il distaccamento degli Jäger e conquistare il Col dei Bois.

Il Castelletto dopo il brillamento della mina visto dalla strada delle Dolomiti. ➔

Posizioni austriache sul Castelletto (2657 m).
Postazione italiana di mitragliatrice e tiratori scelti. Accesso attraverso il «Camino degli Alpini» ad una scaletta di 380 gradini.
Postazione italiana di mitragliatrici e lanciamine issati attraverso il Camino degli Alpini.
Tofana di Roces (3255 m).
Camino degli Alpini
Camino dei Cappelli
Rovine di baraccamenti italiani
Strada delle Dolomiti verso Cortina
mera di caricamen-
zio della galleria mina lunga 507 ri.
izioni italiane e loaccessi.
da delle Dolomiti o il Falzarego.

Wendland comandò ai suoi uomini di rimanere al proprio posto. Egli stesso si appostò, con un fucile, sulla sella ed aspettò il nemico, tenendo presso di sé quattro uomini con le granate a mano.

Gli italiani che stavano salendo si avvicinavano sempre di più, provocando nonostante tutte le precauzioni, un lieve rumore. A giudicare da questo dovevano già essere all'ultimo spalto. Ma ancora non si scorgevano tra le grige rocce luccicanti. Già la loro guida era giunta all'ultimo tratto della salita. Faticosamente si issava da una sporgenza all'altra, tastando la solidità di ogni pietra e volgendosi dopo ogni passo. Ma per la guida fu veramente l'ultima salita; la notte e le rocce silenziose non rivelarono ciò che sapevano, ciò che nei prossimi secondi sarebbe accaduto, ed era tutto per lei; non tradirono quello che era l'obbiettivo.

Invisibile, nascosto nell'ombra profonda, Wendland udiva ogni passo dell'italiano che si arrampicava, sotto di lui. La sagoma grigia di un uomo si profilò nel buio. Un sasso scagliato in basso lo avrebbe sfracellato; ma il momento favorevole non era ancora giunto. Ed il valoroso italiano continuava a salire, inconsapevole dell'agguato. Wendland non si muoveva. Più attendeva, più avversari si ammassavano nel camino. Il soldato arrampicava sempre, spiando attentamente ed a lungo, per avvertire il pericolo dal più piccolo segno.

Il primo uomo toccava la roccia proprio presso il piede di Wendland, quando questi, lentamente imbracciò il fucile, tolse la sicurezza e, non appena una testa scura si sporse dal camino e quasi urtò contro l'imboccatura della canna, sparò. La fiamma colpì l'avversario proprio al viso. Un corpo precipitò pesantemente nell'abisso trascinando dietro di sé gli altri che arrampicavano dietro di lui: sicché il fragore crebbe come per una valanga di pietre. Un grido acuto fu interrotto da una quadruplice esplosione. Seguì ancora una salva di granate a mano, poi tutto tornò tranquillo. Il mattino seguente fu possibile scorgere, sui ghiacciai, ai piedi della parete sud del Col dei Bois, i cadaveri sfracellati della pattuglia italiana, 500 metri sotto la parete rocciosa, dalla quale erano precipitati.

L'avversario, allora tentò di sopprimere le nostre vedette, che lo infastidivano dappertutto, in altro modo.

Una notte, mentre la Tofana di Roces era illuminata dal primo quarto di luna, una granata a mano scoppiò alle spalle delle due sentinelle poste sulla selletta; poi ne scoppiò un'altra sopra le loro teste. Non vi fu alcun danno, ma nessuno riuscì a scoprire da dove quelle due bombe fossero piovute. Le sentinelle corsero ai ripari dietro le rocce e Wendland si ritirò all'ombra del Col dei Bois, in modo che la selletta rimase, è vero, inoccupata, ma sempre sotto il nostro tiro. Di nuovo vi fu una nutrita salva di granate in mezzo alla selletta; questa volta veniva dalla parete della Tofana.

L'avversario si era arrischiato sulla parete a strapiombo fino alla distanza di un lancio. Bisognava frugare le rocce di un colore grigio argento sotto la luna la cui luce ci avrebbe aiutato a scovare l'avversario. E ciò accadde al di là di ogni aspettativa.

— Vedete la punta scoscesa emergente sopra il profilo della Tofana? A destra e al di sotto, nel camino a strapiombo, buio, proprio dove sporge appena una roccia più chiara, circa 200 metri sotto la cima, si è mosso qualcosa.

Il masso sporgente, illuminato dalla luna, era il punto più visibile del massiccio della Tofana e facilmente riconoscibile.

— Fuoco!

La salva scoppiò fragorosa contro le rocce. Trascorse un attimo poi volarono altre granate a mano.

— Ora si vede bene. Venti metri più in basso, dove lo spalto è più largo, e verso destra, vicino a quella incisione oscura, fuoco!

Le fucilate degli Jäger contro le rocce, si susseguirono senza posa. Ancora una volta si udì lo scoppio di due bombe a mano. Dopo un poco, Wendland fece cessare il fuoco ed esplorò di nuovo, a lungo, quelle rocce inquietanti, col suo binoccolo, alla luce della luna. Ma non notò alcun movimento.

Il nemico aveva forse differito l'assalto, perché temeva i colpi degli Jäger. O perché aveva compreso che la discesa lungo la parete perfettamente a piombo della Tofana era impossibile?

Ma al mattino, quando il sole cominciò ad illuminare la dura montagna, giunse dalla Tofana come un gemito che andò ripetendosi e aumentando fino a divenire un grido terribile, pieno di un infinito dolore. Il lamento, che si smorzava sopra le nostre teste, continuava, penetrante, accusatore, più timido ora e supplichevole. Eravamo inchiodati dall'angoscia, sotto l'impressione di un indicibile tormento che riempiva l'aria fin nella valle. Torturava le nostre orecchie, penetrandoci fin dentro le ossa come nessun'altra voce. Avremmo voluto nasconderci in qualunque piega del terreno, pur di non udire più quell'urlo folle ed insistente.

Quando finalmente cessò, guardammo sulla parete opposta della Tofana e in breve, passò di bocca in bocca la notizia: lassù giaceva un italiano ferito che i suoi compagni non avevano potuto recuperare. Per alcuni giorni ancora, al mattino e alla sera, il soldato che lentamente moriva, implorò il nostro aiuto. Wendland tentò inutilmente di soccorrerlo. La parete non era scalabile nemmeno dagli arrampicatori più abili. Soltanto gli italiani erano in grado di portare aiuto, scendendo dalla Tofana; ma non osavano, per quanto anch'essi dovessero udire il grido disperato. Così il ferito rimase abbandonato e senza aiuto, condannato a morire di fame. La sua voce si fece sempre più fioca, fino a divenire un lamento debolissimo. Allora, la quinta notte, le sentinelle di Wendland udirono, sulla parete della Tofana un sordo rumore, simile al precipitare di un corpo. Il lamento cessò del tutto da quel momento. Il morente aveva forse cercato, con le ultime forze rimaste, di raggiungere l'orlo della roccia, per farsi scorgere? O per mettere fine alla sua spaventosa agonia? Non osammo indagare sulle sue ultime volontà: ci bastò sapere che era precipitato, sfracellandosi sulle rocce. E forse la sua morte era stata causata da una leggera ferita ad una gamba, ferita che, in circostanze favorevoli, sarebbe facilmente guarita.

L'avversario sapeva che ogni suo assalto al Col dei Bois non avrebbe avuto alcun successo. Perciò investì il monte con un violento fuoco d'artiglieria. Ma gli Jäger non se ne curavano, perché, da lontano, vedevano brillare la vampa sulla cima del monte e così, ad ogni colpo, avevano tutto il tempo di nascondersi dietro le rocce. Poi Wendland individuò le batterie dell'avversario e vi diresse contro, dal suo alto osservatorio, il fuoco della nostra artiglieria.

In tal modo, molti pezzi nemici furono messi fuori uso. Un giorno, l'avversario si comportò diversamente dal solito: appariva eccitato, correva qua e là, sparando con violenza, di sorpresa. Intuimmo facilmente che si stava preparando qualche cosa. E ciò parve chiaro al mattino seguente, quando la luce del giorno ci svelò il lavoro notturno del nemico. Wendland e le sue sentinelle tentarono di scrutare col binoccolo attraverso la nebbia che ancora copriva le posizioni avversarie.

— Signor tenente, laggiù dove la neve brilla al sole, verso sinistra, qualcosa si muove.

Da sinistra: Tofana di Dentro (3237 m); vi erano appostati 6 cannoni e 2 fotoelettriche italiane. Tofana di Mezzo (3243 m); Tofana di Roces (3225 m); vi erano appostati 2 cannoni e una fotoelettrica italiana. Nella valle le posizioni austriache.

Anche Wendland, quasi contemporaneamente ai suoi uomini aveva individuato alcune ombre indistinte che correvano qua e là. In un attimo, esse furono nel campo di tiro della sua mitragliatrice. Scomparsa la nebbia, gli avversari fuggivano da tutte le parti. Apparvero chiaramente le grige figure che strisciavano, come formiche sulle rocce o sulle posizioni dove credevano di essere protette, stringendosi compatte, in attesa dell'ordine di attacco. La mitragliatrice crepitò, lanciando ininterrottamente i suoi colpi, sul folto assembramento. La nebbia si diradava e l'obbiettivo perciò diveniva più distinto. La mitragliatrice falciava inesorabilmente coloro che si preparavano all'attacco, traditi dalla nebbia, alla quale si erano affidati. Giovani vite fiorenti di uomini che la morte falciò, a piene mani!

Fu un momento di confusione indescrivibile. Noi, che più in basso, nella nostra posizione sulla Forcella, stavamo all'erta e avevamo disposto le sentinelle in attesa dell'imminente attacco, sapevamo di dover far fronte ad un nemico dieci volte superiore.

Posizioni austriache in Val Travenanzes nominate «Gasserdepot».

Ma attendemmo invano, perché egli mai giunse a distanza utile di tiro. Wendland lavorava per tutti noi. Tanto poteva una sola mitragliatrice. La sua «raganella» risonava di continuo come un ghigno contro un nemico forte di quasi mille uomini, ma impotente di fronte a quella piccola arma, e sanguinante da cento ferite infertegli nei fianchi.

Tac, tac, tac, tac, tac . . . Il ghigno si ripeteva mille volte, echeggiando nella valle. L'artiglieria italiana entrò in azione, rovesciò shrapnel e granate sul Col dei Bois. Ma i tiri passavano sopra la cima, facendo scoppiare colpi inefficaci sulle dure pareti della Tofana. Soltanto una batteria colpì il punto dove si trovava la mitragliatrice, ma Wendland la individuò, la fece tenere sotto osservazione da due suoi uomini che ebbero il compito di annunziare la vampa di ogni colpo. I proiettili impiegavano 24 secondi a giungere sul Col dei Bois. La mitragliatrice crepitava sempre nelle mani di Wendland, insensibile all'infuriare del bombardamento. Solo quando si scorgeva la fiammata della batteria che colpiva la sua posizione, egli taceva per pochi istanti.

— Colpo — gridava l'osservatore laterale, e l'altro comunicava il grido ad alta voce, più lontano. E la mitragliatrice utilizzava il tempo della traiettoria del proiettile fino all'ultimo istante: 18 . . . 20 . . . giù — comandava l'uomo accanto a Wendland, l'orologio alla mano, e tutti si rannicchiavano in un baleno, curvi sotto le rocce.

Sciurr . . . Le pallottole dello shrapnel spazzavano la cima del Col dei Bois. Ma prima che il loro scoppio fosse spento, il tac, tac, tac della mitragliatrice riprendeva instancabile. Wendland rovesciava sulle masse avversarie una pioggia di colpi, riparandosi solo per pochi, pericolosi secondi, per misura precauzionale.

L'avversario cercava ostinatamente di dominare la confusione nelle sue fila. Continuava a procedere prendendo lo slancio per l'assalto alle nostre posizioni, ma veniva ricacciato da quell'unica mitragliatrice, manovrata da un solo uomo con grande sangue freddo. Finalmente dopo aver perduto centinaia di uomini tra morti e feriti, l'avversario abbandonò ogni ulteriore tentativo ritirandosi sulle sue posizioni di partenza. Così la piccola arma del Col dei Bois ebbe il meritato riposo, sibilando e fumando ancora a lungo per lo sforzo subito, e l'acqua per il raffreddamento sgocciolò bollente sulle pietre.

Sulle nostre posizioni cadde lievemente la prima neve. Ogni piega del terreno, la forma delle rocce, si confusero meravigliosamente. Ogni asperità scomparve e quel mondo roccioso, aguzzo e dentato ci apparve rivestito di una bellezza nuova. Lo aiutava il plenilunio, la cui luce argentea disegnava tranquille magie notturne sul bianco manto splendente. E questo ci compensava delle lunghe settimane trascorse tra privazioni, ed aumentò il nostro amore per la montagna. Gli stessi nostri ricoveri divennero, a poco a poco, più confortevoli. Col tempo, giunsero alcuni rotoli di cartone catramato per le coperture, un paio di tavoli e alla fine anche una stufetta di ferro, attraverso la forcella Fanis. Ma avevamo ugualmente molto da lavorare per completare la nostra posizione, perché avevamo a disposizione uno scarso numero di zappatori. Essi salivano ogni notte, ad erigere le pareti di pietra delle nuove capanne. Così i nostri ricoveri divennero più spaziosi, più caldi, più resistenti alle intemperie, anche se, all'esterno, sembravano rozzi. Per il mio maresciallo e per me feci scavare, dentro un enorme blocco di roccia, un ricovero dell'altezza di un uomo. Quantunque esso si trovasse in prima linea, nessun fuoco avversario poteva raggiungerlo, perché un masso alto 6 metri lo proteggeva dai due lati, sopravanzandolo alquanto. Porte e finestre erano chiuse da una tenda, tanto era ben fatto. Solo sul vento non riuscimmo a spuntarla, perché trovava sempre nuove fessure per entrare; ma quando, al pomeriggio, la nostra stufa borbottava, arroventata, e mandava placidamente verso il cielo un filo di fumo, allora si stava bene anche senza mantella e senza guanti.

Ci si poteva concedere questo lusso solo una volta al giorno, a causa della scarsità di combustibile. Ma i nostri rimedi, nella lotta contro le intemperie si perfezionarono, cosicché la coscienza di poter resistere a lungo aumentò in noi, insieme alla gioia di ammirare una natura, sempre più bella. Poi venne la notizia, questa volta poco gradita, che, nei giorni seguenti, avremmo avuto il cambio e l'ordine fu ben presto eseguito. Tornammo ad affidare le posizioni agli Jäger bavaresi, dai quali le avevamo avute in consegna cinque settimane prima.

Quando, sulla via del ritorno, salimmo alla forcella Fanis coperta di neve, era notte profonda. Sulla nostra lunga colonna, che si arrampicava faticosamente col suo pesante carico, pesava un silenzio come io mai udii, quando si abbandonavano le posizioni. Il mattino dopo, raggiungemmo il piccolo villaggio alpino, e in quelle case potemmo tranquillamente riposarci.

LA CADUTA DELLA TOFANA DI ROCES

Nell'imminente oscurità della sera del 17 settembre 1915 diedi il cambio con i miei uomini a nove Jäger, sulla traccia che si arrampica faticosamente sulle terrazze rocciose fino al presidio della vetta della Tofana I a 3225 metri di altezza. Come sempre, restavano indietro, a mezza via, tre uomini in una piccola caverna di roccia, e tre sull'anticima; gli ultimi tre si accovacciavano sulla cima più alta. Gli Jäger che avevano avuto il cambio discesero, la notte stessa, in val Travenanzes. Per mio conto, rimasi al posto di guardia dell'anticima. Il resto della notte passò tranquillo.

Il giorno 18, verso le 9 del mattino, vi fu un fuoco di artiglieria vigoroso, concentrato sulla cima della Tofana I. Il presidio della vetta si ritirò in una nicchia rocciosa, posta circa dieci metri più in basso, scavata poco prima da noi nella roccia, per proteggerci, in qualche modo, dall'effetto devastatore delle scheggie di pietra provocate dai bombardamenti. Durante questa preparazione di artiglieria, una ventina di alpini risalirono l'altro versante del monte, giungendo fino all'orlo dell'angusta cresta passante sotto la cima. Occorre dire che la salita della Tofana I dal versante italiano è molto più agevole che dalla nostra parte, tutta scoperta al nemico. Dopo un'ora, verso le dieci del mattino, cessò improvvisamente il fuoco di artiglieria e in un baleno gli italiani occuparono la cima, senza tuttavia raggiungere i tre uomini posti a guardia di essa, fuggiti attraverso i campi di neve. I colpi sparati contro di loro ferirono uno Jäger. Ora si trattava di difendere fino all'estremo l'anticima, con soli sei uomini. Gli alpini, il giorno 19, tentarono di cacciarci via, valendosi di una mitragliatrice; ma noi riuscimmo a sventare il loro tentativo, che, purtroppo, ci costò un altro ferito. Quando gli italiani si accorsero della inutilità dei loro tentativi, desistettero, mettendosi fuori tiro, dopo aver subito la perdita di quattro uomini.

Al sopraggiungere della notte, mandai giù nella valle i due feriti, avvertendo della situazione estremamente critica, in cui ci trovavamo. Poco dopo, gli alpini tornarono per la seconda volta all'attacco. Li lasciammo tranquillamente salire fino al nevaio per accoglierli con un ben diretto fuoco, appena vi ebbero posto piede. Sullo sfondo chiaro della neve, essi offrivano nell'oscurità della notte, un bersaglio facilmente individuabile. Anche questo attacco venne respinto, ma un altro dei nostri cacciatori fu ferito, così che rimanemmo soltanto in quattro. Le nostre munizioni incominciavano a scarseggiare ed i rinforzi sarebbero giunti al più presto la notte successiva. Bisognava, perciò, risparmiare. Dopo tutto, gli assalti erano stati felicemente respinti e non era da escludersi che gli italiani, per quella notte, non avrebbero ripetuto i loro tentativi.

Nel grigio mattino del 20, gli alpini ritentarono di farci cadere in basso, con una insistenza ed una tenacia che è necessario loro riconoscere. Ma la loro impresa naufragò ancora, sotto il nostro fuoco. Stavamo per finire le munizioni, e tuttavia pensavamo di poterle usare senza timore, perché gli italiani, durante il giorno, non avrebbero tentato altri attacchi e, durante la notte, sarebbero giunti i rinforzi. Ma l'avversario non lasciò inutilizzato quel tempo prezioso. Favorito dalla facilità della salita sul suo versante, richiamò rapidamente dalla Punta Marietta nuove forze. Per tutta la giornata fummo bersagliati da due mitragliatrici che ci tolsero ogni libertà di movimento, costringendoci a stare nascosti tra le rocce, intirizziti dal freddo. Quando si fece buio, gli italiani tornarono all'attacco, questa volta con forze che ammontavano a sessanta, settanta uomini. La nostra situazione si faceva, di minuto in minuto, più critica. Resistemmo per circa due ore alla pressione del nemico. La scarsità di munizioni ci consentiva di sparare solo quando un italiano, entrando nel nevaio, veniva ad offrirsi come un sicuro bersaglio. Ma presto furono sparate le nostre ultime cartucce e perciò fu segnato il nostro destino.

Improvvisamente notai che gli alpini erano riusciti, approfittando dell'imminente tormenta, ad aggirare il nevaio, per assalirci di fianco. Ormai non era più possibile tenere la nostra posizione. Lasciammo avvicinare fino a trenta metri gli assalitori e scagliammo contro di loro delle bombe a mano. Poi fummo costretti, dalla superiorità di forze degli avversari, ad abbandonare il campo. Scendemmo al posto presso la caverna, dove incontrammo tre Jäger che, nel frattempo, erano saliti fin lassù con grandissima fatica. Essi ci informarono che i rinforzi erano veramente per via, ma non avevano potuto proseguire, causa la tormenta che imperversava. La nostra situazione era disperata. Nessuna speranza di aiuto, senza collegamenti con le pattuglie austriache, da parecchi giorni, privi di rifornimenti, di munizioni, di viveri. A trenta metri sopra di noi gli inseguitori italiani indugiavano; senza dubbio non osavano scenderci incontro, impresa possibile soltanto lungo un camino di circa 12 metri, che i nostri fucili sbarravano. La tormenta imperversava sempre più, la fame e il freddo si facevano sempre più acuti ed insopportabili. La notte seguente fu terribile. Stretti e schiacciati gli uni contro gli altri, cercavamo di ripararci in qualche modo, nella caverna.

Resistemmo ancora per due giorni e due notti, sfiniti dalla paura e mortalmente stanchi: le nostre forze erano giunte all'estremo.

A causa dell'altezza della neve e del ghiaccio, dovemmo abbandonare la speranza di ottenere dei rinforzi. Costretto dalla necessità, mi decisi, per non condannare me e i miei Jäger ad una inutile prigionia, a sgomberare la posizione. Ci incamminammo così, nella neve profonda, verso la valle, compiendo uno sforzo inaudito, poiché le mani irrigidite riuscivano a stento ad afferrarsi alle rocce gelate.

La Tofana era perduta. Ma gli italiani non dovevano rallegrarsi a lungo del loro successo. Due giorni dopo, dovettero lasciare anch'essi la posizione, perché il sopraggiungere dell'inverno, rendeva impossibile l'occupazione di quella cima alta 3225 metri.
Comunque, nella primavera, la vetta venne nuovamente occupata dagli italiani.

La danza dei morti a Fontananegra

Il comandante di plotone, sottotenente Grosse, aveva occupato la forcella di Fontananegra (2545 m) e doveva essere sostituito dopo otto giorni da un altro plotone della stessa Compagnia di Jäger prussiani, di rincalzo presso il rifugio Wolf Glanwell.

Il sottotenente Grosse era tra gli ufficiali più severi e più ligi al proprio dovere. «Io difenderò la posizione contro qualunque attacco» aveva annunziato il mattino che seguì la partenza dei bavaresi. Dalle sue parole, anche se non traspariva paura, appariva apprensione; si trovava solo con i suoi sessanta fucili lungo un fronte abbastanza vasto, non nel macereto, sopra la sella, ma parecchie centinaia di metri più a sud, dove il terreno dapprima precipita, poi riprende a salire. Da ambo i lati e un poco dietro a lui si ergevano le cime delle Tofane, dalle pareti di roccia alte 700 metri, occupate dal nemico, che lo minacciavano ai fianchi ed a tergo. Di fronte a lui, ma un poco più in alto si trovavano gli alpini, tra un indescrivibile accavallarsi di rocce, su una estensione di terreno molto superiore alla sua. Essi avevano spinto in avanti le ali, appoggiandole alle ripide pareti rocciose.

Così Grosse era per due terzi circondato dal nemico. Quando fu ben consapevole della sua situazione, retrocesse a sua volta le ali del suo plotone, così che la sua posizione assunse quasi la forma di un anello, un poco schiacciato per la pressione e incompleto. La posizione aperta arrivava all'indietro fino alla scala di roccia che, attraverso la forcella di Fontananegra portava alla Wolf-Glanwell-Hütte. In pochi istanti l'anello poteva essere chiuso con qualche fucile.

La strada fino al rifugio Wolf Glanwell era molto faticosa; davanti alla forcella di Fontananegra si ergeva una parete verticale di 200 metri, scalabile solo con gradini di acciaio che salendo obliquamente si incastravano nella roccia.

La salita per gli Jäger armati ed equipaggiati, era poi particolarmente faticosa e rischiosa. Tuttavia il plotone aveva raggiunto la Sella senza incidenti e senza che un solo uomo fosse rimasto indietro. L'avversario si mostrò, fin dal primo giorno, inquieto ed agitato. I suoi tiri giungevano isolati ed a grandi intervalli, senza mai colpire alcuno dei nostri.

Gli Jäger erano ben riparati dalle rocce e rispondevano con un fuoco tranquillo, attraverso le strette feritoie. Il sottotenente Grosse aveva raccomandato di risparmiare le munizioni; perciò solo i tiratori migliori sparavano con i loro fucili a cannocchiale, mentre gli altri osservavano l'effetto del tiro. Fu, per tutto il giorno, un oneroso lavoro, sopportato da tutti di buona voglia e con la certezza del successo. Giunta la sera, il plotone non contava che due feriti leggeri. Grosse li mandò al rifugio Wolf Glanwell, con il rapporto della giornata ed uno schizzo delle nostre posizioni e di quelle nemiche. Richiese munizioni, giacché non si poteva dubitare che l'avversario ci avrebbe, tra breve, attaccato. La notte trascorse tranquilla.

Verso mattina, giunsero dal rifugio Wolf Glanwell circa duemila cartucce. Grosse aveva mandato avanti alcune vedette che erano riuscite a dare la scalata alla parete della Tofana di Roces, così da trovarsi più in alto del nemico, in grado di colpirlo efficaciemente, senza correre nessun pericolo diretto. Questi avamposti furono rinforzati con altri quattro uomini, con l'ordine di mantenere la posizione anche di giorno. Tutti gli uomini mandati di rinforzo sarebbero stati ritirati al sorgere del sole.

Il secondo giorno trascorse simile al primo. Soltanto crebbe l'attività del nemico, rivolta specialmente contro gli avamposti che, giunta la sera, avevano sparato quasi tutte le loro munizioni. In questa giornata Grosse dichiarò d'aver avuto due morti e quattro feriti.

Durante la notte una squadra di portatori giunse con i viveri e con le munizioni, di modo che all'inizio del terzo giorno, il plotone era perfettamente equipaggiato di tutto quanto era necessario.

L'Avversario cambiò tattica. Sfruttò la luce del mattino, non per farci provare i suoi fucili, ma per starsene tranquillo, quasi non sapesse che il giorno era tornato. Parvero volersi far dimenticare e non concessero agli Jäger la minima occasione di mostrare la loro abilità di tiratori. Le rocce dove essi si trovavano sembravano deserte. Essi erano ancora avvolti in un indistinto grigiore e soltanto là dove le luci del mattino facevano da sfondo, avevano spinto avanti, decisamente, la loro linea. Ma gli Jäger avvertivano ugualmente la presenza dell'avversario: era la quiete prima della tempesta, ed attendevano, quieti, col fucile carico, gli avvenimenti. Ad un tratto infuriò, dal fronte italiano, una tempesta di colpi, con tale veemenza, come se volesse spezzare le pietre che servivano da riparo agli Jäger. Le mitragliatrici martellavano incessantemente. Sembrava che la roccia stessa vomitasse pallottole e non già l'avversario, tanto abilmente questi si era nascosto, sfruttando sapientemente la luce dell'alba: soltanto spari, colpi, martellamenti che andavano diventando sempre più violenti. Pietre, rocce, camini e burroni seminavano rovine e morte. Ogni più piccola anfrattuosità, ogni dente, ogni spalto sembrava preso nel vortice di una pazzia collettiva. E tanta violenza era rivolta contro sessanta cacciatori.

Mentre le pallottole e le scheggie di pietra sibilavano sopra il loro capo, cosicché l'aria era satura della polvere delle rocce dolomitiche, essi sparavano attraverso le feritoie, spiando cautamente sopra gli spigoli della roccia che li proteggeva, per poter avere sotto il tiro dei fucili a cannocchiale il nemico, non appena si fosse mostrato. E questo momento venne.

Il bombardamento durò solo un quarto d'ora. Poi, improvvisamente, cessò. Seguì un profondo silenzio. Ed allora tutte le rocce si animarono. In un attimo pullularono di forme grigie che sbucavano da tutti i nascondigli del terreno frantumato, saltando di pietra in pietra, strisciando come gatti e arrampicandosi sulle rocce. Cadevano, si rialzavano, si lanciavano in avanti, vacillavano seguendo le loro guide e trascinando con sé gli esitanti, spinti da una volontà imperiosa che li spingeva verso un unico punto.

I fucili degli Jäger tedeschi mietevano abbondantemente in mezzo a loro. Da principio le forti ondate italiane fluttuarono, poi quelle più avanzate ripiegarono, urtando i corpi insanguinati dei compagni che avevano sul volto il segno disperato dei morenti, e si soffermavano tra le rocce, più a lungo di quanto fosse necessario, per riprendere fiato. È vero che nuovamente si lanciarono in avanti, e che la seconda ondata si spingeva con più forza, ma era pur sempre un rallentamento, un freno all'impeto offensivo.

Cannone di Fanteria sul Lagazuoi.

Gli Jäger battevano una zona sulla quale anche l'uomo più coraggioso non sarebbe arrivato vivo; in quel punto l'ondata andò ad infrangersi e a morire. Il primo assalto si poteva considerare finito.

L'avversario tornò a ritirarsi fra le rocce, e non si arrischiò ad uscire, se non per strisciare indietro alla ricerca di ripari più sicuri.

Gli Jäger non avevano pagato nessun tributo per tutto quel terremoto. Ma questo attacco aveva mostrato loro, nella sua complessità, il pericolo che li minacciava. L'avversario era forte di due battaglioni ed il suo primo assalto aveva fatto consumare un terzo delle loro cartucce.

Quando Grosse domandò chi dei suoi volesse tornare al rifugio Wolf Glanwell, per prendere aiuti e munizioni, quasi tutti si offrirono volontariamente; ne scelse due che spedì sulla via irta di pericoli. Uno di essi aveva appena lasciato il ricovero che cadde sotto il fuoco nemico. L'altro sembrava invulnerabile e poté sparire dietro la forcella di Fontananegra. Ma proprio là, quando si credeva al sicuro, subì lo stesso destino.

Ma gli Jäger ne ignoravano la sorte e di ora in ora cresceva la loro speranza di avere aiuti sicuri.

Verso mezzogiorno ricominciò la danza. L'avversario sferrò un nuovo assalto, preceduto da una furiosa pioggia di fuoco; ancora una volta i nervi degli Jäger furono messi a dura prova, per non sprecare cartucce.

Le ondate degli italiani si infransero, per la seconda volta, contro le pallottole tedesche. L'avversario voleva, per prima cosa, distruggere gli avamposti, perciò era salito in massa sulla cima della Tofana di Roces, ed ora tentava di discenderne, nonostante il fuoco degli Jäger, per avvicinarsi dall'alto, alle sentinelle. Mostrava una risolutezza che niente avrebbe potuto smuovere, pronta ad ogni sacrificio.

Le pallottole degli Jäger ricacciavano gli assalitori dalle rocce. I loro tiri erano di una precisione matematica: ogni braccio che cercava un sostegno, ogni piede che tastava il terreno, veniva centrato e colpito dai fucili a cannocchiale, ed il nemico rotolava nel baratro con le membra sfraccellate, lanciando spesso altissime grida che consentivano, tuttavia, di udire il tonfo sordo del corpo che precipitava.

Riuscì agli assalitori di avvicinarsi, lungo la Tofana di Roces fino a tiro di bomba a mano sopra gli avamposti: e allora incominciò una lotta anche più aspra.

I quattro Jäger diedero prova di un coraggio eccezionale. Lo scoppio violento delle loro bombe a mano, superava qualsiasi altro rumore. I loro fucili sparavano febbrilmente, e venivano fatti scattare talvolta, senza neppure prendere di mira gli italiani i quali, strisciando da tre lati, ansimanti, si arrampicavano con impeto furibondo.

Tutte le energie dell'avversario erano rivolte su questo punto cardine dell'attacco e della difesa. Le sue mitragliatrici martellavano incessantemente il piccolo nido sulle rocce. Ma tutti i proiettili rimbalzavano, inefficaci contro le pietre dolomitiche.

Dalle rocce della Tofana di Roces, volavano le bombe a mano. Esse cadevano avanti. Ad un tratto, una di esse cadde, sibilando, in mezzo agli Jäger. In un baleno volò indietro, scoppiando nelle file dell'avversario.

I quattro combattevano sempre con forza titanica. Quando non ebbero più bombe a mano, lanciarono contro l'avversario, che serrava anche a tergo, blocchi di rocce, disfacendo a questo scopo, perfino il loro ricovero.

Ed essi moltiplicavano i colpi. Ma uno di loro cadde, rimanendo ucciso, sul parapetto; il secondo si accasciò gemendo vicino al primo e gli ultimi due morirono per il lancio preciso di una bomba a mano.

Il nemico aveva potuto così sopraffare le sentinelle sul pendio della Tofana di Roces. Il sottotenente Grosse era ferito alla spalla sinistra, e non era più in grado di servirsi del braccio. Appoggiò il fucile e sparò con la mano destra soltanto, guardando tristemente il suo plotone.

Gli italiani, durante i due assalti, non avevano sospeso il fuoco, ma appoggiavano l'attacco, da punti dominanti, con le mitragliatrici ed i fucili.

Gli Jäger nell'ardore del combattimento, non avevano badato alla loro sicurezza, sollevandosi spesso sopra il riparo per poter meglio sparare; così molti di essi erano rimasti vittime delle pallottole.

Salita al Comando Settore «Torre di Fanis» nel giugno 1917. ➔

Dopo che il nemico ebbe superato gli avamposti, la schiera contava ancora trenta fucili, ma quasi tutti gli uomini erano feriti. Tuttavia, anche il secondo attacco avversario si infranse contro le rocce delle loro posizioni. E gli italiani attesero fino al crepuscolo.

Gli Jäger si fasciavano vicendevolmente le ferite, senza mai abbandonare la speranza di un tempestivo aiuto. Continuamente i loro sguardi erano rivolti verso la forcella di Fontananegra, ma nessuno giungeva. Dovettero, a poco a poco, perdere la loro fiducia.

Un giovane Jäger, ancora incolume, volle compiere un ultimo tentativo, per ristabilire il collegamento col rifugio Wolf Glanwell. Saltò, sfruttando abilmente ogni copertura di roccia in roccia, giungendo, illeso, nonostante la via fosse continuamente battuta dai proiettili avversari. E così gli Jäger respirarono ancora una volta, pensando che prima di sera gli aiuti sarebbero dovuti giungere.

Ma l'avversario non concedeva tregua. Non appena il sole sparì dietro la cima della Tofana, attaccò per la terza volta. Era l'ultima prova di forza, da ambo le parti, un ultimo raccogliere, digrignando i denti, tutte le energie.

Chi, in questa lotta, raggiungeva il proprio scopo, restava definitivamente vincitore; e ciò sapeva ciascuno dei due avversari. La smisurata, concorde volontà di mille avversari si frangeva contro la trincea dei trenta, si frangeva con la sua molteplice furia, si spezzava al primo urto.

Due masse di acciaio si scontravano l'una contro l'altra, con un rumore terribile; ma una fu più forte e riuscì a spezzare l'altra. Sul baluardo, le bombe a mano, delle quali gli Jäger si erano circondati, soffocavano crepitando l'assalto nemico. Seguì una pausa. Il sottotenente Grosse era steso a terra, per una ferita ad una gamba; dei suoi uomini sedici erano ancora validi. Si fece adagiare su una roccia del parapetto, per essere ancora in grado di sparare, col braccio destro illeso. Contate le cartucce, se le divise con i suoi. Avevano, tra tutti, ancora trenta colpi. I loro sguardi erano sempre rivolti sulla forcella di Fontananegra.

Il nemico riprese, ancora una volta, coraggio e riuscì a spegnere, in quei pochi valorosi, anche l'ultimo bagliore di speranza. Ma i trenta italiani della prima linea caddero e l'assalto si arrestò ancora una volta.

Gli Jäger gettarono i loro fucili ed attesero la venuta dell'avversario. Quando questi non udì più alcun colpo venire da parte dei tedeschi, avanzò con qualche esitazione. Le cime delle Dolomiti erano come arroventate nell'aureo tramonto del sole, rendendo gli onori al piccolo gruppo di prigionieri che, sanguinanti, scendevano lentamente verso sud, lungo le rocce di Fontananegra.

Il risultato tattico degli italiani era scarso, perché, quando essi, dopo aver sopraffatto il plotone di Grosse, proseguirono contro la forcella di Fontananegra, si imbatterono in altre truppe tedesche che in parte ancora stavano salendo da val Travenanzes.

La lotta per la conquista di Fontananegra ricominciava.

II°

Fu questa la sola posizione sulle rocce delle Dolomiti a resistere tenacemente ai continui assalti. E nessun'altra posizione austriaca, di alta montagna, le fu pari, per le condizioni terribili in cui si svolgeva la lotta, in mezzo alle tre Tofane.

Dopo i disgraziati combattimenti che gli Jäger dell'Alpenkorp germanico avevano già sostenuto presso la forcella di Fontananegra, seguì una guerriglia ed una serie di scontri tra pattuglie, condotti con tenace ostinazione, e che costringevano la difesa ad un lento ripiegamento.

Posizioni sotto la Tofana di Roces in Val Travenanzes. ➔

Fu un miracolo come questa posizione, singolarissima fra tutte, poté sostenersi così a lungo. La posizione austriaca della forcella di Fontananegra era quasi completamente accerchiata dall'avversario, che, in nessun luogo, era ad uguale altezza, ma tuttavia dominava le posizioni austriache tutto intorno, da un'altezza variante dai cento ai mille metri. Per questo motivo la posizione non era assolutamente tenibile. Dietro le trincee e le caverne austriache, le pareti del circo piombavano verso il basso, precipitose, e terminavano a picco, sulla val Travenanzes.

Per salire al circo, era stata già fissata una scala pensile a gradini di ferro. Era già un'impresa audace e pericolosa percorrerla, ma la trappola di Fontananegra non consentiva, al presidio austriaco, altro accesso né verso i fianchi, né a tergo. I ricoveri costruiti tra le macerie del circo, in modo primitivo, tra una parete e l'altra, apparivano disposti su una linea serpeggiante. Massi giganteschi, grandi come case costituivano, con le loro caverne nascoste, i pilastri della posizione.

In alto, sulla pendice rocciosa del massiccio montano che serrava il circo, la posizione, votata alla morte, aveva due ali: sole e abbandonate si elevavano, molte centinaia di metri sopra la posizione principale, sulle pareti che scendono dalla Tofana II e III l'avamposto «Nemesis», verso il circo e su val Travenanzes, e, sulla parete ripida che scende dalla Tofana I, verso nord, l'avamposto del «Testone». Sentinelle sperdute, solitarie, per le quali tre sole soluzioni esistevano, qualora venisse sferrato un attacco italiano: la morte sul posto, la caduta dalle rocce, la prigionia. Non vi era altra possibile scappatoia.

Circondati e guardati a vista dall'avversario, minacciati da posizioni situate mille metri sopra, sulle quali erano batterie e riflettori, attorniati da pareti a picco sulle quali battevano le mitragliatrici avversarie, i difensori di Fontananegra potevano lavorare a migliorare le loro posizioni soltanto di notte. Di giorno, ogni traccia di vita si spegneva in quella solitudine di rocce; chi saliva alla posizione e chi la abbandonava doveva giovarsi del favore delle tenebre. Se il pieno giorno ed il sole conferivano nuove bellezze a questi luoghi spaventosi, la vita, qualsiasi movimento delle linee austriache, dovevano nascondersi nel grigiore delle rocce dolomitiche. Quando poi l'inverno costrinse l'avversario ad una immobilità assoluta, sui monti, sopraggiunse per le povere truppe del circo, un nuovo terribile nemico, giù dalla parete delle Tofane: le valanghe.

Da tutte le parti esse rumoreggiavano come mostruose cascate d'acqua, giù dalle pareti di pietra, seppellendo in bianche fosse ricoveri e baracche.

Così i difensori del circo di Fontananegra avevano combattuto una lotta solitaria ed irta di difficoltà, contro la potenza della montagna e del nemico, lotta di ogni giorno, di ogni ora, di ogni minuto, senza risultato.

Il 9 luglio 1916, la posizione di Fontananegra cadde definitivamente; essa era allora occupata dal distaccamento d'alta montagna dei Kaiserjäger del capitano Lap. Quando, alla base opposta della Tofana di Roces, nelle viscere della roccia del Castelletto, 35.000 chilogrammi di gelatina esplosiva furono collegati ad una piccola miccia, per far saltare in aria le imprendibili posizioni austriache, si tentò, per prima cosa, secondo il grande piano d'attacco degli italiani, di fare breccia sul circo di Fontananegra.

L'8 luglio cominciò la preparazione da parte degli italiani, con l'artiglieria pesante, sulle rocce del vallone. Durante la notte dall'8 al 9 luglio, una nebbia fittissima si addensava sopra le trincee. Alle due incominciò un fuoco di artiglieria improvviso e violento, cui parteciparono pezzi di tutti i calibri e lanciamine, fuoco che durò un'ora.

Mitragliatrici incominciarono a sparare dalle pareti della Tofana II, sul dietro delle nostre posizioni. Costanti ed infaticabili i difensori sopportarono quel fuoco tambureggiante, riparati solamente da alcuni blocchi di roccia, in attesa dell'attacco.

L'attacco principale si sferrò, con particolare violenza contro l'ala sinistra. Gli italiani erano riusciti, per lo smarrimento creato dal fuoco tra gli avversari, ad isolare l'ala destra austriaca. Nel breve intervallo, tra la cessazione del fuoco e l'inizio dell'attacco, il capitano Lap udì voci italiane nelle immediate vicinanze. Egli chiamò in italiano, chiedendo la parola d'ordine a quegli uomini invisibili nella nebbia: «Brescia e Cecilia» fu risposto. Ora si sapeva che l'avversario aveva già sfondato l'ala destra. Con pochi Jäger, il capitano Lap si gettò contro gli avversari che avanzavano, scacciandoli, con il lancio di bombe a mano. Con forze preponderanti, l'avversario cercava di passare, ostacolato soltanto dai pochi rimasti illesi, sui settanta uomini del distaccamento di alta montagna che si opponevano al battaglione alpini «Antelao», attaccante.

Nacque una poco rassicurante confusione. Non vi era più un'unica direttiva; ogni uomo, nell'oscurità insondabile della notte, divenne un combattente isolato.

Dove il nemico poteva essere colto dietro i blocchi di roccia, là era attaccato dagli austriaci, ed allora si iniziava la lotta con bombe a mano. Pronti a tutto, i Kaiserjäger utilizzavano la loro esatta conoscenza di questo labirinto di rocce, fra le quali il nemico non si ritrovava, e dove non si sentiva sicuro.

L'ondata dell'avversario cercava sempre di avanzare. Questa notturna lotta infernale durava già da ore, in mezzo alle rovine del circo. La scarsità di munizioni incominciava a farsi sentire. Allora i superstiti della prima linea di difesa si ritirarono verso le rocce delle caverne dove erano ancora piccole risorse di munizioni. Il nemico era riuscito ad arrampicarsi su un grande masso di roccia e la lotta, ora, infuriava da un masso all'altro.

Con un assalto impetuoso, l'avversario giunse contro l'ultimo baluardo posto a difesa della caverna. Il capitano Lap cadde, ferito ad un piede ed alla spalla, per una scheggia di una bomba a mano.

Con un ultimo sforzo gli Jäger riuscirono a sgomberare lo spazio davanti alla caverna ed a portarvi il loro capitano ferito, attraverso l'ingresso più alto. Disperatamente un alfiere provò, con un pugno di uomini indenni, ad uscire dalla caverna. Il tentativo fu ripetuto due volte. Ogni volta riuscì a liberare l'ingresso dall'avversario per breve tempo, ma, alla fine, la caverna fu completamente bloccata e l'anello fu chiuso e non vi fu più alcuna speranza di uscita.

Nella caverna la mitragliatrice, mezzo distrutta, non poteva più sparare nemmeno un colpo; non vi erano più bombe a mano né munizioni; quasi tutti erano feriti. Ogni speranza di aiuto da val Travenanzes era sfumata.

Piovevano nella caverna le bombe a mano lanciate dagli italiani; un lanciafiamme cominciò a vomitare le sue esalazioni infernali, attraverso la feritoia. Alle sei di mattina, l'eroica lotta, durata tre ore, di notte e nella nebbia, era finita; anche gli ultimi rimasti a Fontananegra, erano costretti a cedere le armi.

Il distaccamento del capitano Lap non esisteva più. Tutti erano caduti: feriti o morti. Solo un uomo si salvò e poté riparare in val Travenanzes.

Quasi nello stesso giorno, l'anno precedente, erano stati raccolti sulla forcella Fontananegra, i resti insanguinati degli Jäger prussiani e condotti al sud, verso la prigionia. Ora una truppa di Kaiserjäger ripercorreva la stessa strada. Erano gli Eroi di Fontananegra.

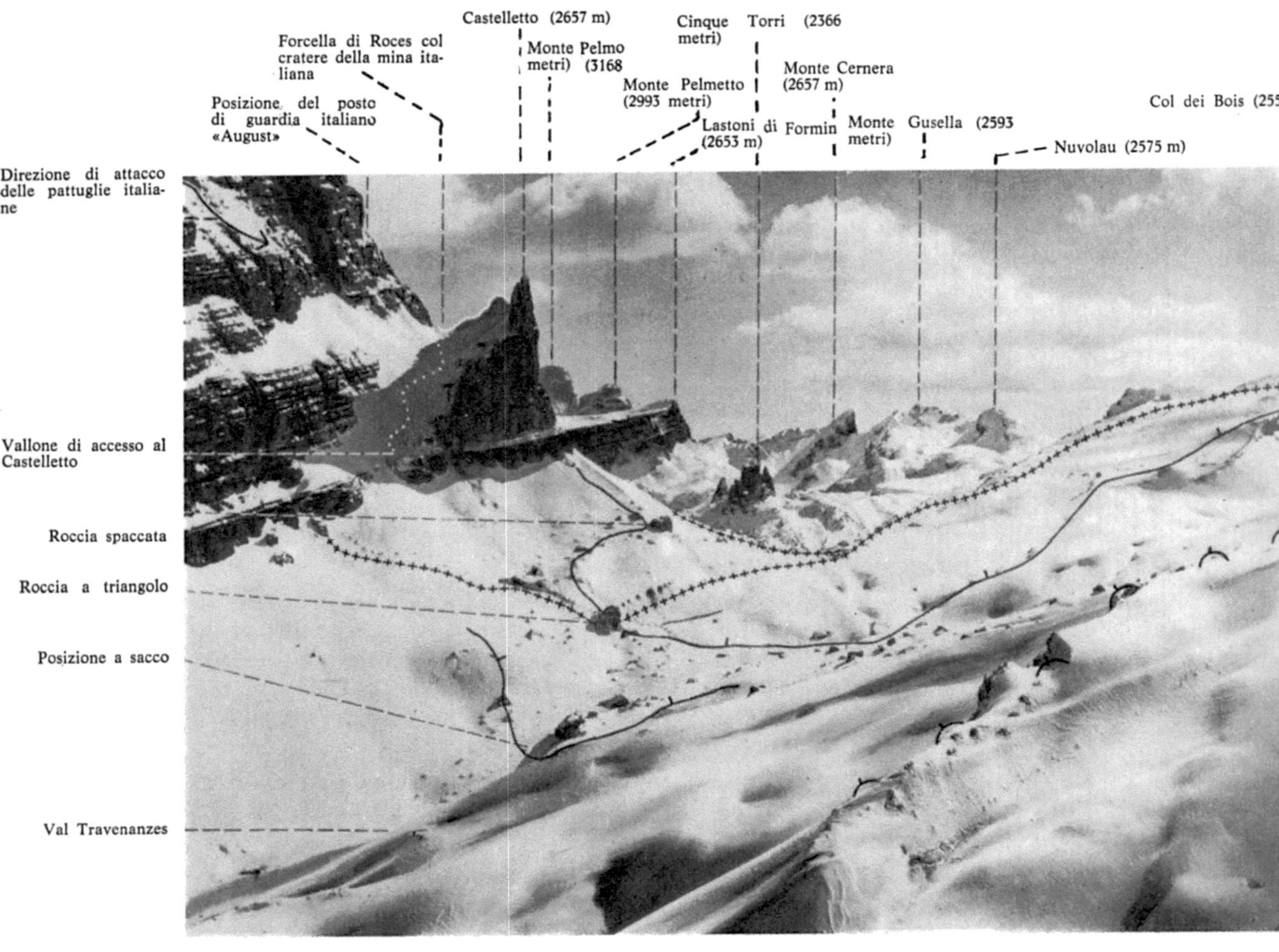

La Cima del Castelletto, successivamente demolita dalla mina (2657 m) vista dalla Strada delle Dolomiti.

Segnato l'andamento delle linee nella zona del Castelletto (2330 m) prima e dopo il brillamento della mina. Nella fotografia sono visibili le posizioni dopo il brillamento. Sullo sfondo le Dolomiti di Cortina d'Ampezzo.

= posizioni austriache
xxxxxx = posizioni italiane
= Camminamenti

Le pattuglie italiane d'assalto si calarono anche sul «Testone» dalla cima nord della Tofana I. Ma il «Testone» fece onore al suo nome e respinse il nemico con perdite. Quando già era caduta la posizione principale, il comandante del «Testone», Alfiere Schlachter continuava a difendersi accanitamente con i suoi sedici Kaiserjäger. Durante tutto il 9 luglio la guarnigione combatté ancora, dall'alto della sua posizione, tra cielo e terra.

Il 10 luglio, anch'essi, avevano finito le munizioni. Con un ampio arco, i Kaiserjäger scaraventarono i loro fucili sulle pareti di roccia, molti metri più in basso, verso val Travenanzes. E poi dovettero seguire la medesima strada percorsa nei giorni precedenti, dai compagni della posizione principale.

Restava solo la «Nemesis». Circondati da tutte le parti e senza munizioni, i suoi difensori avevano dovuto vedere i loro camerati cadere prigionieri. E siccome le strade di accesso al circo erano accerchiate dal nemico, le truppe della «Nemesis» si calarono su val Travenanzes, per le pareti rocciose e strapiombanti.

Quattro giorni durò questa avventurosa fuga tra le rocce; poi il comandante della «Nemesis» poté annunciare al suo comando l'arrivo della pattuglia.

Il cimitero di guerra di Corvara. Dopo l'ultimazione del monumento ossario del Passo Pordoi (Piera Clocia, 2000 m) questo cimitero e tutti gli altri che erano sparsi nelle alte valli e sotto le pareti dolomitiche, sono stati abbandonati e le salme trasferite nell'ossario del Pordoi. Per espresso desiderio del sindaco di Corvara, Franz Kostner, nel luogo del vecchio cimitero non possono sorgere costruzioni. La vecchia cappella verrà restaurata ed il complesso rimarrà luogo sacro.

Quando, nella notte del 9 luglio, giù nella valle inquieta di Travenanzes, si udì un tuono terribile su Fontananegra, mancando qualsiasi notizia di ciò che fosse accaduto, il comandante del settore Baborka, capitano dei tiratori imperiali, si arrampicò, con una piccola squadra di volontari, sul circo.

Nessuno tornò. Molti giorni dopo, le truppe italiane trovarono il cadavere del capitano tra i massi rocciosi.

Si seppe allora che la posizione di Fontananegra era definitivamente caduta.

Hanno lottato da eroi
sacrificandosi l'uno per l'altro
solo un cantico può ricordare
la grandezza delle loro gesta.

Gerungen wie die Helden
Verblutet Mann für Mann
Nur Lieder werden melden
Was Großes sie getan.

Bruder Willram

Guerra di pattuglie sulle rocce dolomitiche

IL PUGNO DI UOMINI DELLA CRESTA DI COSTABELLA

La difesa della selvaggia e tagliente cresta di Costabella (2705 m) venne affidata, all'inizio della guerra, a poche vedette isolate che, dietro scarsi ripari naturali, dovevano tener testa a forze infinitamente superiori. Le annotazioni del diario del comandante delle vedette, alfiere dei Kaiserschützen, conte Matteo Thun, danno un'idea di questi combattimenti estenuanti, che esigevano moltissimo dalla forza fisica e morale di questi eccezionali soldati delle Alpi.

«14 settembre 1915». Come comandante del posto avanzato sulle creste di Costabella, al sopraggiungere dell'oscurità, avevo accompagnato la sentinella al suo posto. Poiché determinate osservazioni di soldati in vedetta, facevano temere un attacco notturno degli italiani, rimasi, durante la notte, presso una delle sentinelle della vetta. Era una notte straordinariamente fredda. Il vento spingeva davanti a sé cortine di nebbia, che spesso coprivano i posti avanzati, per cui era necessaria la massima attenzione. Nei momenti nei quali la nebbia si diradava, aguzzavamo gli occhi, per distinguere, nei bianchi campi scintillanti di neve, le nere linee nemiche, dalle scure e rigide linee delle rocce, mentre l'orecchio cercava di afferrare i rumori che di quando in quando interrompevano il silenzio della notte. Gli italiani sembravano nervosi. Spesso la luce di un razzo illuminante, lampeggiava sulla nostra cresta ed era seguito, dal lampeggiare sopra di noi di un riflettore. Le ore passavano tranquille, salvo qualche sparo isolato, che risonava echeggiando e rimbombando cupamente di roccia in roccia, per perdersi poi in lontananza.

Allo spuntare dell'alba freddissima, incominciò il bombardamento dell'artiglieria, il consueto saluto mattutino degli italiani, che, veramente non durò a lungo. Si fece giorno e scomparve il pericolo di un attacco imminente. Decisi di approfittare degli ultimi istanti del crepuscolo per ritornare, illeso, al posto avanzato. Probabilmente, supponendo che i loro quattro cannoni da montagna fossero sufficienti per annientare le mie vedette e colpire, con fuoco d'interdizione, l'erto pendio tra il posto avanzato e la cresta, in modo da impedire agli uomini, momentaneamente al riparo, di avvicinarsi, gli italiani si decisero ad un attacco diurno che in rapporto alle condizioni della montagna, poteva dirsi portato in grande stile.

Ero appena arrivato al posto avanzato che iniziò un furioso bombardamento di artiglieria, mentre le vedette annunciavano un attacco ad oriente. Vidi, stando più in basso, come, sulla cima, gli uomini aggiunti alla vedetta, prendessero parte al combattimento. Il pendio, tra la cresta ed il posto avanzato, era bombardato dall'artiglieria avversaria, con un vivace fuoco di sbarramento tanto più efficace, in quanto ogni uomo che saliva lentamente sul nudo e bianco pendio offriva un ottimo bersaglio. Ciononostante, alcuni soldati si offrirono per portare aiuto ai compagni lassù, ed io, con questo piccolo gruppo, iniziai la salita.

Sotto il violento fuoco di sbarramento italiano, potevamo procedere solo lentamente ed a sbalzi, cercando riparo in ogni piega del terreno. Avemmo fortuna ed, in breve, ci trovammo sulla cresta, dove i miei uomini, nonostante il bombardamento violento dell'artiglieria, sostenevano un vivace combattimento a fuoco. Il pericolo, da questo lato, sembrava, per il momento, non grave; perciò scesi nuovamente al posto avanzato, per prendere visione della situazione complessiva.

L'avversario, dopo l'attacco da oriente, ne aveva iniziato uno a sud. Il pericolo di un combattimento a sorpresa era grande. Non rimaneva che tentare ancora una volta di attraversare il fuoco di sbarramento, per irrobustire la resistenza delle vedette. Tentai di salire, sotto una pioggia di sassi, verso le rocce, dietro le quali erano gli uomini che mi avevano seguito nella prima salita. Là incontrai il Kaiserschütze Fuchs che mi annunciò, noncurante delle proprie ferite al naso, al mento, al ginocchio e a un piede, prodotte tutte da un sol colpo che lo aveva investito mentre giaceva supino, che dei suoi compagni, uno era stato ucciso subito, mentre il secondo, colpito, era caduto, si era rialzato riprendendo a combattere, finché si era abbattuto per sempre. E quest'uomo mi chiedeva come la cosa più naturale del mondo, che cosa dovesse fare. È questo un esempio indicativo della fedeltà, del senso del dovere dei miei uomini. Fuchs è un Kaiserschütze diciottenne, del mio reggimento. Dopo aver impartito gli ordini ai miei uomini, a distanza di voce, mi rimisi in cammino per orientare le altre vedette verso l'avversario che veniva da sud.

Il fuoco di sbarramento degli italiani era sempre più violento, ma io ebbi ancora fortuna e riuscii a comunicare con i miei uomini e ad impartire loro gli ordini necessari. Questi uomini in vedetta da dodici ore, protetti da una roccia e che si sapevano minacciati da oriente da un attacco, non esitarono un secondo a strisciare fuori dalle sporgenze delle rocce alle quali si attaccavano, per trovare sotto il violento fuoco di artiglieria, e del tutto scoperti, nuovi ripari nella roccia, dietro i quali poter sostenere quest'altro assalto avversario. Fui immediatamente colpito in tre punti: alla coscia, al ventre e ai polmoni. Per le lunghe ore, durante le quali giacqui in un riparo della roccia, in attesa del trasporto, che si poteva fare solo di notte, ebbi la gioia di sentire che i miei due Kaiserschützen mantenevano un fuoco tranquillo e costante. Presto ebbi anche la protezione della nostra artiglieria che, ben diretta, deviò efficacemente l'attacco degli Italiani. Così ebbe fine anche questo attacco degli italiani sulla cresta di Costabella.

PATTUGLIE INTORNO AL CRISTALLO

Dal diario del luogotenente Plankensteiner, 30 luglio 1915.

«Alle ore 6 del mattino, forti pattuglie italiane tentarono per due volte di prendere d'assalto le posizioni sul Dente del Forame (2400 m). Secondo quanto dissero poi i prigionieri, dovevano essere cinquantacinque uomini. Il mio cadetto Folta, con 18 soldati, intraprese un contrattacco; degli italiani, 10 furono uccisi, 8 feriti; gli altri illesi, fatti prigionieri. Noi non abbiamo a lamentare alcuna perdita.»

«Mezzogiorno. Vengono condotti altri prigionieri. Non possiamo raggiungere alcuni degli italiani, morti, perché giacciono troppo lontani, giù, fra le rocce. Ho urgente bisogno di munizioni, cartucce illuminanti e pistole. Dal Dente della Neve (2824 m) tra la punta del Forame (2861 m) e la Cresta Bianca (2932 m) mi attendo un attacco, per-

Scale di collegamento fra vedette isolate. ➔

ché furono scorte numerose pattuglie italiane. Il tempo è pessimo, freddo e piovviginoso. I miei uomini non potranno rimanere qui per molto tempo ancora; le scarpe sono nuovamente da buttare via: una vera robaccia.»

«1 agosto — ore 5 del mattino. Ieri il cadetto Folta compì un giro di pattuglie verso la punta del Forame (2861 m) e la Cresta Bianca (2932 m). Io andai, oltre la cresta di Costabella (2705 m) al Dente di Neve (2824 m) e verso il Cristallo di Ampezzo (3036 m). Potemmo così fare delle interessanti osservazioni sui movimenti delle truppe nella valle di Cortina.»

«Ore 19 — Una pattuglia esce di nuovo in ricognizione per accertare se non sia possibile, attraverso il ghiacciaio del Cristallo raggiungere una forcella del massiccio, oppure la vetta del Cristallo alta 3216 metri. Quale secondo scopo si doveva tentare di avvicinare l'osservatorio di artiglieria italiana sulla cima del Cristallo. Come conclusione, si fa una breve scappata notturna in Val Granda, per infastidire l'avversario. Se la nostra attuale posizione alpina deve essere ancora mantenuta, il cambio degli uomini e degli ufficiali dovrebbe aver luogo fra dieci—quattordici giorni. Il mio energico cadetto Folta è già ammalato; dovetti mandarlo giù in valle, a curarsi. Ieri è piovuto e nevicato tutta la notte. Per il freddo non abbiamo potuto dormire. Abbiamo soltanto cibi freddi, perché in nessun posto si trova legna da ardere. L'acqua deve essere presa molto più in basso.»

«2 agosto — ore 15» — Alle due del mattino uscirono due pattuglie una sul Cristallo (3216 m) e l'altra sul Dente di Neve (2824 m) tra il Cristallo di Ampezzo (3036 m) e la Cresta Bianca (2932 m) per stabilire finalmente l'ubicazione dell'artiglieria pesante avversaria. La prima pattuglia fece ritorno a mezzogiorno, perché l'attuazione dell'ordine presentava difficoltà insormontabili. La seconda giunse sul Dente di Neve, proprio quando circa 50 italiani erano a cento passi dal Dente, dall'altro lato. Io occupai, inosservato, con dieci uomini il Dente e la cresta di roccia, mentre il mio cadetto girava il Dente verso destra, e circondava gli italiani, tagliando loro la ritirata. A cinquanta passi di distanza aprimmo una rapida azione di fuoco e li invitai ad arrendersi: il successo si concretò in 22 prigionieri.

I morti li dovemmo lasciare molto in basso; la mia pattuglia non ebbe a lamentare perdite. Ho diviso i miei uomini in quattro gruppi, tra le rocce, distanti una o due ore l'uno dall'altro, perché il pericolo incombe da ogni parte. I miei uomini sono tutti indistintamente, molto coraggiosi, ma non possono resistere più a lungo in queste regioni così alte. L'impossibilità permanente di dormire la notte, logora in maniera terribile. Oggi dovetti mandare giù un uomo, perché gli si aprivano le vecchie ferite. Un appuntato, aggregato a noi come telefonista, precipitò dalle rocce e rimase gravemente ferito alla testa e ai piedi. Il terreno delle nostre posizioni è oltremodo pericoloso, adatto soltanto agli alpinisti. Osservo che il Zurlong è fortemente occupato dall'avversario. Una compagnia avversaria, dal Forca, sta salendo verso la nostra posizione per il Dente di Neve. La attendiamo a sangue freddo.

ALLE SPALLE DEL NEMICO

Nel settore del fronte italiano alla Forcella Bois (2310 m) si poteva osservare, nel febbraio del 1916, molto movimento.

Erano quelli i giorni nei quali, con ritmo accelerato, gli italiani eseguivano lo scavo della galleria di mina, sotto la vetta del Castelletto (Punta dei Bois) e preparavano l'intero settore per l'esplosione e l'espugnazione delle linee austriache. Specialmente sulla Forcella dei Bois, confinante con il Castelletto, fervevano i preparativi per l'irruzione, dopo l'esplosione, sulla forcella stessa, e chiudere la via alla guarnigione del

Castelletto. Ai comandi austriaci si volevano chiarimenti sull'egnimatico agire dell'avversario. Sarebbe stato di grande importanza fare dei prigionieri, per poter sapere quali truppe italiane ci stessero di fronte.

Due pattuglie di Kaiserjäger dovevano compiere questa impresa. Il piano consisteva nel girare attorno alle posizioni avversarie dai punti più alti della forcella, uscire sui fianchi ed effettuare la perlustrazione, alle spalle delle linee avversarie.

Alle ore due della glaciale notte del 1. marzo, uscirono due pattuglie. Sui pendii rocciosi la neve era alta 4 metri: il mondo intero sembrava affondato nella neve, nell'oscurità, nella quiete. La pattuglia di destra dovette presto tornare indietro. Gli uomini affondavano nella neve fino al petto ed ogni metro doveva essere conquistato con sforzi tali che ogni tentativo di procedere fin dietro alle linee si rivelava inutile. La pattuglia sarebbe letteralmente affogata nella neve. L'altra pattuglia, al comando dell'alfiere Mikosch, aveva avuto più fortuna. Essa compì il suo pericoloso itinerario attraverso conche colme di neve alta e farinosa, per uscire dalle quali i soldati si dovevano aiutare vicendevolmente, per canaloni di roccia gelata, per ripidi versanti rocciosi battuti dal vento. Arrampicandosi con fatica sotto le pareti del Castelletto, raggiunse i ripidi pendii che portavano giù, dietro alle posizioni avversarie. Senza rumore, sprofondando nella neve alta, ascoltando e spiando, l'alfiere portò, inosservato, la sua pattuglia fino alle spalle dell'avversario.

Alle cinque del mattino raggiunse il sentiero aperto nella neve che portava dietro le posizioni italiane. In tre ore di faticosa ed estenuante arrampicata sulla roccia e nella neve alta, la pattuglia aveva percorso un tratto che un alpinista, in estate, avrebbe compiuto in appena dieci minuti.

Presto emersero i neri contorni di un ricovero italiano profondamente sepolto nella neve. Con prudenza, l'alfiere si spinse fino all'entrata. Dinnanzi alla porta pendeva un'uniforme, da cui poté capire che gli uomini appartenevano al 62° Reggimento di Fanteria. Aprì poi, pian piano, la porta del ricovero, mentre due suoi ufficiali si avvicinavano cautamente; nell'oscuro vano niente si muoveva. Solo il profondo respiro dei dormienti turbava l'aria calda del rifugio. La viva luce di tre lanterne cieche guizzò illuminando gli italiani addormentati e sprofondati nelle coperte, stretti l'uno all'altro. L'alfiere intimò, in lingua italiana, di arrendersi. Senza comprendere, confusi, con gli occhi socchiusi, quegli uomini pieni di sonno fissarono quelle apparizioni poco rassicuranti; poi, riconoscendo che ogni resistenza sarebbe stata vana, si arresero.

Ma un sottotenente italiano sbalzò fuori dal più remoto angolo del riparo, dando l'allarme e cercando di raggiungere l'uscita. Colpito da un colpo di pistola dell'alfiere, stramazzò sui suoi uomini.

Le grida ed il colpo avevano fatto balzare in piedi i soldati dei ricoveri vicini. Improvvisamente la notte si animò di luci e di rumori: le ombre scure dei difensori, allarmati, correvano da tutte le parti sulle bianche chiazze di neve, sparando e gridando. Si trattava ora per la pattuglia, di agire rapidamente, per sfuggire all'accerchiamento. Tre bombe a mano volarono nello stretto ricovero ed esplosero con spaventoso effetto distruttore. Gli uomini della pattuglia lanciarono contro gli italiani che si avvicinavano bombe a mano. Ne nacque una confusione indescrivibile che l'alfiere ed i suoi uomini colsero al volo per ritornarsene lungo la strada dalla quale erano venuti. L'intenzione di ritornare alle proprie linee per la via più breve fu abbandonata, per l'allarme delle posizioni avversarie. Ma il comandante della pattuglia non perdette la presenza di spirito e si aprì un varco, lottando con i suoi uomini, lungo le posizioni italiane, per riguadagnare la via del ritorno, tra i ripidi pendii.

Piccolo Lagazuoi: postazione di lanciamine da 12 cm.

Al rumore del combattimento, le mitragliatrici austriache fecero fuoco. Il ritorno costò alla pattuglia sforzi sovrumani. Inseguita dall'avversario, dovette percorrere, il più rapidamente possibile, la via sulle ripide rocce e nella neve alta, per non essere bloccata. Un cacciatore svenne e dovette essere portato dai compagni. Finalmente la pattuglia giunse in vicinanza delle proprie posizioni, sotto la protezione delle mitragliatrici che la coprirono, nell'ultimo tratto. Il comandante, coraggioso ed energico, aveva portato indietro la sua pattuglia, senza perdite.

ASSALTI AD UN NIDO ROCCIOSO

Subito a nord del Passo di Falzarego (2117) valicato dalla strada delle Dolomiti, si erge, massiccia ed articolata, la parete meridionale del Piccolo Lagazuoi (2778 m). Una cengia rocciosa che si allarga a terrazze alle due estremità, strozzata nel mezzo, attraversa a mezza altezza e con dolce declivio l'intera parete fino al burrone che separa la vetta della sua anticima di levante (2668 m) occupate entrambe dalle truppe austriache, fin dall'inizio della guerra.

 Baracche di guerra italiane sulla famosa «cengia Martini» sul Piccolo Lagazuoi. ➜

Già nei primi mesi di guerra, pattuglie italiane di alpini, si erano annidate sulla cengia, a metà della parete, dietro blocchi di roccia. Queste pattuglie vi erano giunte dopo una difficile salita lungo il burrone già nominato. Da questa posizione, sulla cengia, il posto avanzato occupato dagli italiani era straordinariamente molesto e ci causava continue perdite. Come uccelli rapaci, essi se ne stavano appollaiati ed inattaccabili nel loro nido roccioso.

Sulla vetta del Piccolo Lagazuoi, verticalmente sopra di loro si trovavano i posti avanzati austriaci, del tutto impotenti a nuocere all'avversario, rintanato tra le rupi. Gli altri posti austriaci, sistemati sulla cengia dirimpetto a quella occupata dagli italiani, a causa della strozzatura di questa non erano in grado di piombare giù dalle rocce, con un attacco diretto. Con grande sollecitudine ed energia, gli italiani si erano affrettati a completare la loro posizione sulla cengia. In uno spuntone di roccia isolato, alto 30 metri, vi erano caverne a più piani, l'una sopra l'altra; dalle loro feritoie, sparavano fucili, mitragliatrici e perfino un cannone da montagna che gli italiani, con immane fatica, avevano issato fin lassù. Gli italiani, annidati al di sopra delle posizioni austriache che, verso il Passo di Falzarego sbarravano il passo di Valparola, potevano così colpire al pari di quelle sul Sasso di Stria (2477 m) di fianco e alle spalle.

Con tutti i mezzi gli austriaci tentarono di spazzare via i posti avanzati italiani dalla cengia.

BARILOTTI E CASSE DI ECRASITE

Il 17 dicembre 1915 ebbe luogo la prima azione in grande stile contro la posizione italiana sulla cengia. Dopo una preparazione assai difficile, durata diversi giorni, si era ottenuta la cooperazione dell'artiglieria, in modo da assicurare il successo completo. Alle sei del mattino del 17 dicembre, incominciò la prima parte dell'azione. Dalla cima del Piccolo Lagazuoi volarono oltre le rocce sulla posizione italiana grosse bombe e cassette di ecrasite con accensione a tempo. I singoli ripari furono colpiti e distrutti. Poco dopo l'artiglieria iniziò un fuoco concentrico sulla cengia. Dalla vetta vennero calate con lunghe corde, lungo le pareti di roccia, tre guide alpine. Sospesi tra cielo e terra, con la possibilità di ripararsi solo nelle anfrattuosità del terreno, questi tre uomini orientavano il fuoco dell'artiglieria, noncuranti dei colpi di fucile sparati dalle truppe italiane della valle, del pericolo delle granate dell'artiglieria avversaria che bombardava violentemente la vetta del Piccolo Lagazuoi, e del pericolo derivante dalle schegge delle loro stesse granate, che scoppiavano nella roccia, poco sotto di loro. Essi resero possibile all'artiglieria di colpire, con grande precisione di tiro, il nido nemico, posto tra le rocce.

Una pattuglia scelta, guidata da un sottotenente, era intanto discesa faticosamente dalla cresta rocciosa del Lagazuoi, avventurandosi lungo la parete. Gli uomini furono dislocati nei vari punti con l'incarico di sparare dai loro sicuri ripari, contro la guarnigione italiana, che, in fuga, avrebbe dovuto abbandonare la cengia.

Il successo dell'assalto fu notevole. Il nemico ebbe a lamentare gravi perdite. Tutte le difese non costruite nella roccia, vennero distrutte; tutte le armi, mitragliatrici, lanciabombe ed un cannone a revolver, danneggiati.

Non si era però riusciti a cacciare del tutto l'avversario dalla cengia. Una parte della guarnigione si era salvata nelle pareti piene di caverne e di crepacci e, quando le azioni avversarie si furono calmate, essa tornò ad occupare le sue posizioni.

Lanciamina ad aria compressa da 12 cm.

GRANATE A MANO E BLOCCHI DI ROCCIA

L'inverno aveva ricoperto i monti con abbondanti nevicate. Per un breve periodo di tempo, ogni attività della guarnigione italiana sulla cengia, si arrestò. Ma non appena i ripari di lassù parvero riaggiustati, si ebbero bombardamenti giornalieri della durata di parecchie ore, sulle linee austriache, davanti al passo di Valparola.

Dal lato austriaco si procedé ben presto ad una nuova azione contro la cengia. La notte del 30 dicembre un cadetto della guarnigione dei Kaiserjäger fu calato giù, con la corda, oltre la parete di roccia. Con una bomba a mano, egli riuscì a colpire un riparo italiano e ad incendiarlo.

Nella notte successiva, la notte di San Silvestro dell'anno 1915 venne preparato alla guarnigione italiana situata sulla fascia di roccia, un terribile Capo d'anno. Sopra la cresta del Piccolo Lagazuoi era un gigantesco masso roccioso, grande quanto una casa abitabile da una famiglia.

Nel suo interno fu scavata una cavernetta e caricata di 300 kg di donarite. Nelle ultime ore dell'anno 1915 i monti coperti di neve apparivano immersi in una maestosa tranquillità. Negli angusti ricoveri amici e nemici salutarono l'inizio del nuovo anno alla luce vacillante delle candele e delle lanterne, luce piena di gioiosa speranza.

Gruppo dei Cadini di Misurina.

Pendici Ovest di Monte Piana (3224 m)

Andamento delle linee presso Carbonin fra Mon
a destra con numerosi posti di guardia e co
(2705

il Gruppo del Cristallo. Il costone
ferica è la «cresta di Costabella»

L'anno era sorto da pochi minuti, quando una potente esplosione dalla vetta del Lagazuoi produsse un'eco tonante da tutti i monti all'intorno. Il pesante blocco di roccia si sollevò, barcollò come ubriaco e precipitò oltre la parete, sulla posizione avversaria. Sembrò che il monte volesse uccidere il monte. Questo terribile saluto all'anno nuovo, costò gravi perdite alla guarnigione italiana sulla cengia.

Eravamo riusciti a danneggiare, con ognuna di queste azioni, le fortificazioni avversarie sulla cengia. Ma la posizione fu, dagli italiani, mantenuta con ostinazione. Instancabilmente, senza sosta, fu fatta sulla cengia la ricostruzione delle difese.

Dappertutto furono scavate caverne nella roccia in modo da non doversi più temere un attacco austriaco dalle pareti. Ma dopo 14 giorni, gli austriaci decisero di disturbare di nuovo i lavori italiani e, se possibile, occupare la posizione stessa. Era stato portato a termine un accurato piano: tutti i mezzi di combattimento disponibili erano stati raccolti, per annientare definitivamente l'avversario. Le mitragliatrici dovevano tenere a bada la guarnigione dell'anticima; tre lanciamine, dietro alla cresta del Lagazuoi dovevano scagliare le mine sulla cengia, cercando con granate a gas di costringere la guarnigione a fuggire dai suoi ripari rocciosi. Furono di nuovo scaglionate due pattuglie lungo la cresta che aprirono il fuoco con lancio di barilotti e di bombe a mano.

Poi fu la volta dell'artiglieria che grandinò sulla cengia, con perfetta precisione di tiro. Allorché la posizione fu coperta da una densa cortina di gas, alcune pattuglie cercarono di scendere verso le posizioni avversarie ed occuparle.

Ma l'esito dell'impresa non fu pari alle aspettative. Le pattuglie che scendevano faticosamente arrampicando furono respinte dal vivace fuoco di fucileria uscente dalle feritoie della roccia. Anche questa volta si erano causati gravi danni all'avversario, ma la posizione italiana non era eliminata. Si dovette usare il mezzo estremo che permise di cacciare l'avversario, nelle Alpi, da posizioni inespugnabili: la mina.

LA RICONQUISTA DI MONTE SCABRO

Il 3 aprile 1916 riuscì ad un distaccamento italiano di conquistare con un assalto il Monte Scabro (2175 m).

L'intero settore del massiccio del Cristallo e delle Dolomiti di Carbonin si trovò in una terribile situazione. Dalle loro posizioni dominanti, gli italiani erano in grado di distruggere tutto quanto si muoveva nella valle. Vi erano solo due possibilità: o riconquistare il Monte Scabro, o ritirare l'intero settore del fronte su nuove posizioni.

Sebbene l'impresa di prendere d'assalto questo monte dalla valle, con un dislivello di più di 800 metri, per un pendio di lavine dei più ripidi, attraverso neve alta parecchi metri, paresse enorme e disperata, pure ci si decise.

Centocinquanta uomini delle truppe del Tirolo si offrirono spontaneamente per questo memorabile attacco.

Durante cinque notti, i soldati, con inimmaginabili difficoltà, sulla neve alta parecchi metri, arrivarono a duecento passi dalla posizione avversaria.

All'alba del sesto giorno, una intensa preparazione di artiglieria, facilitò alle truppe temerarie l'ultimo assalto alla vetta. Con grandi perdite, quegli uomini coraggiosi si avvicinarono alla posizione, nella neve profonda, per gli ultimi ripidi pendii, ed ebbero ancora la forza di conquistare, in una mischia furibonda, la vetta e di fare prigioniera la guarnigione.

Guerra di mine

LE MINE NELLA PARETE DEL LAGAZUOI

Le due posizioni, italiana e austriaca, sulla cengia del Piccolo Lagazuoi (2778 m) erano della maggiore importanza per l'intero settore del fronte al Passo di Falzarego. Continuamente, con attività sempre crescente, le truppe austriache tentarono di distruggere la posizione italiana e di cacciarne la guarnigione.

Ma, tenacissimi, gli italiani si aggrappavano incrollabili alla roccia, nonostante le perdite subite. Già nei combattimenti dell'ottobre 1915, da questa posizione, l'avversario si era reso particolarmente ostile. Una pattuglia italiana si era annidata, dopo una difficile salita, dietro blocchi di rocce, sulla cengia, e di là sparava con fuoco fiancheggiante sulle posizioni austriache, davanti al Giogo di Valparola, causando gravi perdite. La cengia nemica, in mano agli italiani, costò agli austriaci più vittime che la difesa contro tutti gli attacchi in massa dell'avversario.

Verso la fine del 1915, e nell'inverno del 1914, gli austriaci organizzarono numerose uscite di pattuglie di perlustrazione, e diversi attacchi, sulla cengia italiana. In verità le guide alpine calate con le corde, causarono perdite molto gravi all'avversario, col lancio di bombe a mano, e perdite anche più gravi cagionò il fuoco di artiglieria, dei lanciamine e della fanteria. Ma non si riuscì mai a far sgomberare completamente la cengia. Per trovare protezione, le truppe italiane con grande energia, ricostruivano regolarmente la loro posizione. Scavarono anzi numerose caverne nella roccia, al riparo dal fuoco concentrico dell'artiglieria e rinforzarono il presidio, con il progredire delle opere di difesa, ad un'intera compagnia di alpini. Prima dell'esplosione, la cengia costituiva un ottimo e completo sistema di posizioni, dove si potevano chiaramente distinguere, anche ad occhio nudo, due parti. Poste vicino alla posizione austriaca e per essa molto pericolose, erano le caverne costruite nella parete del Lagazuoi, comprese nella così detta «Roccia d'appoggio«. Questa piccola roccia era formata da uno spuntone isolato sulla cengia, alto 30 metri e largo 18 che nascondeva gallerie e caverne a molti piani, l'una sull'altra, ed era armata di un cannone da montagna e di una mitragliatrice. La seconda linea formava il così detto «Sasso Tatuato», esso pure spuntone isolato, alto 20 metri. Anche qui erano delle caverne. Una terza linea era visibile nella stessa anticima del Lagazuoi. L'avversario, con il suo lavoro nel corso di mesi, si era costruito, sulla parete, un ricovero di altezza considerevole, e stava appena trenta metri più in basso delle nostre postazioni di combattimento sull'anticima.

Allorché, nell'estate 1916, il pericolo dell'espandersi dell'avversario sulla croda del Lagazuoi, si fece più minaccioso, sviluppando il proprio fronte e aumentando l'efficacia delle armi alle spalle delle posizioni austriache, gli austriaci si decisero ad usare la guerra di mina.

La piccola mina

Nel luglio 1916 fu iniziata la prima galleria. Contro misure da parte degli italiani che, valendosi di mezzi migliori procedevano con notevole rapidità, costrinsero dapprima gli austriaci ad un atteggiamento di attesa. L'avversario avanzava nella parete di roccia tra la propria posizione e quella nemica, con due gallerie. Non restava altro che sbarrargli il cammino con una galleria trasversale, a due fornelli, abbastanza lontana dalla propria posizione.

Il 14 gennaio 1917, quando gli italiani erano già giunti molto vicini alle linee austriache, ebbe luogo la prima esplosione. Il successo fu molto soddisfacente. L'esplosione distrusse completamente le gallerie d'attacco avversarie e trascinò con sé, nello stesso tempo, un fornello già caricato. Il pericolo di un secondo attacco a mezzo di mine, da parte degli italiani, fu, per lungo tempo, scongiurato.

La grande mina

Non appena l'assestamento delle masse rocciose saltate in aria era avvenuto, vennero proseguiti i lavori della galleria di attacco. La prima esplosione aveva respinto il posto avanzato italiano su posizioni più arretrate e metteva i difensori nella vantaggiosa situazione di portare il combattimento sotterraneo più avanti, sul terreno antistante i ripari avversari. L'altezza della galleria da mina che si stava costruendo era di 180 cm, la larghezza di 80 cm. Questa larghezza era la minima indispensabile per continuare, in piedi e senza interruzione, il lavoro di prosecuzione della galleria. Il materiale roccioso, frantumato, fu estratto dalla galleria, giornalmente, in sacchi, e tenuto pronto, fuori dalla vista dell'avversario, come materiale da intasamento. Furono necessari quaranta uomini per compiere questa faticosa operazione. Condizione necessaria per il procedere rapido e soddisfacente del lavoro di scavo, era di poter immettere una corrente di aria fresca, senza la quale ogni attività in galleria, sarebbe stata impossibile. L'aria era rinnovata per mezzo di un ventilatore di un impianto di trapanazione elettropneumatico, che funzionava assai bene. Ciononostante, dopo ogni esplosione, si perdevano due o tre ore per espellere completamente l'aria avvelenata dal gas prodotto dall'esplosione. La galleria, in queste ore, era impraticabile, se non si era muniti della maschera ad ossigeno di respirazione. Anche dopo, rimaneva nell'aria, per lungo tempo, un abbondante pulviscolo di calcio, che causava difficoltà di respirazione ed oppressione al cuore. La lunghezza prevista della galleria, dall'inizio all'angolo di intasamento, era di 85 metri; di qui fino al fornello di 8 metri. Il volume del fornello era previsto in 58 mc.

Fino ai primi di marzo, i lavori di trapanazione erano stati fatti a mano, compiendo un tratto lungo 33 metri. Dal principio del mese di marzo, fino all'esplosione (22 maggio) si usò una perforatrice elettropneumatica a un martello. Da esperienze fatte in questi lavori di trapanazione risultò che, con una macchina a un martello si poteva raggiungere un risultato medio di un metro; con una a due martelli, un rendimento di metri 1,75, e con il lavoro degli uomini, cioè dei minatori, un rendimento di 30 cm al giorno. Nonostante lo scarso rendimento del lavoro umano, questo era da considerar-

Brillamento delle posizioni italiane sulla cengia del Piccolo Lagazuoi (2778 m) il 22 maggio 1917. La fotografia è stata ripresa cinque minuti dopo l'esplosione del magg. Karl von Raschin del 1° Regg. Cacciatori imperiali.

si il più sicuro, perché alle trapanatrici capitavano molto spesso guasti, ai quali spesso non si poteva subito rimediare, e causavano enormi perdite di tempo. Il 20 maggio, alle nove di sera, furono terminati tutti i lavori alla galleria di mina e al fornello.

Per la carica della mina furono preparati 24.000 kg di materiale esplosivo, il cui trasporto, data la posizione dell'imbocco sulla cengia, dovette superare gravissime difficoltà. Lo sgelo aveva provocato la caduta di molte valanghe di fondo. La teleferica che portava alla cengia fu completamente distrutta da quelle e dal fuoco dell'artiglieria avversaria. Così ogni cassa di esplosivo dovette essere portata da portatori nel luogo assegnato. Di notte, il proiettore italiano illuminava dal monte Averau, la salita che, al minimo movimento notato dall'avversario, veniva bombardata da violento fuoco di artiglieria.

Grazie all'abnegazione ed alla energia delle guide e del distaccamento alpino del battaglione dei Kaiserjäger, posto in quella posizione, si riuscì, in sei giorni, ad effettuare il trasporto dell'esplosivo, in 1033 casse. Ad eccezione di una frattura ad una gamba, i portatori non ebbero a lamentare altre ferite. I materiali esplosivi adoperati per la carica erano: clorato, dinamite 9, dinamite M, ecrasite con capsule di fulmicotone e detonatori. La stratificazione nel fornello fu disposta in modo che le casse, con i materiali esplosivi più potenti, venissero poste dalla parte dell'avversario. L'ecrasite fu collocata in forma di croce orizzontale a metà altezza della carica, e le capsule, al centro della croce.

Per assicurare il brillamento della mina furono preparati due cavi per accensione elettrica e due con miccia detonante, infilati in tubi per condutture dell'acqua, per proteggerli da eventuali danni. Come materiale di intasamento, furono usati i sacchi pieni di ghiaia, precedentemente preparati. Lo spessore dell'intasamento era di 37 metri e richiese una quantità di ghiaia pari a circa sette vagoni ferroviari.

La carica e l'intasamento furono preparati in 36 ore. Per poter fare ciò, in così breve tempo, furono comandati a lavorare sulla cengia, a questo solo fine, cinquanta degli uomini più robusti del battaglione.

Fu deciso che l'esplosione sarebbe avvenuta alle ore dieci di notte del 22 luglio, poiché fu accertato che, a quest'ora, si trovavano sulla cengia i reparti italiani che provvedevano al trasporto dei viveri e delle munizioni.

Siccome gli effetti dell'esplosione potevano essere gravi anche per chi la provocava, in quanto era prevedibile una pioggia di sassi ed una eruzione di frantumi rocciosi, si dovettero adottare speciali misure per la protezione delle guarnigioni di tutte le posizioni austriache del settore. Per scongiurare la possibilità che l'ora dell'esplosione fosse conosciuta dall'avversario, attraverso le nostre comunicazioni telefoniche, si rese nota a tutte le postazioni ed a tutte le batterie l'ora dell'esplosione, con una breve comunicazione telefonica convenzionale. La comunicazione era la seguente: «Il capitano Eymuth arriva questa sera alle dieci al comando del settore di combattimento di Travenanzes.» Il piano ebbe pieno e completo successo, tanto da superare di molto le aspettative, compensando il lavoro estenuante e difficile di molti mesi.

Il 22 maggio 1917, all'ora prestabilita, si verificò l'esplosione. L'intera posizione dell'avversario, sulla parete del Lagazuoi, fu completamente distrutta. La «Roccia d'appoggio» con tutte le sue fortificazioni, fino al «Sasso Tatuato» ed anche parte di esso, fu trascinata nella voragine. Le posizioni, rafforzate con sacchi di sabbia, tra le quali una particolarmente fortificata, dietro al «Sasso Tatuato», con un robustissimo muro in cemento armato, furono come soffiate via. Tutte le baracche, tra la parete del Lagazuoi e il «Sasso Tatuato» scomparvero. Le trincee nella roccia, coperte e rivestite di legno, bruciarono.

Il Piccolo Lagazuoi (2778 m) visto dal Passo di Falzarego.
In primo piano un monumento di guerra italiano.

Indicato con il luogo dove il 14 gennaio ed il 22 maggio 1917 furono brillate le mine austriache. Quella brillata in maggio era carica con 23.000 kg di esplosivo. Il tratto di roccia distaccatosi, misurava 200 metri di altezza per 136 di larghezza per un valore di circa 130.000 metri cubi. Indicato con il luogo di brillamento di una mina italiana il 20 giugno 1917. La stessa venne caricata in una galleria lunga 1110 metri con 33.000 kg di esplosivo.

= posizioni austriache
×××××× = posizioni italiane
= camminamenti

La parte del monte fatta saltare era alta 200 metri, larga 136. La massa rocciosa rimossa dall'esplosione si può calcolare in 130.000 mc. Il faticoso lavoro di un anno e mezzo compiuto dagli italiani, nelle rocce delle pareti del Lagazuoi, costato tante perdite, era stato annullato in pochi minuti. La maggior parte della guarnigione italiana ci trovò la morte.

Ancora alcune settimane dopo l'esplosione, grossi macigni di roccia precipitavano, trascinando con sé, giù nella valle, materiale da costruzione e membra di cadaveri.

La guerra di mina sulla parete del Lagazuoi continuò anche in seguito, da tutte e due le parti. Poco tempo dopo, il 20 giugno 1917 gli italiani fecero saltare in aria le posizioni austriache dell'anticima del Lagazuoi (2668 m). Dalla posizione italiana sulla cengia essi, in cinque mesi di lavoro, avevano costruito una galleria ripida, lunga 1110 metri, attraverso le pareti rocciose della Lagazuoi, fin sotto il culmine dell'anticima.

La mina aveva una carica di 33.000 kg di esplosivo ad alto potenziale.

LA MINA DEL CIMONE D'ARSIERO

La vetta del Cimone d'Arsiero che penetra simile ad un bastione tra la valle del Posina e dell'Astico, sui Sette Comuni, era stata sgomberata il 23 luglio 1917 dalla sua piccola guarnigione, un posto avanzato del 59° Reggimento di Fanteria di Salisburgo, a causa del fuoco distruttore dei cannoni avversari. Gli italiani avevano occupato la vetta senza combattere e avevano dovuto accontentarsene, perché una posizione, rapidamente costruita dagli austriaci, con sacchi di sabbia, posta sopra della piccola cresta a nord della vetta, aveva posto fine alla loro avanzata. Ma il sottile crinale, che dalla posizione austriaca portava alla vetta del Cimone, doveva naturalmente costituire un impedimento pieno di difficoltà per un contrattacco, lungamente e seriamente studiato dal comando austriaco. Non si era mai pensato di abbandonare all'avversario, senza reagire, i vantaggi del successo.

Già il 4 agosto, un piccolo distaccamento del 59° aveva ripreso, con un rapido colpo di mano, la vetta del Cimone, ma la dovette sgomberare sotto il fuoco violentissimo delle artiglierie avversarie e dei lanciamine. Il sangue di tanti uomini coraggiosi era troppo prezioso, per sacrificarlo in questa impresa disperata. Si decise, pertanto, di far saltare la vetta del Cimone.

Questo piano esigeva studi e preparativi tecnici ampi e difficili che occuparono l'intero mese di agosto. La direzione tecnica era in buone mani, affidata al tenente zappatore Mlaker, famoso per la conquista della fortificazione Casa Ratti.

Dopo la rinuncia alla cima, la posizione austriaca più avanzata era separata, come s'è detto, dalla vetta del Cimone, da una cresta, larga appena tre o quattro metri, strapiombante da tutti e due i lati. A poca distanza, davanti al posto avanzato e vicino alla posizione italiana sulla vetta, c'era una caverna isolata, situata tra i due fronti. Essa doveva costituire il punto d'uscita per l'attacco sotterraneo. Circolare là, di giorno, era da escludersi; di notte, per la sorveglianza dell'avversario, estremamente pericoloso.

Monumento ossario tedesco al Passo Pordoi (Piera Clocia 2200 m). Da quassù si può seguire l'andamento del Fronte dalla Marmolada fino alle cime della Tofana. Nell'Ossario sotto la sala d'onore, giacciono cira 8000 salme di caduti tedeschi ed austriaci della guerra 1914/18 in loculi singoli. Sono stati qui trasportati dai cimiteri di guerra da tutto il fronte delle Dolomiti. ➔

Così si dovette costruire, passo dopo passo, protetti dalla notte, con sacchi di sabbia, una trincea coperta di collegamento, che riparasse dal fuoco della fanteria; lavoro faticoso che richiese tempo, disturbato dall'avversario con continui bombardamenti notturni. In dieci giorni, il collegamento alla caverna fu pronto. Per una lunghezza di 18 metri i bravi zappatori avevano lavorato vicinissimi all'avversario, i cui alpini avevano tentato un assalto, ancora una volta senza successo.

Assai più difficili furono i veri lavori sotterranei. Accurate misure stabilirono la direzione voluta dello scavo e l'opportuna posizione del fornello. Il 26 agosto si poterono incominciare i lavori di trapanazione della galleria; dapprima solo a mano, faticosamente, perché il portare su dalla valle le pesanti perforatrici smontate, il montarle e sistemarle nella caverna richiese alcuni giorni di tempo. L'intero impianto delle macchine dovette, infatti, essere smontato e le singole parti portate, a dorso d'uomo, fino al posto del montaggio, distante circa 200 metri dalla caverna. Inoltre, essendo questo pericoloso cammino, in parte sotto la vista dell'avversario e a tiro di fucile dai posti italiani, il trasporto, per evitare perdite, dovette essere effettuato con la massima prudenza.

Questo trasporto, già tanto lento e faticoso, micidiale per muscoli e nervi, sarebbe stato relativamente semplice, se l'avversario se ne fosse stato quieto. Ma egli lavorava dal lato opposto. Scavava, dalle sue linee, ancora più rapidamente e più profondamente, in direzione dell'attaccante. Spiava, dalla sua galleria, il lavoro dell'avversario, dirigendo in conformità, l'orientamento del suo scavo. Se uno avesse caricato il suo fornello, l'altro non avrebbe esitato neppure un istante: a sua volta, avrebbe caricato e fatto esplodere. Di qui, le ore terribili di quelle osservazioni contrapposte e vicine; la tensione angosciosa prima della carica: ore che non volevano passare mai. Chi accenderà

Un solitario cimitero di guerra sotto le pareti del Lagazuoi. Dopo il completamento del monumento ossario del Pordoi, le salme sono state esumate e trasferite lassù.

per primo? La rapidità è tutto. Il 31 agosto il tenente Mlaker avvertì, per la prima volta, i lavori di scavo dell'avversario. L'energia e la volontà sua e dei suoi uomini in vista del successo finale furono, da questa circostanza, straordinariamente accresciute. Il 1° settembre fu individuato un cunicolo d'attacco nemico, la cui direzione terminava con una punta, verso le nostre caverne. Fu messo nell'impossibilità di nuocere con una contro-galleria costruita il più rapidamente possibile. Il lavoro allo scavo principale proseguì con rapidità febbrile nonostante i continui assalti avversari con bombe a mano.

Il 6 settembre la galleria principale di attacco era esattamente sotto la posizione italiana; l'energia dei soldati e, ancora meno, quella del tenente Mlaker, non erano state fiaccate. Silenziosamente, ma inesorabilmente il destino si compiva per l'avversario. Gli orientamenti tattici del combattimento potevano ormai essere fissati. La fanteria, avanti, doveva prendere possesso, dopo l'esplosione, delle posizioni avversarie, ai due lati della vetta del Cimone e della vetta stessa. Al 1° battaglione del 59°, al comando del maggiore Schad, era affidato il compito dell'azione di fanteria. Mentre due compagnie dello stesso battaglione dovevano rimanere come appoggio dentro e dietro la posizione principale, la prima compagnia, al comando del tenente Huber, doveva formare con alcune pattuglie di zappatori, divise in tre scaglioni, la vera colonna d'attacco.

Provvisto di munizioni, di viveri e di attrezzi indispensabili, lo scaglione doveva procedere, dapprima solo sullo stretto crinale, circondare le linee avversarie dalle due ali, aprire e compiere l'opera di distruzione. Più di una dozzina di batterie, di calibro leggero e pesante, erano destinate a soffocare il previsto fuoco dell'artiglieria avversaria. Il bombardamento era già cominciato da parecchio tempo: il giorno dell'azione venne aperto il tiro di sbarramento, intorno al luogo, votato alla morte, per isolare da ogni aiuto la vetta del Cimone ed il suo presidio.

Intanto i lavori tecnici erano portati avanti senza ostacoli. Si trattava ormai di trasportare e di collocare gli esplosivi e di stabilire, in modo certo, se la galleria della mina si trovava proprio sotto la posizione italiana. Fissare il momento dell'esplosione, dipendeva da queste circostanze.

Gli esplosivi furono trasportati e collocati nella camera di scoppio con una rapidità che superò qualsiasi previsione. Bisognava ringraziare innanzitutto i portatori, se l'esplosione poté aver luogo il 23 settembre, in un momento sfavorevolissimo all'avversario, quando essi cioè procedevano al cambio delle truppe.

Il nuovo presidio avversario, appena giunto nella posizione, non orientato, moralmente impreparato, cadde con rapidità insperata. Oltre a ciò, si evitò ai preziosi esplosivi un più lungo soggiorno nelle camere di scoppio che il tempo piovoso aveva reso umide. Per questa ragione, e perché si temeva la contromina italiana, tanto il tenente Mlaker che il maggiore Schad insistevano per iniziare al più presto l'azione.

L'11 settembre fu di nuovo percepito il lontano rumore di uno scavo: il 12 settembre, dai colpi che si avvicinavano, si comprese trattarsi della costruzione di una galleria. Fu rapidamente iniziata, per sicurezza, una controgalleria per poter andare incontro all'avversario, nel caso si avvicinasse. Ma questi procedeva molto lentamente e con prudenza, e giunse così troppo tardi. Non aveva potuto farsi un'idea esatta sulle intenzioni dell'avversario, e, incerto, ed a causa delle misure d'inganno, non aveva potuto notare la carica del fornello. Ciò che gli riuscì fatale il 23 settembre.

Il 20 settembre, assai presto, si incominciò a caricare il fornello, adoperando ogni precauzione e terminando il 22 alle sei di sera. Fu perciò dato l'annuncio che l'esplosione avrebbe avuto luogo il giorno 23. Si dette l'ordine per quella data: l'avversario aveva il destino oramai segnato.

Nell'oscurità delle prime ore del mattino del 23 erano nella valle alcune divisioni del 153° Reggimento italiano di Fanteria e il battaglione Val Leogra degli alpini, discesi dalla vetta del Cimone alcune ore prima, protetti dalla notte; erano stati sostituiti dal 1° battaglione del 219° Reggimento Fanteria, proveniente da Schio; stanchi e sfiniti si avvicinavano al quartiere di riposo. Improvvisamente due colpi di tuono, susseguitisi l'uno all'altro, di spaventosa potenza, ruppero la tranquillità del mattino. La colonna si fermò ad ascoltare, atterrita. Gemendo nelle sue connessure il monte si sollevò e si protese verso l'alto; un attimo ancora e già i blocchi di roccia attraversavano l'aria, in folle fuga. Immediato si levò un urlo dalla vetta del Cimone, completamente scomparsa, seppellendo sotto le sue macerie il battaglione italiano. L'opera di distruzione aveva agito inesorabilmente precisa, secondo il piano previsto. Alle 5 e 45 minuti del mattino, il tenente Mlaker aveva acceso la carica esplosiva, premendo il pulsante dell'apparecchio di accensione. La vetta del Cimone non esisteva più; un enorme cratere, profondo 22 metri, si apriva come una ferita, là dove prima si elevava la vetta. Tutto intorno un campo deserto di rovine.

Ora toccava alla fanteria. Si era appena spento il rombo dell'esplosione, che le pattuglie d'assalto uscirono dalle caverne di protezione, dove avevano trovato rifugio, all'attacco. Si buttarono lungo lo stretto crinale, verso il cratere dell'esplosione, per occuparlo nel minor tempo possibile.

Ma insospettati impedimenti ostacolarono l'assalitore. L'oscurità della notte non era ancora del tutto scomparsa. Anche quelli che si orientavano meglio procedevano incerti, a tentoni, mancando ormai la vetta del monte come punto di riferimento. Le sue rovine avevano reso quasi impraticabile l'accesso al cratere. Ma nulla poté fermare quei valorosi. Presto il cratere fu raggiunto. Rapidamente vennero attivati i collegamenti; una breve pausa e già le tre colonne sbucavano fuori dal cratere stesso, disponendosi a forma di ventaglio, per l'attacco decisivo contro l'avversario, che rimessosi dal primo stordimento, accoglieva gli assalitori con fuoco violento, dal lato sud del massiccio del Cimone, sul quale si era ancorato. Due dei tre comandanti della colonna, i tenenti Hayer e Wachtel, trovarono morte eroica, e con loro alcuni valorosi soldati. Ma nessun plotone piantò in asso gli altri.

Combattendo nell'incerta luce crepuscolare, per luoghi impervi, l'accerchiamento riuscì, nonostante tutto: il resto della guarnigione avversaria del Cimone dovette arrendersi.

Erano le sei; I cannoni austriaci fecero un fuoco di sbarramento attorno al Cimone. Ininterrottamente risposero al fuoco avversario che, dalle otto a mezzogiorno e verso sera, raggiunse una violenza straordinaria. Ore difficili dovevano aver vissuto quei valorosi soldati. Si giunse a far tacere, verso sera, le batterie avversarie più moleste. Tutti i posti avanzati, concordi, annunciavano che, nonostante la stanchezza, si sentivano in grado di respingere ogni attacco avversario contro il cratere dell'esplosione. Però non ci fu nessun contrattacco. L'artiglieria avversaria tentò, con crescente accanimento, di annientare il presidio della vetta, impedendo il trasporto di cibi caldi. I posti avanzati dovettero passare la notte sul cratere, con le sole provviste fredde, mal riparati, in fosse che li proteggevano solo precariamente dalle schegge di ferro e di pietra. Solo le prime ore del mattino del 24 settembre, portarono ai valorosi il meritato cambio.

Un ricco bottino di vittoria coronò l'impresa. Furono fatti prigionieri 500 uomini di truppa e dieci ufficiali, catturate 8 mitragliatrici, lanciagranate, lanciamine, perforatrici, lanciafiamme e numerosi altri mezzi di guerra. Il 1° battaglione del 219° Reggimento di Fanteria era stato annientato: 19 ufficiali e 1118 uomini furono per la maggior parte lanciati in aria e sepolti fra le rovine.

Fra le macerie della vetta, certo dovevano ancora giacere molti italiani feriti gravemente, il cui salvataggio non fu però possibile, causa il violento fuoco dell'artiglieria avversaria. Giungevano al presidio della cima le urla strazianti, i lamenti, le invocazioni di aiuto dei sepolti.

Solo per spirito umanitario, si decise, da parte del comando austriaco, di fare un tentativo di richiesta di sospensione del combattimento, per la durata di 4 ore, al comando italiano, per cercare di salvare la vita dei soldati, travolti dall'esplosione. Un capitano austriaco di Stato Maggiore portò la richiesta al comando italiano che, senza alcun motivo, e probabilmente pensando si trattasse di uno scambio di prigionieri austriaci, rifiutò. Così questi sfortunati soldati italiani che avevano incontrato un atroce destino nel compimento del loro dovere, furono abbandonati senza pietà dallo stesso loro comando. Questa decisione venne presa con totale disapprovazione dei prigionieri italiani che volontariamente si offrirono per il recupero dei camerati travolti.

Con abnegazione e spirito di sacrificio, la guarnigione austriaca iniziò l'opera di salvataggio, rischiando la vita, pur di salvare avversari indifesi, sepolti sotto le macerie. Ancora il 28 settembre, 120 ore dopo la catastrofe, furono udite urla invocanti soccorso provenire dalle macerie. Fino al 2 ottobre durò l'opera di salvataggio. 90 italiani, estenuati e gravemente feriti, furono strappati alla loro tomba di roccia.

I soldati austriaci si dimostrarono autentici eroi, non solo nella lotta sul campo di battaglia, dove, per l'infuriare della mischia, manca spesso la chiara sensazione della morte, ma anche quali uomini al servizio della compassione e dell'umanità.

Più in alto delle azioni d'arma, esiste lo spirito di solidarietà tra i combattenti. Non solo la vittoria, ma anche un grande senso umanitario furono retaggio dell'esercito austriaco.

Il fronte sui ghiacciai

La guerra nel ventre dei ghiacciai

In alta montagna la vita del combattente si ispira a due concetti: cameratismo ed amore della Patria. Dedizione completa e sacrificio del singolo diventarono, sotto l'influsso delle forze della natura, espressione dell'istinto di conservazione. Ogni soldato, durante il suo servizio, era pienamente cosciente di vigilare il riposo dei camerati nelle caverne. Il comune pericolo esaltava il senso della solidarietà e della vicendevole stima. Anche i rapporti tra ufficiali e truppa erano molto più stretti e cordiali lassù e divennero, nel tempo, vero cameratismo alpino.

Nonostante l'annosa guerra di posizione il mutare delle stagioni faceva sì che non mancassero motivi di distrazione, allontanando la noia. I presidi, lasciati per molto tempo sulle stesse posizioni avevano provveduto ad una comoda sistemazione delle trincee e dei ricoveri. La mancanza permanente di perforatrici e di esplosivi ci costringeva a costruire le baracche appoggiate a scoscesi pendii.

Nella notte o nella nebbia, mettendo a repentaglio la vita, cercavamo di recuperare proiettili inesplosi nemici per servirci del loro contenuto prezioso come carica da mina. Col passare del tempo capitava anche a noi di essere stremati dalle sofferenze e dai pericoli della guerra, particolarmente gravi in alta montagna, anche perché pesava nei nostri cuori un profondo senso di stanchezza.

Ma quando gli occhi si soffermavano ad ammirare i verdi pendii dai quali si innalzavano fiammeggianti verso il cielo, come torri, le Dolomiti, o erravano più indietro verso la valle dell'Adige, ricca di viti e le valli dello Zillertal e dell'Ötz, ai piedi dei ghiacciai, allora spariva la malinconia, allora si stringevano più forte in pugno fucile e piccone, per Dio, per l'Imperatore e per la Patria.

Per l'amante della natura, fu un grande avvenimento il vivere in alta montagna a lungo. Ci era dato spiarla, dappertutto nella sua opera di distruzione della crosta terrestre e di asservirla, nei limiti del possibile ai nostri bisogni. Spesso la vita che conducevamo lassù ci ricordava le esperienze degli esploratori artici e l'esistenza degli Eschimesi. Là, dove non c'era più vegetazione, le quattro stagioni si riducevano a due soltanto. Spesso d'estate i fulmini, lo sgocciolio delle caverne di ghiaccio, la pioggia di schegge, provocate dall'esplosione dei proiettili contro la roccia, ci faceva desiderare l'inverno. Diventammo conoscitori perfetti dei segreti del ghiacciaio, dei suoi crepacci, dei suoi movimenti invernali, quando il ghiaccio è compatto, ed estivi quando è plastico. Sorsero delle necessità cui non avevano pensato né scienziati, né glaciologhi, né alpinisti. Così, occorreva a noi ghiaia per riempire sacchi di sabbia, ma eravamo circondati da

Marmolada: baracca in un grande crepaccio a 2200 m. Un ricovero con cucina per 45 uomini successivamente distrutto dal movimento del ghiacciaio.

roccia compatta e da ghiaccio. Dal margine del ghiacciaio alla cresta il cammino era lungo e cercavamo allora sassi e ghiaia nei vari strati della morena. Raccoglievamo frattanto delle osservazioni molto utili per la costruzione delle gallerie; per esempio, d'inverno il ghiaccio scivola come una lamiera ondulata lungo la roccia, mentre d'estate vi aderisce e la preme uniformemente. Così ognuno di noi divenne un ricercatore.

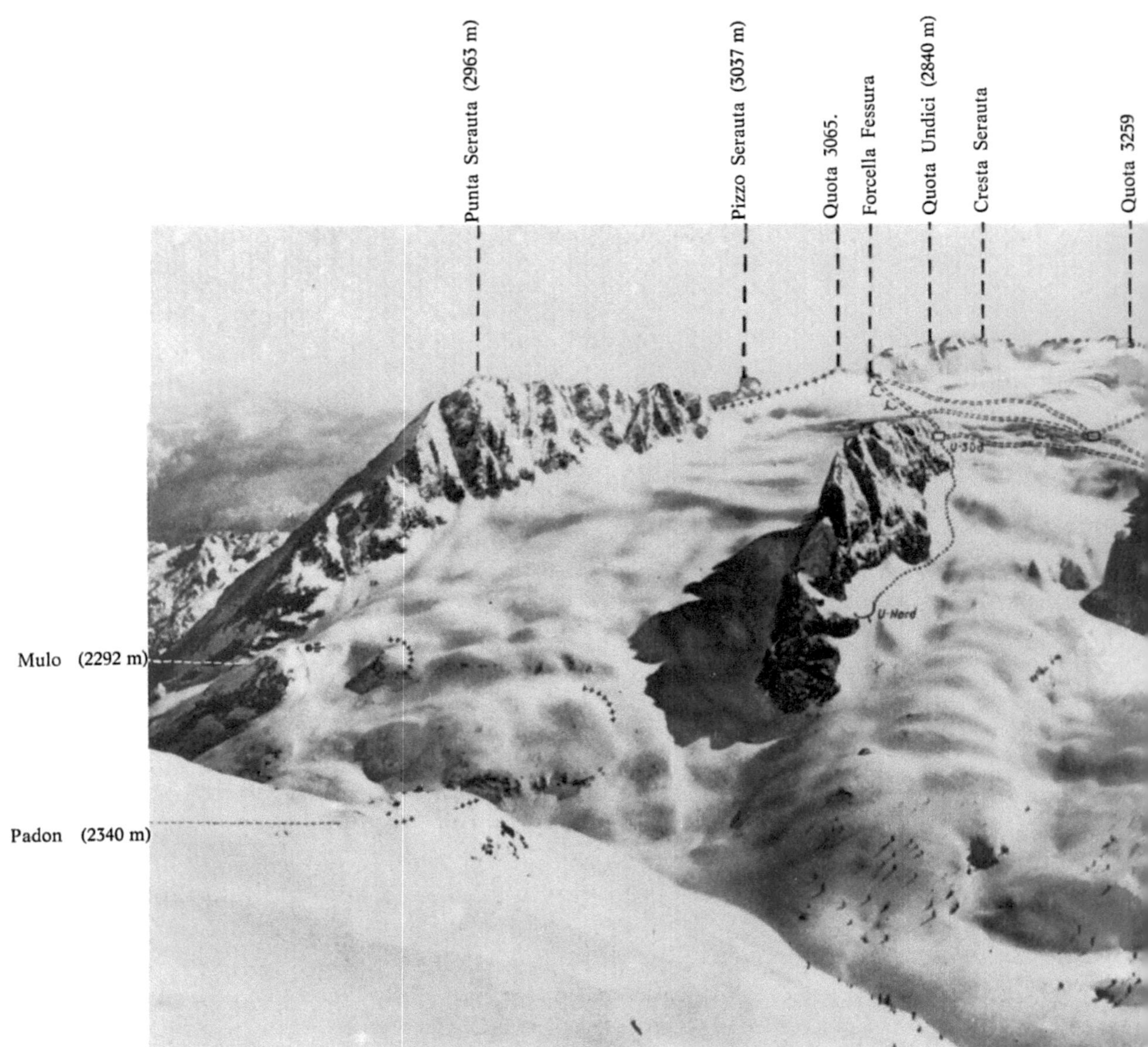

Passo Fedaia

Veduta del Gruppo della Marmolada dalle posiz
nell'inverno del 1916/17. Le linee tratteggiate U
pensare continuate fino sulle schiene rocciose si
schizzo con quello relativo alla città di ghiaccio n

□ = ricoveri nel ghiacciaio

-o--o -o--o- = teleferica

= cannoni o batterie

= caverne nel ghi

und = linee della fanteria austriaca

= camminamenti

ache sulla cresta del Monte Padon
) m) e Dodici (2720 m) si devono
zzo alla fotografia. Si confronti lo
ag. 137.

+++++++ und ××××× = linee della fanteria italiana

⩚ = fotoelettrica

♁ = osservatorio di artiglieria

TIROCINIO SULLA CIMA COSTABELLA

All'inizio delle ostilità contro l'Italia, il mio reparto di pionieri aveva avuto l'ordine di spostarsi da Vigo di Fassa, attraverso la Valle di S. Nicolò, fino al Costabella (2759 m). Di qui, dovemmo lasciare all'avversario la cresta frastagliata della montagna verso levante, che, da quella parte, era di facile accesso. Ciononostante ci accampammo tranquillamente ai piedi della ripida parete settentrionale, persuasi che agli italiani sarebbe sì stato facile scendere lungo le scoscese distese di ghiaia, ma non ritornare indietro sotto il nostro fuoco.

I mesi estivi del primo anno di guerra furono diligentemente impiegati alla costruzione di ripari con sacchetti a terra, e di baracche aggrappate alle ripide pareti rocciose. L'avversario, che disponeva di munizioni, distruggeva sistematicamente le nostre opere di difesa, ma, nella notte, che ci era alleata, noi riparavamo ogni danno. E poiché allora ancora non si impiegavano né bombarde, né granate a mano le nostre perdite erano scarse.

Nostra prima cura fu di allestire e di mascherare le vie di comunicazione con la valle, per lo più esposte alla vista del nemico; preparammo, allo scopo, delle specie di quinte, fatte con rami d'albero. La mancanza di portatori ci obbligò poi a costruire teleferiche. Ci vennero in aiuto, in questa necessità, valorose truppe germaniche specializzate, fornite del materiale occorrente. Fu solo dopo la loro partenza che costituimmo, a nostra volta, reparti specializzati, che provvidero ad installare audacissime teleferiche.

Nell'autunno 1915 ignoravamo ancora se sarebbe stato possibile passare l'inverno in montagna. Sapevamo tuttavia che in primavera, sarebbe stato molto più facile all'avversario arrampicarsi sulla parete meridionale, più aperta da nord, che non a noi. Tuttavia prendemmo tutte le precauzioni possibili. L'inverno fu mite e non infierì troppo. Ma più di una volta ne esperimentammo la rigidità e ne sfruttammo le caratteristiche.

Fu necessario soprattutto modificare l'ubicazione di molte vie di salita, a causa del pericolo di valanghe. Capimmo anche tutta l'utilità dei rompi valanghe a cuneo, e delle pareti di protezione inclinate.

Di tanto in tanto alcuni sciatori assicurati alle corde scendevano a distaccare pericolosi lastroni di neve formatisi sulle pareti; ci servirono anche a questo scopo alcune esplosioni abilmente provocate. Sul Passo di Lusia e a Prà di Contrin furono costruite numerose gallerie nella neve, col sistema usato per le costruzioni in cemento armato, servendoci cioè di sagome di legno e di armature vuote. L'esperienza ci insegnò che i supporti in legno si potevano rimuovere già dopo alcune ore e impiegarli altrove, perché la neve consolidava rapidamente sotto la propria pressione per effetto dell'azione di rigelo.

Dove occorreva passare per ripidi canaloni insidiati dalle valanghe o da frane di sassi costruivamo con tronchi rotondi delle volte a forma di sella, fissate lateralmente con cavi metallici e mascherate con fronde di abete. In tali casi, sul terreno roccioso stendevamo solo scale di legno. Tutti questi artifici e queste esperienze ci tornarono molto utili l'inverno seguente che passammo sul ghiacciaio.

I lavori dovevano essere sempre ben organizzati e preparati perché durante il giorno l'avversario inseguiva con shrapnel e mitragliatrici ogni uomo. Sul versante settentrionale del Costabella, nell'autunno 1915, costruimmo al posto delle tende, una barac-

Uscite di una galleria nel ghiaccio; diventavano sempre più oblique a causa del movimento del ghiacciaio ➔

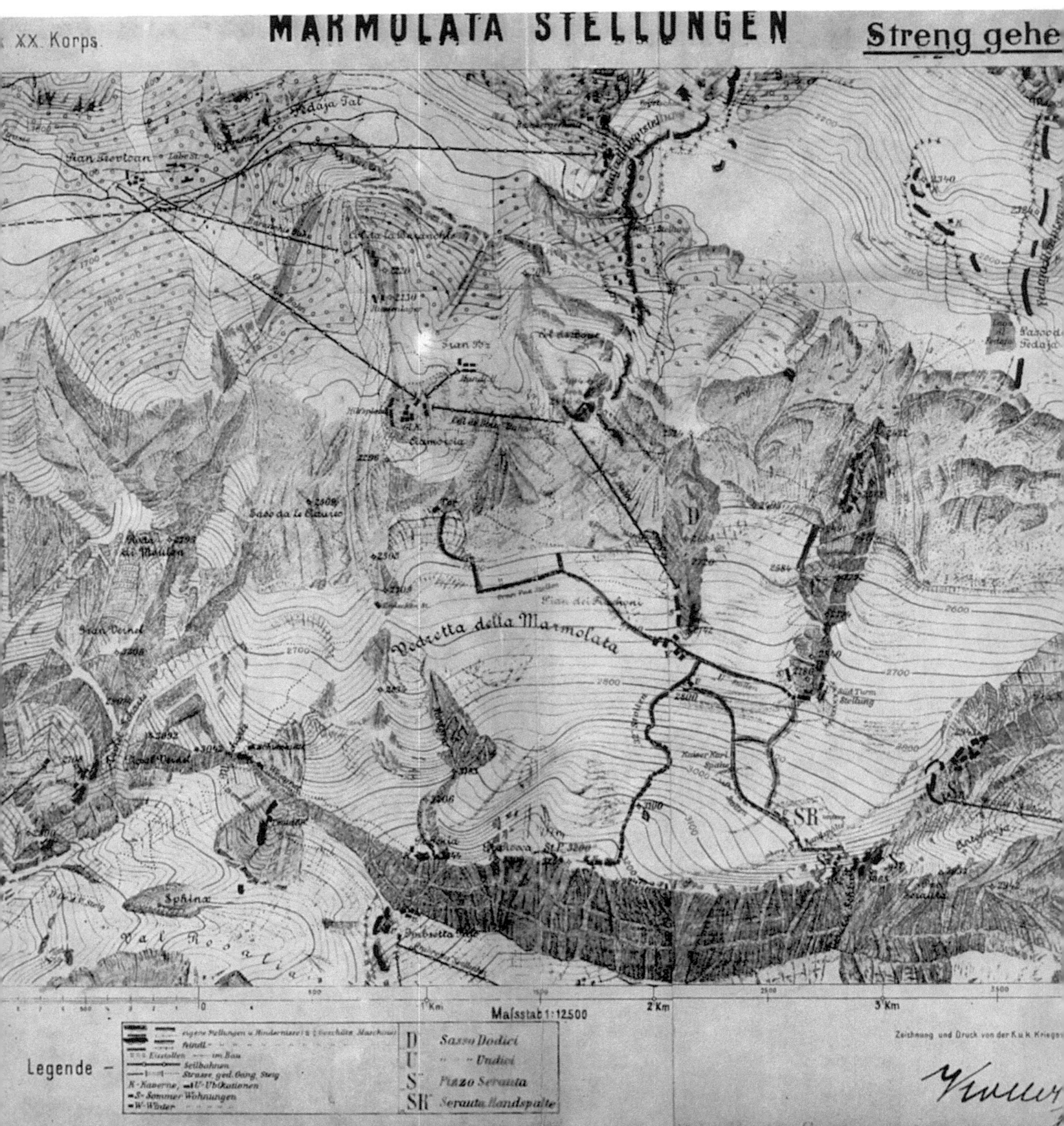

Posizioni sulla Marmolada «segretissimo»

ca di media grandezza che per essere issata all'altezza di 2750 m necessitò di 750 viaggi in due giorni, dei quali il secondo funestato da una spaventosa tempesta. Appena i portatori ebbero raggiunto con fatica la parete settentrionale alta 300 metri la tormenta gelata li accolse sulla Banca di Campagnaccia. Trascinandosi dietro tavole di legno e pali, il volto sanguinante, essi giunsero penosamente a destinazione. Nessuna meraviglia quindi se mancò qualcuno dei pezzi per la costruzione della baracca.

Più tardi ci si poté servire di una teleferica anche da Ciampiè a Banca. La stazione intermedia fu installata su una roccia grande come una casa. Ma in primavera una valanga di neve polverosa la distrusse insieme ai servizi, schiacciò contro la roccia, come una casa di carta la stazione superiore e proiettò in aria un volano di circa 300 kg trascinandolo a valle, insieme col basamento di legno divelto dal suolo. Quando giungemmo la prima volta sul luogo del disastro, scorgemmo solo un cavalletto di legno superstite penzolare da una fune all'altezza di circa 90 metri. Un volonteroso si fece calare con una puleggia fino al cavalletto per liberarlo. La stessa valanga aveva travolto più a monte una sentinella che si presentò poi al comando sana e salva dopo aver superato imperterrita circa 300 metri di dislivello nel turbine della bufera.

La catastrofe provocata dalla valanga della metà di marzo 1916 aveva distrutto tutte le comunicazioni telefoniche. Solo alcuni giorni dopo una pattuglia di sciatori, presso Lastei, riuscì ad avvicinarsi alla parete settentrionale ed a ristabilire un collegamento a voce.

Il comandante del Costabella riuscì a far scivolare in basso, lungo un filo metallico ancora teso, una scatola di latta contenente un rapporto sulla situazione dal quale si apprese che il presidio di lassù non aveva subito perdite, ma non aveva quasi più combustibile.

Dalla gola di Lastei, attraverso la parete settentrionale del Costabella i miei pionieri scavarono a forza di mine un camminamento coperto. Il grosso appostamento di guardia della vetta fu scelto quale galleria-magazzino e divenne la postazione più elevata.

Ora, che anche il versante meridionale del Costabella era ben vigilato pensai di tentare sullo stesso una piccola avanzata. L'enorme pericolo delle valanghe aveva certamente dato del filo da torcere anche agli italiani: infatti i loro avamposti sembravano deserti. In una notte chiara di luna, di marzo uscii dalla nostra linea con sei guide alpine avvolte nei mantelli bianchi, mentre a levante sulla sella di Col Ombert veniva inscenata un'azione dimostrativa per attirare in quella direzione l'attenzione dell'avversario. Sopra le Bocche si alzarono razzi colorati che scendevano poi come stelle cadenti nella valle di San Pellegrino. La calma notturna fu interrotta da un colpo di fucile: ci appiattimmo al suolo poiché la pallottola era passata proprio sopra le nostre teste. Restammo distesi per circa mezz'ora, finché il freddo ci costrinse a muoverci. Spintici avanti, dovemmo scendere lungo un ripido canalone coperto di neve. Cercando di non far rumore, in cordata, col fucile a tracolla e la cintura piena di granate a mano, scendemmo sul campo di neve scononosciuto. L'aria era pura. Procedemmo ancora un tratto, fino all'altura. Ben presto ci raggiunse anche la mezza compagnia che ci doveva seguire. Albeggiava quando terminammo di scavare le prime buche di protezione. Durante i lavori di costruzione della nuova posizione, sul fianco destro, verso la valle San Pellegrino una frana trascinò tre uomini che finirono — senza colpa — in prigionia.

In quel tempo passammo lunghe settimane nelle caverne di neve. Lo strato di neve era alto buoni quattro metri e noi non tardammo ad assuefarci a quella vita di Eschimesi. Nelle nostre tane ci sentivamo al riparo dall'avversario e dalle insidie della natura. Il nostro calore faceva ghiacciare le pareti e irrigidire le sagome romaniche e gotiche delle volte. Per mantenere la temperatura delle caverne a 10° C, ci bastava bruciare piccole tavolette di alcool solido. Sul pavimento stendevamo stuoie di paglia e — per quanto ce lo permetteva la prima teleferica azionata a mano — sottili tavole di legno. Le tende fungevano da soffitto. Il cibo veniva issato a mezzo di corde in speciali recipienti che lo mantenevano caldo e che l'avversario — non lontano — bersagliava sempre. Così il primo inverno di guerra ci fornì l'occasione di fare molte esperienze tra la neve e le rocce. Ma poi ci toccò assolvere un compito molto più arduo.

LA GUERRA SUL GHIACCIAIO DELLA MARMOLADA

Nel 1915 nessuno, né noi, né l'avversario aveva tentato di occupare il massiccio della Marmolada. Il massiccio sembrava dividere i combattenti come un mare. Talvolta sì c'erano state delle scaramucce con pattuglie nemiche pratiche del luogo che si erano spinte sulla Marmolada di Penia (3344 m), ma solo nella primavera del 1916 alcuni nostri uomini guidati da provetti ufficiali di formazioni alpine, si spinsero di sorpresa sui punti più importanti del margine opposto del ghiacciaio, occupandoli. In conseguenza l'avversario si sentì minacciato alle spalle, sul Col di Lana, e in una controazione condotta con forze superiori alle nostre, occupò la parte orientale della posizione di Serauta e qui si fortificò saldamente, impiantandovi anche una teleferica.

Nel maggio 1916 la mia compagnia venne mandata sulla Marmolada per cooperare alla costruzione delle posizioni sul ghiacciaio. Ci accingemmo al lavoro con entusiasmo. Da oltre un anno ne ammiravamo da occidente la splendida parete meridionale col suo cappuccio di ghiaccio, ed ora la sorte voleva che ne esplorassimo i più reconditi crepacci per un anno e mezzo.

Cercai uno spiazzo sotto il ghiacciaio dove si potesse lavorare al riparo delle valanghe. Alcuni zappatori costruirono sull'ultimo lembo di verde spuntato di recente dopo il ritiro dei ghiacci alcune capanne. Gli altri uomini lavorarono alacremente attorno alle posizioni, ai sentieri e ai ponti. Il punto centrale dei rifornimenti si trovava sotto la lingua del ghiacciaio sul Gran Poz a 2300 metri; là era anche la stazione principale della teleferica. All'imbrunire i portatori si avviavano da questo punto per raggiungere la Forcella della Marmolada e le località «3259», «Dodici», «Undici», «2800» e la Fessura «S».

Guai se in quel momento una salva di shrapnel sibilava sul ghiaccio: i portatori si disperdevano di qua e di là come uno stormo di uccelli spaventati.

Gli italiani si erano valsi delle loro osservazioni aeree per ben regolare i tiri contro la nostra stazione di rifornimento. Perciò, dopo aver subito gravi perdite, dovemmo proteggere l'impianto delle macchine con un enorme muro di pietre alto tre metri che fu colpito in pieno varie volte senza conseguenze.

Sulla cima del Col de Bous ci accingevamo intanto a scavare un vano destinato a ricovero, nella ripida parete rocciosa che antichi ghiacciai avevano completamente levigato. Dopo due giorni di lavoro notammo una piccola apertura. Un Jäger vi introdusse la testa e poté percepire un rumore sinistro simile ad un sordo mormorio. Constatammo l'esistenza di un'ampia grotta. Dopo un mese questa bella caverna naturale era stata sgomberata dai detriti franati e trasformata in un ampio ricovero protetto da circa 30 metri di roccia, al sicuro dal vento e dalle granate.

Sul ghiacciaio le notti non erano mai del tutto buie a meno che non ci fosse un temporale o la tormenta. In più i riflettori ed i razzi provvedevano ad una illuminazione continua, non desiderata, specialmente nelle vicinanze della Fessura «S» e ciò rese

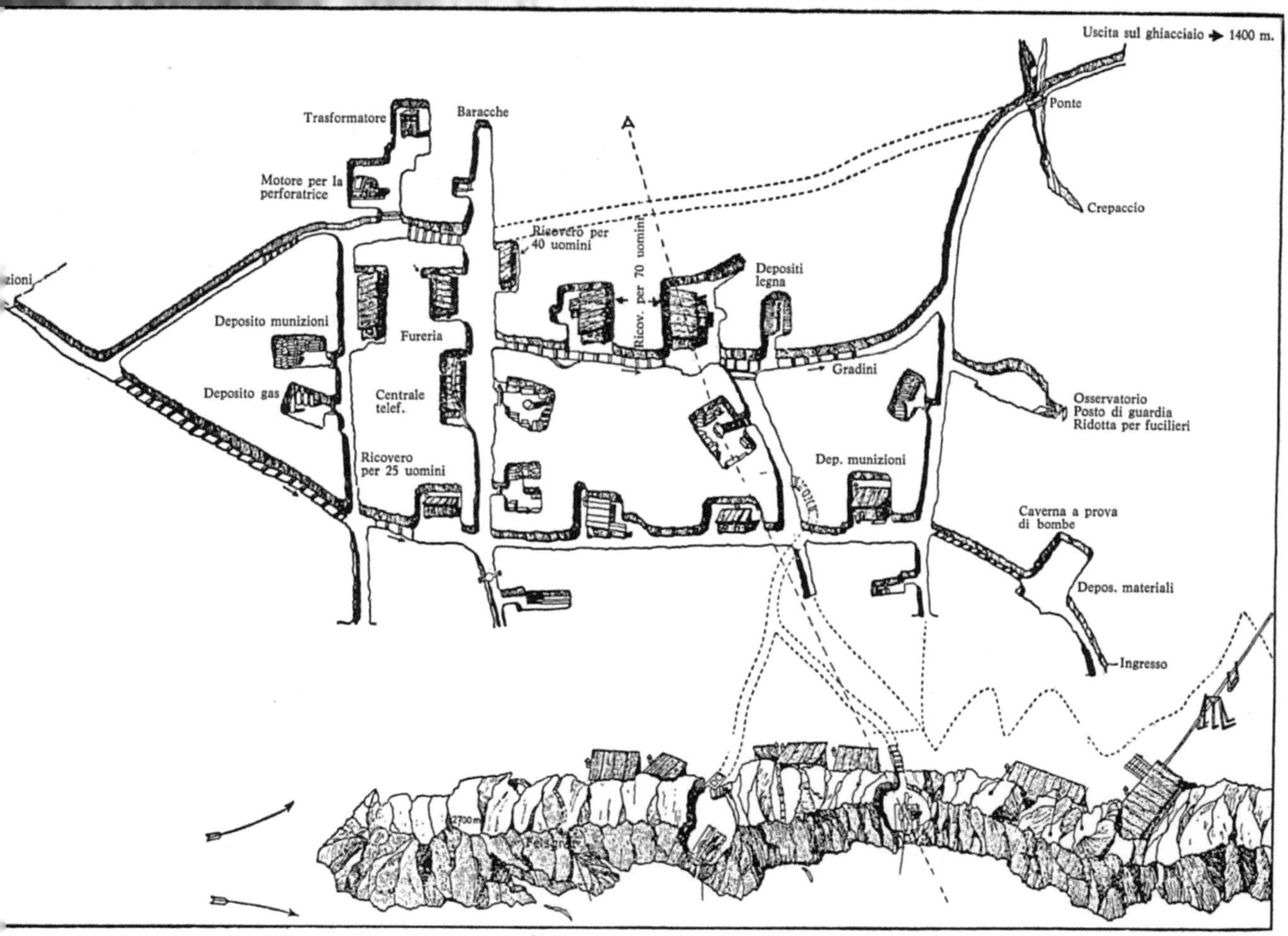

La Città di Ghiaccio sulla Marmolada (confr. con le fotografie a pag. 130 e pag. 131).

Messa al Campo sulla Marmolada. Sullo sfondo il Sassolungo e il Passo di Sella.

Profilo invernale
Profilo estivo
Passaggio alla caverna del cannone
5-10 m
GHIACCIAIO
ROCCIA
SEZIONE A-B

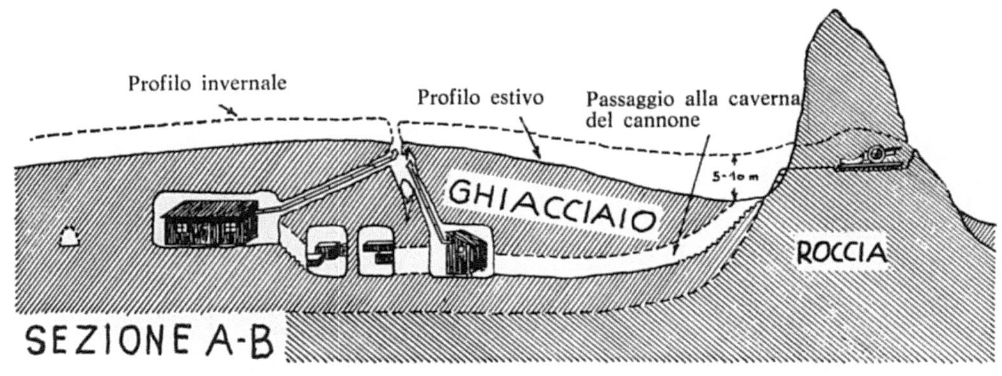

Disegno dell'Ing. Handl

Sezione della città di ghiaccio

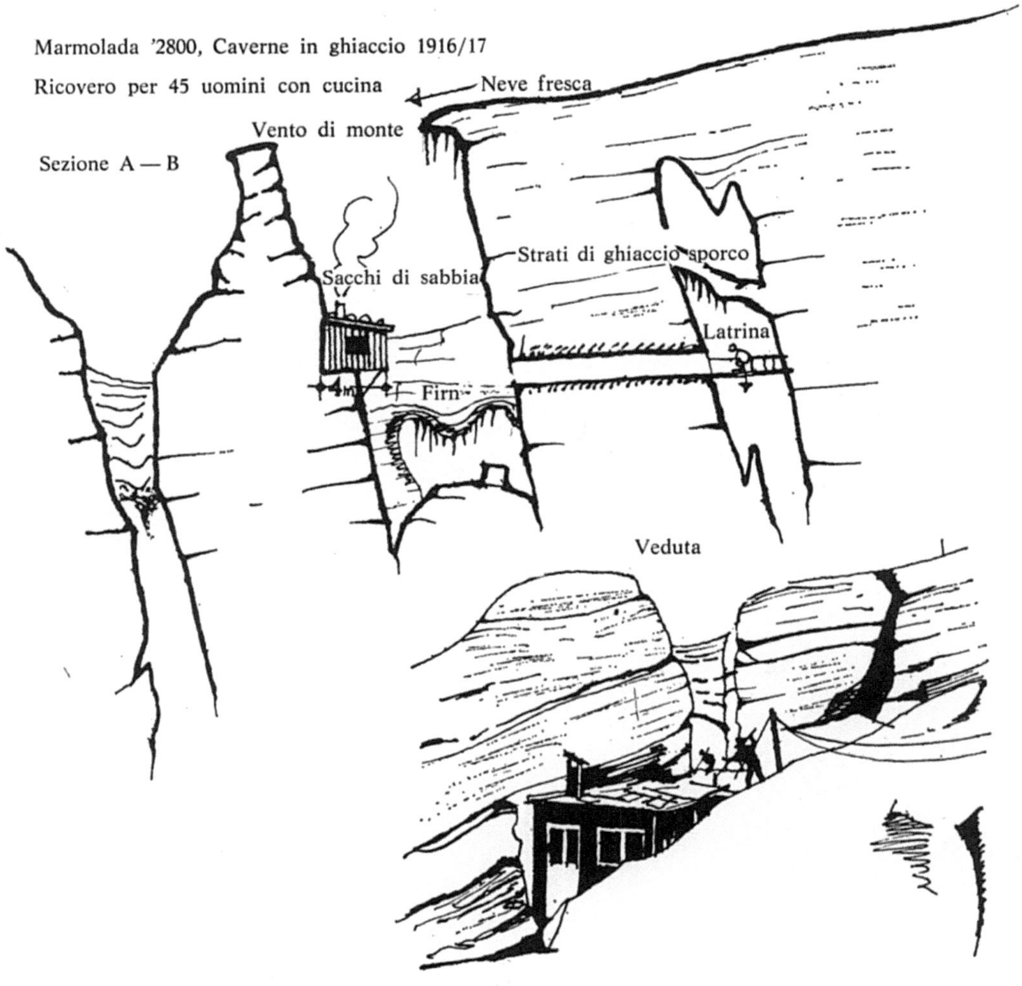

Marmolada '2800, Caverne in ghiaccio 1916/17
Ricovero per 45 uomini con cucina
Neve fresca
Vento di monte
Sezione A — B
Strati di ghiaccio sporco
Sacchi di sabbia
Latrina
4m
Firn
Veduta

Schizzi a chiarimento della foto a pag. 129

estremamente difficile provvedere ai rifornimenti. Per ore intere i portatori dovevano restare distesi sui ghiacci inseguiti dai coni luminosi dei riflettori e dal fuoco delle mitragliatrici. Se poi al mattino il posto telefonico di «S» chiedeva perché non erano stati inviati i rifornimenti più urgenti, capivamo che i portatori avevano di nuovo dovuto tornare indietro, senza compiere la loro missione. Tutto, si può dire, verteva attorno alla posizione «S». Essa si trovava sulla costa, ad una altezza di 3000 metri circa al margine dell'enorme parete meridionale che ha uno strapiombo di 600—800 metri e si allunga per ben tre chilometri verso occidente fino al Dente della Marmolada.

La posizione era debole, situata al livello della neve. Il trinceramento era costituito da pochi sacchi pieni di ghiaccio e di ghiaia. Quest'ultima era preziosa lassù perché il servizio di rifornimento bastava solo al trasporto delle munizioni, dei cibi e del legname.

Quasi quotidianamente gli italiani concentravano il fuoco di oltre quaranta pezzi su questa fessura, dove nessuno avrebbe pensato potesse ancora esistere vita umana.

Ma ogni qualvolta pattuglie italiane tentavano cautamente di salire, venivano sempre respinte verso le loro posizioni. Tanto i bravi Kaiserschützen quanto i Kaiserjäger che loro succedettero subivano quotidianamente gravi perdite. Al principio dell'agosto 1916, il comandante del ghiacciaio, capitano Samen, cui era stato dato l'ordine di tenere la «posizione S» a qualunque costo, comunicava: «I miei Kaiserjäger resisteranno su questa posizione fino all'ultimo uomo; tuttavia faccio notare che se io continuerò, come oggi, a perdere sette dei miei migliori uomini per un solo colpo, centrato in pieno, fra qualche giorno, perdurando lo sgelo, avrò perduta tutta la mia truppa.» E siccome cadendo «S» sarebbe stata in grave pericolo anche la sottostante «posizione U» e con questa l'intero fronte della Fedaia, finalmente la Brigata decise l'invio di rinforzi di uomini e di materiale.

Il bisogno aguzzava l'ingegno. Avevo già notato da tempo l'inutile fatica di tenere sgombri i camminamenti nella neve che il vento tornava a riempire in poche ore e che il nemico vedeva bene in tutta la loro estensione. Ci furono date, come esperimento, lunghe tende bianche, per mascherarli, ma il vento le strappava via. Nella mia compagnia di guide alpine c'era anche un sottufficiale che aveva lavorato otto anni nelle miniere di carbone americane. Egli costruì con lamiera di ferro dei trapani a mano per mezzo dei quali si riusciva in pochi minuti a scavare nel ghiaccio buchi di un metro di profondità.

Lo calammo in un crepaccio perché esperimentasse l'azione di vari esplosivi. Quello che diede i migliori risultati fu l'ecrasite che, per la violenza della deflagrazione, trasformava il ghiaccio in polvere. Furono consultati per iscritto i più eminenti glaciologhi: Brüchner (Vienna) e Finsterwalder (Monaco); la risposta fu che fino ad allora non erano mai state scavate gallerie nei ghiacciai. Non ci restava altro quindi che trattare il ghiaccio come roccia e fare dei tentativi.

LA CITTÀ DEL GHIACCIO NELLA MARMOLADA

In tre punti del ghiacciaio costruimmo ricoveri in crepacci semicoperti, cominciando da qui a spingere le nostre gallerie verso l'alto e verso il basso. Dopo ogni esplosione il ghiaccio frantumato veniva allontanato con badili e picconi, e portato fino al prossimo crepaccio, a mezzo di piccole slitte scivolanti su lamiere, curvate a guisa di grondaie.

Strada verso «U» Nord.

La posizione verso «U» Sud (2786 m) sul ghiacciaio della Marmolada con le uscite delle caverne di ghiaccio.

= camminamenti aperti

= caverne di ghiaccio

Obice da montagna in una caverna di ghiaccio sulla Marmolada (Punta Rocca 3249 m). Era il più alto obice sul fronte delle Dolomiti e colpiva, oltre la parete sud, le linee di rifornimento italiane in Valle Ombretta.

Da principio le esalazioni dell'ecrasite ci preoccupavano; ma in seguito questa preoccupazione non ebbe più ragione di essere perché non ricevemmo più esplosivi di cui vi era grande scarsità. Non potevamo quindi fare altro che aiutarci con la sola picozza. E, in verità, il lavoro procedette con ritmo quasi inumano; solo che a quell'altezza gli uomini si stancavano presto e dovevano essere sostituiti ogni due ore. Si procedeva di circa sei metri ogni 24 ore. Si guadagnava tempo solo là dove vi erano crepacci da sfruttare in direzione del nostro tracciato.

Passammo perciò molte notti sul ghiacciaio alla ricerca di crepacci adatti. Su queste pareti, talvolta liscie, talvolta coperte di neve, aprivamo delle finestre per gettare fuori il ghiaccio scavato. I crepacci sui quali già anteriormente esisteva un ponte venivano colmati di ghiaccio frantumato e resi così transitabili. I lavori si facevano al lume di lampade a petrolio e ad acetilene che con il loro odore appestavano l'aria. Le truppe di linea lavoravano con noi nelle ore libere, non dandoci tregua né l'avversario, né l'inverno. Notammo ben presto che il movimento del ghiaccio in declivio aveva schiacciato e spostato le gallerie; ne tenemmo conto nelle nuove costruzioni.

Una volta tentammo di installare una perforatrice con due compressori, nel burrone al margine di «S» dove erano sorte alcune baracche. Il trasporto delle numerose

Una pattuglia di alta montagna, in tuta bianca, cerca, sul ghiacciaio della Marmolada la possibilità di movimento fra i seracchi e la idoneità a costruirvi dei ricoveri.

parti pesanti della perforatrice, da «D» sul ghiacciaio richiese un lavoro faticosissimo. Servendoci di lunghi pali come rulli, i pesi vennero cautamente spinti sui molti ponti di neve esistenti lungo il percorso.

Del resto le nostre perdite, dovute a caduta in crepacci, si ridussero ad un uomo ed a qualche ferito grave: poche se si considerano le tante vite umane salvate dalle gallerie. Assolutamente minimo fu anche l'effetto delle artiglierie sugli uomini riparati sotto il ghiaccio. Ricordo solo un caso in cui un 210 spaccò un ponte su un crepaccio ed esplose proprio in un ricovero, uccidendo due soldati.

La corrente elettrica ci veniva fornita dalla centrale a vapore di Roa presso Canazei. Per breve tempo le nostre gallerie furono illuminate da lampadine elettriche, distanti 50 metri l'una dall'altra. Ma questo lusso durò poco, poiché il rifornimento di lampadine fu presto sospeso; poi un incendio di benzina distrusse la baracca e la macchina perforatrice.

I sentieri nel ghiaccio e le piste venivano segnati con lunghi pali, ai quali erano infisse frecce indicatrici di legno, verniciate di colore giallo fosforescente. Nella galleria interna del ghiacciaio erano stati affissi ad ogni bivio cartelli indicatori col nome di ogni ramo della galleria. Avevamo trovato, per questo, dei nomi umoristici.

Ingresso «D» in una galleria nel ghiacciaio della Marmolada presso il Gran Poz. Lateralmente era mascherato perché in vista dell'avversario. ➔

L'inverno 1916 fu rigido fino dall'ottobre. Dopo una pesante nevicata di alcuni giorni la grande baracca a quota «2800» venne distrutta con i 50 uomini che la occupavano. Mi trovavo con i miei soldati esattamente ad un chilometro di distanza, sotto i tremila metri, in un altro tratto della galleria, allorché udimmo un tonfo sotto di noi. Ci rendemmo conto che la valanga aveva bloccato la nostra uscita. Liberatici il giorno seguente da questa situazione e scesi verso quota «2800» trovammo i segni della catastrofe e molti morti. Questo fu un serio ammonimento per l'avvenire: bisognava installare le baracche profondamente nel ghiaccio. Erigemmo le capanne a ridosso delle pareti dei crepacci, perché, qui, meglio che altrove, si poteva sperare di avere un buon tiraggio per il fumo. Succedeva, infatti, che i fumaioli gelavano a tal punto che il fumo caldo dapprima si raffreddava tanto da non poter più uscire, ritornando indietro e ricadendo in bianchi fiocchi presso lo sportello della stufa. Principi di soffocamento e fenomeni di intossicazione erano all'ordine del giorno. Le cose andarono meglio quando incominciammo ad avvolgere e ad isolare i fumaioli con stracci e catrame. Spesso, tuttavia, con gli occhi che bruciavano, lagrimanti, stavamo lungo tempo stesi sui tavolati, soffiando a perdifiato sul fuoco, che non intendeva accendersi.

Nel tardo autunno vennero ultimati alcuni chilometri di galleria; nel ghiaccio e nella posizione «S» era ritornato il coraggio. Le orme di passi d'uomo diventavano ogni giorno più rare e gli aviatori dei grossi Caproni italiani non riuscivano certo a spiegare come mai, nonostante ciò, le posizioni «S» ed «U» e quota «3259» restassero occupate e pronte alla difesa.

Nella parete della Fessura rivolta verso l'avversario, sulla posizione «S», i miei minatori avevano iniziato lo scavo di una caverna nella roccia. Ciò indusse l'avversario a procedere, a sua volta, alla costruzione di una contromina in quella direzione.

Per parare questo colpo, seguimmo la gola del margine di «S» verso levante, cercando di raggiungere la quota dominante a 3153 metri. Scavammo verticalmente a zig-zag un camminamento nel ghiaccio lungo 140 metri finché la lastra di ghiaccio era diventata così sottile che attraverso essa trapelava la luce del sole.

Ci trovavamo a circa 60 metri sopra la crepaccia terminale. Il ghiaccio aderiva completamente alla roccia irregolare: i suoi movimenti erano quasi nulli. Scavammo, verso la montagna una caverna nella roccia, deviando sei metri dopo ad angolo retto, per poter ritirare, una volta eseguito il tiro, il pezzo da montagna issato fin lassù. I preparativi per la battaglia erano dunque compiuti: con grande energia i nostri soldati forarono il varco per i proiettili e guardarono finalmente l'avversario attraverso un foro grande quanto un pugno. Era una chiara notte d'estate. Due riflettori nemici perlustravano il ghiacciaio con i loro fasci luminosi. Al di sotto di noi, circondate dai crateri provocati dalle mine, le nostre posizioni. Un poco sopra vedevamo col binoccolo i reticolati avversari e, dietro, gli accessi, le capanne di legno e le bocche oscure delle caverne: avevamo dunque bersagli sufficienti.

Quando l'aurora tinse di rosa il Monte Pelmo e il Civetta a levante, la prima granata sibilò attraverso il foro praticato nel ghiaccio. Le pareti dell'Antermoia echeggiarono cupamente. Sparammo, a brevi intervalli, un centinaio di granate, poi ritirammo il

Postazione in ghiaccio di un cannoncino nella posizione «U» nord. ➔

cannone. Era tempo infatti di sparire! L'avversario, dopo la prima sorpresa, aveva scoperto il foro e concentrava a poco a poco su quel punto il fuoco di tutte le sue mitragliatrici e dei suoi fucili. La parete rocciosa era come arata dai proiettili e la brezza del mattino bastava appena a soffiare via le nere e pesanti nuvole cagionate dalle esplosioni. Nei mesi seguenti molto si combatté fra le rocce per il possesso della Fessura. L'avversario con l'aiuto di grosse perforatrici, aveva allungato la sua galleria con velocità incredibile, ed era giunto nelle adiacenze della nostra caverna. Dietro ai nostri minatori, le pattuglie d'assalto erano sempre pronte. Improvvisamente il ronzio delle perforatrici avversarie si fece sempre più forte: cominciarono a staccarsi pietre dal soffitto finché la punta della perforatrice italiana forò la parete che ancora ci divideva: ma fu immediatamente ritirata. Il presidio fu allarmato e rinforzato. Dopo l'esplosione avversaria particolarmente violenta seguita a quel primo allarme, i nostri bravi Kaiserjäger cercarono di avanzare il più possibile nella galleria, lanciando granate a mano, ma vennero falciati dalle mitragliatrici. Più tardi ci accorgemmo che il camminamento scavato dall'avversario nella roccia si allungava in direzione della nostra posizione nel ghiaccio. Ogni due ore rintronavano esplosioni sotto di noi. Munimmo tutte le gallerie nel ghiacciaio di cavalli di frisia e di traverse in sacchi di sabbia. Frattanto il nostro pezzo sparava frequentemente attraverso il foro nel ghiaccio, tiri brevi, ma efficaci. Gli italiani rispondevano ogni volta con un bombardamento rabbioso che ci costò la distruzione — per lo scoppio di una granata — del nostro camminamento a zig-zag.

Ma, oltre alle esplosioni, udivamo anche altri rumori. Per evitare un accerchiamento sopra le nostre teste iniziammo un'altra galleria che, dalla posizione nel ghiacciaio, procedeva verso il monte. I rumori si facevano sempre più forti. Dopo due giorni, una grande detonazione nel ghiaccio fece tremare tutta la nostra fortezza. Subito dopo l'osservatore delle batterie di «D» ci chiese telefonicamente se fossimo ancora in vita, poiché sopra di noi si era aperto un vulcano, dal quale uscivano nubi di fumo e blocchi di ghiaccio, mentre il ghiacciaio si colorava di nero e di giallo per un lungo raggio.

Avevamo dunque ben intuito e ben provveduto a difenderci. Certamente gli italiani si erano proposti di scavare una galleria di ghiaccio in direzione del nostro cannone, per accerchiarci.

Verso la metà di agosto avevamo incominciato a costruire una galleria da «U» verso «S». All'inizio erano sembrati sufficienti un duplice reticolato e, alle spalle, alcune posizioni di appoggio sulle torri di ghiaccio. Ma quando una pattuglia composta di tre Kaiserschützen, non tornò più da una perlustrazione notturna sul ghiacciaio e non fu più ritrovata nonostante le nostre ricerche notturne fin sotto i reticolati italiani, sospettammo che forse esistevano già camminamenti nemici nel ghiaccio nelle nostre vicinanze. Inoltre, durante il giorno, avevamo osservato dalla «Torre meridionale U» che dal ghiacciaio spuntavano bastoni sospetti che noi nella neve invano cercavamo. Perciò, dopo esserci rapidamente consigliati e servendoci del sostegno degli zappatori, iniziammo la costruzione di una galleria di collegamento tra «U» ed «S» con scale a livello della terra, senza trascurare di istituire poi vari posti di ascolto in apposite gallerie scavate in direzione dell'avversario. Infine ci arrampicammo sulle Torri rocciose di «U sud» per costruirvi, l'uno sopra l'altro, alcuni ricoveri per mitragliatrici che ci con-

Ricovero in roccia sulla Torre della posizione «U» Sud. Sullo sfondo la forcella Serauta, il punto più ostinatamente conteso. Il ghiacciaio è tinto di nero dalle granate in arrivo. ➔

sentissero di difendere energicamente la posizione, anche se avessimo subito eventuali perdite nel ghiacciaio da cui la torre di «U sud» emergeva al pari di una corazzata sul mare. Finalmente, in un giorno di nebbia, trovammo i tre camerati che ritenevamo perduti; essi erano ancora in cordata, precipitati evidentemente da una torre di ghiaccio sulla quale si erano annidati. Il nostro medico trovò nelle loro tremende ferite frammenti di granate a mano e spiegò la disgrazia supponendo che i tre uomini avessero voluto lanciare le granate dal loro nido d'aquile e che una fosse esplosa anzi tempo, uccidendoli sul colpo.

Un'altra posizione di raccolta era costituita anche dalla galleria «32» che si innestava sul camminamento principale, presso quota «2800» ed alla cui estremità, sulla costa del monte e al margine della parete meridionale, si trovava la posizione «3259». Questo camminamento era stato costruito alla fine del 1916: una galleria ripida che col tempo divenne poco accessibile, poiché i gradini scavati in due profondi canaloni nel ghiaccio avevano formato delle buche, nelle quali si affondava fino al ginocchio e che in certi punti erano coperte da finissima polvere di ghiaccio.

Questa poltiglia di ghiaccio si era andata formando non solo in seguito ai continui nostri passaggi, ma anche, e maggiormente, per la brina che d'inverno pendeva dalle pareti per uno spessore di una decina di centimetri. Quota «3259» era presidiata da un posto di guardia in tenda molto esposto alle tormente e alle artiglierie avversarie. In luglio questi uomini ci comunicarono che accanto al loro rifugio si stava aprendo un pericoloso crepaccio. Pertanto, muniti di corde e di scale, uscimmo all'alba quando per lo più gli artiglieri italiani ancora dormivano e ci recammo su quella quota attraversando ben 30 ponticelli di legno, tesi sui crepacci del ghiacciaio. Il crepaccio si era aperto con fragore. Dovette essere ancora un poco ampliato. Dopo di ciò vi gettammo sopra una trave alla quale fu appesa una scala di corda. La prima guida alpina si calò giù e, lavorando di piccone, riuscì a passare attraverso i pinnacoli del ghiaccio. Noi la seguimmo immediatamente dopo, fino al posto di vedetta e con noi l'intero corpo di guardia.

Avevamo trovato un terreno solido. Continuammo a camminare arrampicandoci e lavorando di piccone in questo paesaggio inverosimile finché intravedemmo, ad una curva, un barlume di luce. Attraverso questa fessura raggiungemmo con molta fatica la superfice. Quattro mesi più tardi in quel punto trovava sbocco la galleria di ghiaccio intitolata all'imperatore Francesco Giuseppe. Dalla bocca del ghiacciaio avevamo dovuto, per giungere fin lassù, vincere un dislivello di circa 900 metri. La lunghezza della galleria raggiungeva i tre chilometri e mezzo: quindi tre buone ore di cammino. Da ambo i lati della galleria principale avevamo installato quattro baracche di legno. Dall'estremità della galleria di ghiaccio sopra quota «3259» si giungeva, attraverso una breve galleria nella roccia, in una vasta caverna contenente un moderno pezzo da montagna, la cui bocca guardava direttamente sulla parete sud. Dall'altra parte sul Sasso Vernale, e sulle pareti del Cadin, nei primi tempi, l'avversario ci offriva non di rado buoni bersagli. Il foro nella rupe si trovava a soli otto metri sotto la cresta della montagna. Tutt'attorno le rocce dolomitiche erano battute da migliaia di proiettili; finché, per puro caso una granata a gas colpì nel segno. Per fortuna alcuni camerati si lanciarono immediatamente sul posto e portarono all'aria aperta gli uomini già storditi.

I mezzi di lotta, mine e cannoni, di cui l'avversario disponeva, erano soverchianti e ci costrinsero a rintanarci sempre di più nelle rocce e nel ghiaccio. Una mattina lasciammo tranquillamente il nostro elegante ricovero fissato mediante cavi metallici alla parete di roccia di «U sud». Il gruppo del Sasso Lungo era coronato di bianche nebbie

Via attrezzata in roccia ai posti di sentinella sulla posizione «U». Sullo sfondo a sinistra il Sassolungo ed a destra il Piz Boè (3145 m).

quando, alla sera, dopo un duro lavoro nel ghiacciaio ritornammo alla superficie, accingendoci a raggiungere il nostro palazzo pensile, arrampicandoci per le scale a pioli. Lo vedemmo, con grande stupore, penzolare, sfasciato, alle corde metalliche che ancora lo reggevano. L'esplosione di una mina avversaria lo aveva completamente distrutto, ed era finita la nostra comodità. Ancora una volta una mina gigantesca aveva scoperto anche questo nascondiglio ed era esplosa sotto la capanna. Dovemmo quindi rifugiarci sotto la crosta bagnata del ghiacciaio. Questa volta ci addentrammo profondamente nella cupola di ghiaccio, poiché i ricoveri del 1916 sbucavano ormai in diversi punti. Chi avrebbe mai pensato che a questa altezza l'evaporazione d'inverno e lo sgelo d'estate ne avrebbero diminuito lo spessore di qualche metro!

Lo schizzo (pag. 175) rappresenta la «città di ghiaccio» nella situazione del 1917 e cioè dopo le cattive esperienze delle valanghe, dopo lo sgelo e l'opera delle mine. Ora soltanto la stazione di testa della teleferica, situata in un luogo piuttosto riparato, in una spaccatura rocciosa, poteva godere della luce del sole.

Fu soprattutto la grave sciagura provocata dalla valanga del 13 dicembre 1916 ad indurci all'ampliamento della «città di ghiaccio». Sul Gran Poz occidentale avevamo aumentato il numero delle baracche disposte a ripiani e ben riparate dai tiri. Il nostro comando di Brigata voleva che qui si tenessero le riserve non essendo escluso che da un momento all'altro, ingenti forze nemiche, superando la forcella Marmolada, tentassero un'azione offensiva contro il passo Ombretta. Dato il pericolo di valanghe avevo proposto più di una volta di levare le baracche dal Gran Poz ma, per ragioni tattiche, non fui ascoltato. Circa 50 metri sotto i baraccamenti, dove finiva un vecchio torrente del ghiacciaio, installammo, prima della fine dell'autunno, una spaziosa baracca scavata nella parete rocciosa con lavoro di mine.

In quell'epoca — eravamo ai primi di dicembre del 1916 — ci furono insolite nevicate di effetto disastroso per noi. Alla neve seguì una fatale pioggia tiepida e l'immensa distesa al di sotto del crepaccio della vetta — forse un milione di metri cubi di neve — si mise in moto, volò oltre la lingua del ghiacciaio, come un saltatore dal trampolino, distruggendo in pochi secondi tutti i baraccamenti.

Lo spostamento d'aria fu tale che la capanna inferiore all'estremità della gola inclinata, venne sbalzata per cinquecento metri circa, fino alla morena dove la Sanità rinvenne poi, alla fine di maggio, oltre 40 salme. Solo il «baraccamento Hande» a levante e sotto al Gran Poz, era rimasto incolume e così le mie quarantacinque guide presenti poterono accorrere in aiuto. I morti della più grande catastrofe che mai valanga abbia provocato furono circa 300.

Durante il lavoro di recupero dei morti, assistetti ad un episodio commovente ed inverosimile: in data 17 dicembre 1916 il mio diario di guerra annota: «Lavoro con tutti i miei uomini al ricupero dei morti sepolti dalla valanga. Nel pomeriggio ecco che, improvvisamente, sbuca lateralmente dalla neve un uomo, quasi nudo. È un giovane Kaiserschütze. Con le unghie egli è riuscito ad aprirsi un varco nella neve che lo seppelliva; ha lavorato così scavando per sei metri, senza cibo, coperto solo dalla camicia e dalle calze. La valanga si è staccata alle sei del mattino quando nella baracca tutti dormivano. Egli stesso giaceva sul tavolato più alto. Il ricovero fu schiacciato come un castello di carta. Solo attorno a lui si formò come una cavità. Egli crede che alcuni dei suoi camerati siano ancora in vita. Dopo 105 ore. Effettivamente, prima di sera, salviamo otto uomini, alcuni con gravi lesioni e congelamenti. I miracoli accadono ancora! Si fanno avanti 5 guide alpine rimaste per cinque mesi interi a quota «3259»: in compenso passeranno una settimana di riposo ad Alba.«

Baracche ricovero nella posizione «D» in Marmolada. ➔

Costruzione dei ricoveri al Col de Bous-Marmolada 1917

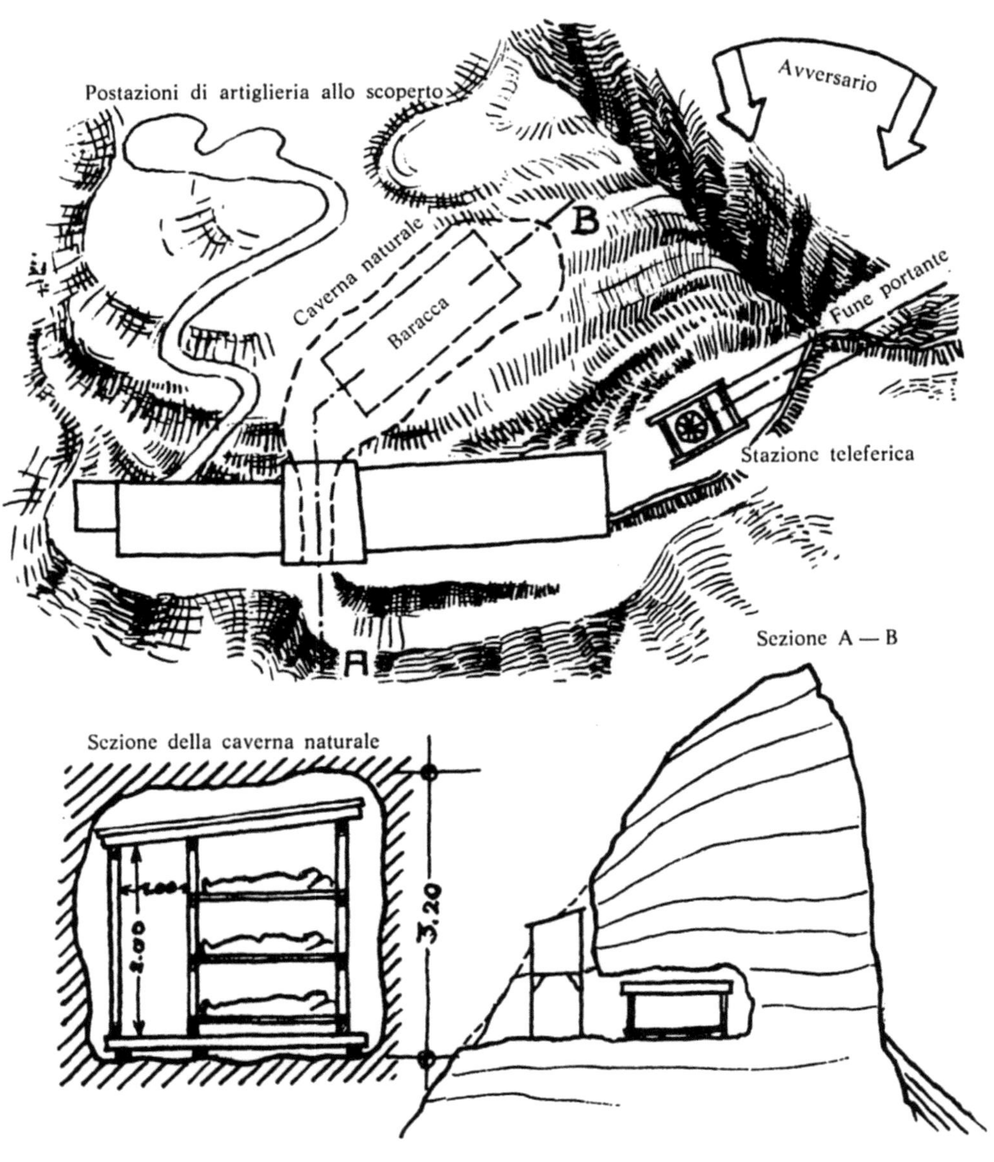

Ricoveri appoggiati su alti pali ed ancorati con corde d'acciaio alle rocce per ovviare alle grandi nevicate. Stazione della teleferica e baracche delle guide «D».

Ingresso ad una caverna che a causa dello scioglimento della neve in estate è emerso dal ghiacciaio. A destra si vede l'opera di mascheramento e sullo sfondo il gruppo di Sassolungo.

Per alcune settimane la teleferica trasportò — mesto carico di ritorno — le salme recuperate. Le altre posizioni nel ghiacciaio subirono solo delle lievi perdite.

Un giorno che, con una pattuglia di sciatori, cercavo un posto sicuro, arrivai, attraverso una gola angusta, sotto la bocca del ghiacciaio. Scorgemmo tosto una immensa grotta. Il torrente di ghiaccio, alto circa 30 metri aveva scavato qui, nella parete rocciosa di oltre 25 metri, una vasta grotta che almeno d'inverno, quando il ghiaccio è durissimo pareva sicura. Avevamo dunque trovato un luogo ideale per le nostre costruzioni. Feci subito preparare, giù nella valle, un grande ricovero pronto per essere appoggiato alla parete di roccia, poi venne iniziato lo scavo di un camminamento di accesso, nella neve, che dal Gran Poz portava al letto del torrente. Presto questo ricovero ospitò al sicuro 60 uomini. Solo verso primavera, dalla morena cominciarono a staccarsi e a cadere sul tetto del ricovero, da un'altezza di 20 metri piccole frane di sassi, a causa del calore. Dovemmo stendere sul tetto uno strato di ghiaia e spazzare via le pietre più grosse, per proteggerci. Questo nostro rifugio alla bocca del ghiacciaio doveva resistere fino all'estate, quando probabilmente il torrente avrebbe fatto valere i suoi diritti. Intanto scavammo, attraverso la lingua di ghiaccio, un'altra galleria fino alla posizione «D». Il nuovo percorso conduceva prima lungo la parete scoscesa, per una scaletta di legno, alta circa 10 metri, poi per un altro tratto, un po' meno ripido sulla roccia — da ambo i lati erano visibili strati di morena — e poi finalmente attraverso il duro ghiaccio, fino ad un'angusta gola elittica. Mentre qui, nel gennaio 1917, la lingua gelata era tanto dura da aderire all'arco della roccia come una lamiera ricurva — ciò che per i nostri lavori significava un grande risparmio di tempo — noi, invece, dopo 40 metri di avanzata, incontrammo ghiaccio molle. La temperatura discese rapidamente a zero gradi, quando il ghiacciaio fu aperto dal nostro lavoro, né uscì un grosso getto d'acqua che costrinse alla fuga l'intero gruppo di lavoro. Circa un'ora dopo il getto si calmò. Durante gli scavi incontrammo ancora diverse volte bacini come questo, contenenti acqua tiepida raccoltasi durante lo sgelo estivo. Nell'agosto 1917 dovemmo abbassare di cinque metri anche il successivo tratto della galleria lungo 100 metri, perché fin dal luglio era diventato intransitabile; il nemico lo aveva individuato dalla Fedaia.

Avevamo con ciò aperto un accesso sicuro all'intera rete di gallerie che per oltre 8 chilometri, si intrecciava sotto il ghiacciaio della Marmolada. Venne poi eliminato il primo tratto ripido sulla terrazza di ghiaia, di cui ci eravamo dovuti servire fino allora per spostarci dal Gran Poz.

In quel tratto un banco di neve aveva travolto nella primavera del 1917 una carovana di centoquaranta portatori che tuttavia poterono in gran parte salvarsi. Il camminamento, quasi verticale al margine del ghiacciaio, esercitava — durante le ore di tormenta, un forte tiraggio verso l'alto, simile ad un cammino, così che i soldati lo trovarono una volta, dopo due giorni di freddo intenso e di vento, completamente otturato. Per quanto si lavorasse di buona lena, ci vollero otto giorni per liberarlo dalla neve che il vento aveva soffiato molto in profondità. Da questo episodio, traemmo la conclusione che in simili camminamenti fosse necessario fissare alcune porte.

Finché vivemmo tra i ghiacci non ci mancò almeno l'acqua, premesso, naturalmente, che disponessimo di una stufa accesa. Raccoglievamo, nelle adiacenze della capanna, ghiaccio pulito o neve che facevamo fondere. Non mancavano nemmeno le ghiacciaie per i viveri. Tuttavia dovemmo spesso spostare i ricoveri perché nel suolo si aprivano crepacci che si andavano allungando sempre più. Potevamo giorno per giorno farci un'idea più completa della lotta immane fra pressione ed attrito nelle masse di ghiaccio in declivio. In inverno la temperatura del ghiaccio era relativamente alta e stabile, rispetto a quella dell'esterno da 3 a 5° C. D'estate, invece, la temperatura scendeva a 0° cosicché abitare nel ghiaccio non era né igienico né piacevole.

Allorché l'avversario, abbandonò le sue posizioni e si ritirò oltre il Piave, ci precipitammo lieti sul ricco bottino, costituito da mezzi pratici di difesa contro il freddo, da materiale alpinistico, combustibile solido e da molte altre cose. Ma ben presto ci raggiunse l'ordine di recarci, attraverso Bolzano, al gruppo dell'Ortles.

Fra i ghiacciai del Gruppo dell'Ortles

Dopo una festa di Natale indimenticabilmente bella fummo caricati sul treno. La ferrovia della Val Venosta ci condusse attraverso Merano assopita nel suo sonno invernale, verso la nostra meta: Spondigna. Il ghiacciaio di Trafoi, che dovevamo presidiare brillava in fondo alla valle. La mattina seguente, muovendo da Prato, e toccando la chiusa di Gomagoi, ci avviammo verso la valle di Trafoi. Avremmo dimenticato la guerra se non avessimo scorto le rovine dell'incendio dell'albergo Trafoi.

I colossi dell'Ortles, gli Eiskögelen, la parete di ghiaccio di Trafoi, le punte di Madaccio vigilavano la valle da altezze quasi inaccessibili. Attorno a loro si estendevano le lingue frastagliate dei ghiacci, coperti da molta neve.

Salimmo in fila indiana, verso il giogo dello Stelvio, battendo un viottolo nella neve calpestata. L'avversario, dal Passo dell'Ortles e dalla Punta Thurwieser (3652 m) dominava tutta la valle, ma non ritenne che valesse la pena di bombardarci. Quella notte ci ospitò la caverna in muratura di Franzenshöhe (2188) incastrata tra due alte pareti pericolose per valanghe, dalla quale, negli ultimi giorni del 1917 le nostre truppe mossero verso la cima Payer (3430 m), la cima degli Spiriti (3476 m) ed il Cristallo (3431 m).

Che questa cresta sia stata comunque conservata fu merito esclusivo della pattuglia del tenente della gendarmeria Steiner che, all'inizio della guerra, aveva occupato il monte Scorluzzo (3094 m) e l'aveva difeso valorosamente con i suoi uomini. Con ciò si era assicurato il giogo dello Stelvio come centro di difesa della parte occidentale del gruppo dell'Ortles. All'ombra della Punta dei Tre Signori (2843 m) sorgeva, lungo il confine svizzero un villaggio di baracche, con cappella e cinematografo, completamente al riparo dall'azione dell'artiglieria italiana, poiché essa avrebbe dovuto oltrepassare con le traiettorie il territorio neutrale svizzero. Ed il presidio elvetico si preoccupava che fosse rispettata anche la neutralità dell'aria. Fu costruita, verso questo villaggio, una teleferica lunga 2000 metri, senza sostegni intermedi, che risaliva da Franzenshöhe, la valle brulla e incassata. Il primo lavoro di una certa mole compiuto nel ghiacciaio fu il piazzamento di una batteria da montagna sulla vetta della Cima Payer a quota 3430 m. La spessa calotta di ghiaccio che la copriva, giaceva, secondo le mie supposizioni, su uno strato di roccia poco inclinato. Io avevo studiato la situazione poco prima, dall'Ortles (3905 m) col binoccolo. Allora una teleferica conduceva dalla valle di Solda, in venti minuti, al rifugio Payer di modo che in tre ore ci si trovava sulla più alta vetta delle Alpi orientali, che era un meraviglioso punto di osservazione e dal quale si poteva difendere l'affilato Hochjochgrat. Cominciammo dunque a forare la Cima Payer da nord a sud. I frantumi di ghiaccio venivano scaricati dall'apertura settentrionale. Da questa parte le temperature del ghiaccio erano molto più basse che non verso sud. Dalla curva delle temperature che saliva uniformemente e dalla lieve pendenza dei banchi di ghiaccio, concludemmo che era giusta la supposizione di un fondo piano di roccia.

Se la calotta di ghiaccio si spaccava sulla cresta freddissima con uno schianto improvviso, sapevamo che la temperatura era straordinariamente bassa. Una volta accadde che tutto il presidio rimase in allarme cercando inutilmente l'assalitore avversario, finché, la mattina dopo una sentinella trovò tutt'intorno crepacci e spiegò l'accaduto. Il vento e l'evaporazione impedivano, là sopra, il depositarsi della neve.

Le nebbie ondeggianti e la luce del sole ci permisero una volta di osservare a lungo dalla Nagler (3274 m) il fenomeno dello spettro di Brocken. Cominciammo a ballare sulla cresta, agitando le mani e ammirando le nostre figure con una aureola intorno al capo.

Se ben ricordo, abbiamo misurato velocità di vento fino a 14 m al secondo e temperature fino a —38° C. In simili condizioni nessuno doveva, tanto meno da solo, lasciare il ricovero perché le dita delle mani e dei piedi e le orecchie erano immediatamente colpite da congelamento. A volte i soldati dovevano, ogni dieci minuti, esaminarsi a vicenda, per vedere se qualche parte del corpo si fosse congelata.

A quell'altezza non avevamo il pericolo delle valanghe: in compenso eravamo spesso in mezzo alla tormenta.

Riporto le seguenti «note di diario» del sottotenente Hannes Schingler, che danno un quadro evidente della nostra situazione.

«Königsspitze (3860 m) Baracca sulla vetta. I. R. 10ª Compagnia Guide Alpine.»

«22. 9. 1918 — Giornata ricca di avvenimenti. Di buon mattino il telefono annuncia che il carrello della teleferica è stato strappato dalla tormenta ed è precipitato nell'abisso presso Habiett (spallone inferiore) con i viveri e la cassetta della posta. Più tardi si viene a sapere che anche un sacco di patate e 10 kg di lubrificante per militari (marmellata) sono scomparsi nei crepacci della parete nord, invece che nei nostri stomaci sempre affamati. Dunque niente posta. Quassù la desideriamo doppiamente. Due cassette di viveri arrivano sfondate e mezzo depredate. Quei porci delle retrovie a Solda! Nel pomeriggio, nebbia e tempesta. Il telefono squilla e poi tace, rottura dei fili. La sentinella alla quale è stato dato il cambio, coperta di neve della tormenta, dice: «Con quest'aria, Hias non resisterà nemmeno un'ora.» Il presidio si compone di tre ufficiali e 45 uomini; la baracca è in una caverna scavata profondamente nella calotta di ghiaccio sulla vetta; l'aria e il tiraggio sono cattivi, la legna da ardere è bagnata e sempre scarsa, gli uomini e le divise sporchi di fango. Ma l'umore è ottimo, nonostante la polenta e il «filo spinato» (verdura secca). Quasi ci sentiamo tagliati fuori dal mondo.

«25. 9. 1918 — Giornata indimenticabile. All'una di notte dò il cambio al sottotenente Fischer ed ispezioniamo le sentinelle. Strani riflessi color di piombo sul Cevedale. Alle cinque il caffè incomincia a bollire e, proprio quando si dà il cambio alle sentinelle, ecco all'improvviso un sussulto ed uno schianto, una fiammata giallo-verde vicino a me: tutta la baracca è in fiamme. Santo Dio! Siamo saltati in aria? Uscire, uscire, dalle rovine infuocate! Tutti urlano, un selvaggio groviglio di uomini, pur di non bruciare vivi. Di sopra, anche il ricovero è in fiamme: grida di aiuto, feriti, pezzi di baracca che volano, le finestre vibrano. Voglio uscire. Improvvisamente è un chiaro lampo, seguito dal tuono. La cima è ancora intatta. Nemici da nessuna parte. Lentamente torniamo in noi. Presto al magazzino, in fondo alla galleria per prendere delle torce. Le sentinelle barcollano laggiù, ustionate al viso e ai piedi; dal ricovero i soldati escono semivestiti. I feriti vengono fasciati, l'incendio viene spento con la neve. Ora si tratta di rimettere ordine. Me ne vado con due uomini alla baracca della teleferica. Anche qui è caduto il fulmine ed i tre soldati sono ancora mezzo storditi. Mandiamo un breve rapporto e richiesta di materiale, a valle; seguono poi i feriti gravi. Le sentinelle rioccupano i loro posti e la vita, che sembrava interrotta, riprende.»

«26. 9. 1918 — La posizione italiana sulla cresta di Solda deve aver provato anch'essa il temporale, perché laggiù la neve è tutta annerita.»

Accennerò ancora ad una ardita azione delle guide alpine. Chi guarda da Solda alla vetta di cristallo del Gran Zebrù, scorgerà, a destra, una cima ghiacciata a guisa di cupola.

Salita all'Ortles dalla capanna Payer attraverso il ghiacciaio di Tabaretta.

Su questa calotta (3444 m) avevamo osservato verso la cresta inferiore dell'Ortles un buco nero. Era facile pensare che gli italiani vi avessero scavato una galleria di ghiaccio dal passaggio di Payer. Una pattuglia di guide volontarie ne fece la scalata sulla parete estremamente difficile. Ora, giunta quasi alla meta, stremata di forze, fu accolta da una tempesta di bombe a mano. Che, in circostanze simili, questa gente avesse la forza sovrumana di compiere la scalata notturna sulla spaventosa parete, appare veramente miracoloso.

Dalle più alte vette dell'Ortles, che raggiungono quasi i 4000 metri si gode la vista di un panorama sconfinato. Nelle limpide giornate invernali si udivano i colloqui fra le artiglierie su tutto il fronte alpino e si potevano scorgere i palloni frenati verso Venezia. Nitidi si potevano vedere i monti e le posizioni dalla punta di S. Matteo (3692 m) fino al Monte Pasquale (3544 m) e, passando il Gran Zebrù (3860 m) e la Cima Thurwieser (3652 m) sino alla lunga cresta del Monte Cristallo (3431 m) incoronata da un diadema di ghiaccio.

Il Cristallo (3431 m) era il perno delle nostre difese. Quando, a Capodanno, occupammo questa posizione ghiacciata, vennero narrate le più misteriose vicende: di soldati avversari che più volte avevano dovuto essere ricacciati dalle loro gallerie e di una galleria italiana che doveva sboccare nel grande crepaccio del ghiacciaio.

Giungere al Monte Cristallo era impresa singolare quanto faticosa. Dopo lungo peregrinare giungemmo al ghiacciaio di Eben e dei Vitelli passando dinnanzi ad alte pareti, ai piedi della nera montagna. Di qui attraverso alcuni ghiacciai sospesi, il sentiero conduceva alla posizione. Nell'aria una fune sottile che dalla cresta orientale della Cima Nagler con una campata di 2600 metri arrivava alla nostra posizione. Da questa teleferica dipendeva l'approvvigionamento dell'intera guarnigione del Monte Cristallo.

Accendemmo le lampade a carburo e le fiaccole e ci accomiatammo dalla luce, costringendoci in grosse buche di neve. Nodose scale di legno ci condussero in alto, attraverso gli erti spazi vuoti, a guisa di camini. La via non aveva fine e la nostra respirazione si faceva sempre più affannosa. A questa altezza superiore ai 3000 metri i polmoni sono costretti ad una doppia fatica. Finalmente, un odore fuligginoso, che tradiva la vicinanza di un rifugio, ci avvertì che eravamo prossimi alla meta; giungemmo infatti ad una baracca di legno, riparata da un tetto di cartone catramato.

Da una finestrella veniva la luce fioca di una vecchia lampada a petrolio e si poteva scorgere un viso abbronzato, con un berretto nero a punta sul capo e un apparecchio telefonico in mano. L'uomo imprecava violentemente: «Se non avremo un nuovo volano per la teleferica, potremo incrociare le braccia. Non abbiamo legna che per due giorni e il rancio freddo non lo mangiamo più.»

Questo dunque era il centro del Cristallo e di qui un cunicolo di ghiaccio di 20 metri conduceva alla stazione della teleferica sulla vetta. Un altro cunicolo, verso sud, ai pericolosi posti di vedetta dello Zebrù e un altro ancora, a occidente, più in basso alla spaccatura del lago ghiacciato.

Qui costruimmo il nostro rifugio, dopo aver abbattuto grossi ghiaccioli. Ma prima dovemmo provvedere con lungo e difficile lavoro notturno, a riprendere il cavo di trazione, spezzato dai ghiacci, cosa che riuscimmo a fare con molti sforzi. Dopo numerosi insuccessi, il pesante volano venne issato.

Prolungammo l'entrata della galleria fino alle rocce, alle quali ancorammo direttamente il cavo portante. Poi fu la volta della difficile galleria di accesso che volevamo sostituire con una nuova dalla «Punta degli Spiriti». Ciò offriva il vantaggio che l'entrata era meno in vista, meno colpita, e poteva più sollecitamente essere allestita quasi orizzontalmente e con parecchie traverse. Il ghiaccio aveva una temperatura media di —5°, assai ruvido e facilmente lavorabile con la picozza.

Nella figura a pag. 203 sono facilmente visibili i canali attraverso i quali scaricavamo i blocchi di ghiaccio. Nel maggio ci avvicinammo sempre più alla nera buca della teleferica. Allora lasciammo la vecchia erta galleria e l'ultimo tratto.

È ancora vivo in me il ricordo di come fummo sorpresi lassù, una volta, dalla tempesta di neve; la sua violenza era tale che credemmo di soffocare. Questa fu un'ottima occasione per maggiormente apprezzare i tepidi camminamenti di ghiaccio protetti dal vento. Soltanto eravamo tormentati dal fumo dei ricoveri, non sempre facilmente sopportabile. Avendo in un'azione successiva per obiettivo l'accerchiamento delle posizioni avversarie e poiché, a nord, esisteva una grossa corazza di ghiaccio perforammo la fessura del lago gelato in direzione ovest, per proseguire poi direttamente in avanti. Ma ciò non passò inosservato all'avversario, perché una sentinella nemica gridò di

Sentinella sull'Ortles. ➔

smettere. Uno dei nostri sottoufficiali, che parlava italiano, negò che si lavorasse ad una perforazione; ma l'alpino rise e disse che presto gli italiani ci avrebbero sostituiti. Mi insospettì il fatto che il nostro lavoro fosse stato scoperto in così breve tempo. La spiegazione ci fu data dopo poche settimane, allorché uno di coloro che attraversavano il ghiaccio, giunse di corsa ad avvertire che una galleria nemica era vicinissima e che si era perfino vista ardere in trasparenza una fioca luce. Allarmati osservammo che, sotto di noi, dove il ghiaccio era più sottile, era visibile un certo chiarore: avevamo iniziato la nostra galleria appena a mezzo metro di distanza da quella nemica. Ci ritirammo e, per ogni eventualità, preparammo casse di esplosivi, trapani e gas.

Il lavoro da talpe continuò verso la parete nord. Presso una galleria trasversale, nella direzione della montagna, giungemmo ad una caverna, sul cui soffitto, al lume delle lampade, ardevano ghirlande di raggi luminosi. «Sembra il Santissimo», mormorò un ufficiale. Dopo un più accurato esame, capimmo trattarsi di cristalli ghiacciati meravigliosi, di una grandezza mai vista prima di allora e di una larghezza che raggiungeva un massimo di 22 cm. Un fantastico palazzo di cristallo. Nella quiete assoluta e nell'oscurità i cristalli sembravano essere qui gli unici esseri viventi. In quel caldo ricovero brindammo talvolta con splendidi frammenti di essi a guisa di limpidi calici, divertendoci al loro lento sgocciolio.

Ai primi di giugno incominciò a gelare come fossimo in inverno. L'alimentazione si faceva sempre peggiore così che lo stato della nostra salute andava sempre più deperendo. Era tempo di andarcene.

La galleria anteriore sfociava in una parete di ghiaccio, circa trenta metri sotto la cresta avversaria. Veniva poi una scanalatura, con inclinazione di 70° e con un precipizio di 300 metri sulla spaccatura del ghiacciaio dei Vitelli.

Nella fenditura del lago gelato furono collocate due grandi tende polari, il cui fondo fu abbondantemente ricoperto di paglia di legno. L'alcool solido rubato in un deposito italiano laggiù, in val Cordevole, ci fornì il calore. Pareva di essere come in un sottomarino, in alto mare. Prima dell'attacco alla cima, il cappellano militare impartì a tutti l'assoluzione, e pronunciò parole di conforto. Tutte le armi furono minutamente esaminate; ci furono distribuiti ramponi e piccozze, poi ci venne comandato: «A terra fino all'allarme.»

All'una di notte, con un vento tagliente tentai con i miei uomini l'ultima scalata con la corda sul pendio ghiacciato. Qui c'era ancora neve dell'anno precedente ed i miei lunghi ramponi dentati di alpinista affondavano fino al ghiaccio. Mi issai alto sulla piccozza, la affondai profondamente, mi legai saldamente alle corde e discesi nella galleria da cui proveniva la luce.

Ai primi albori, alle tre e mezza, attaccammo l'avversario. Purtroppo il tempo si era mutato, e una secca tempesta di neve bombardava il nostro viso, sotto l'elmo d'acciaio, con spilli di ghiaccio. Il gruppo del tenente che stava alle nostre spalle, aveva già disposto a terra una dozzina di uomini sulla cresta, mentre il nostro versante gelato si mostrò subito insidioso e inadatto a qualsiasi combattimento. La neve vecchia, non aderente al ghiaccio, ma soltanto indurita per l'azione del vento, cominciò a frantumarsi. Tutte le vie di facilitazione verso l'avversario erano sparite nella neve, sulla quale i ramponi nulla potevano. Sulla parete sud, poco sotto la cresta, si muoveva una sentinella che certamente pensava alla sua bruna amorosa più che agli uomini che pochi metri sopra nella neve erano pronti all'attacco, con le bombe a mano nel pugno.

Passò quasi un'ora. Il cielo sopra le candide Alpi dell'Ötz e del gruppo del Bernina si colorò via via d'azzurro pallido e di rosa. Ogni istante potevamo venire scoperti. Quando la sentinella avversaria fece fuoco, contemporaneamente ad essa, le nostre sentinelle e le mitragliatrici ci coprirono con il fuoco dalla vetta. Ma con le bombe a mano, non potevamo fare nulla.

Il più alto cannone della guerra mondiale, un cannone da montagna poco sotto la vetta dell'Ortles che si vede sullo sfondo (3905)

Fummo perciò costretti a rompere il contatto e rientrare. Da Bormio fino alle vicine postazioni, l'intervento delle artiglierie si fece sempre più intenso. Il settore cominciò ad agitarsi. Non fu facile in pieno assetto di guerra e quasi assiderati, calarsi giù con la corda lungo il pendio.

Due uomini precipitarono dalla parete ghiacciata da 50 metri. Rimasero però impiantati nella neve profonda e furono raccolti dai camerati, per mezzo di corde, sotto un fuoco dei più violenti. A poco a poco le nostre forze ci abbandonarono e ci trovammo nel crepaccio privi di qualsiasi possibilità di reagire: la natura ci aveva piegati.

Fu questo l'ultimo combattimento nel palazzo di ghiaccio del Monte Cristallo.

Franz Kern

Combattimenti di primavera sul ghiacciaio

Alla fine d'aprile del 1916, accesi combattimenti infuriarono, sul versante italiano dell'Adamello, sopra un susseguirsi di valichi e ghiacciai, tra i 3000 e 3500 metri. Reparti di sciatori italiani, negli ultimi giorni del mese, avevano attaccato di sorpresa le guarnigioni austriache, sul ghiacciaio dell'Adamello e della Presanella ottenendo anche dei notevoli risultati nei punti più deboli e più sensibili. Il Crozzon di Lares (3354 m) e il Crozzon di Fargorida (3802 m) erano caduti nelle mani degli italiani.

A Trento all'inizio di questi avvenimenti si trovavano, oltre ai battaglioni giunti dalla Russia, anche due battaglioni di fanteria con organico adatto all'offensiva, che erano impiegati fino dal 1915 a difesa del Tirolo, ed ora erano stati approntati, come quelli venuti dalla Russia, per l'offensiva di primavera contro l'Italia. Erano i dieci battaglioni del 14° K.u.K. Reggimento di Fanteria di Ernesto Lodovico, Granduca di Hessen und Rhein n. 14, del Reggimento di Linz, del 59° Reggimento dell'Arciduca Ranieri, del Reggimento di Salisburgo.

Nelle Dolomiti e sull'altopiano di Folgaria essi avevano sostenuto contro lo strapotente avversario italiano, aspri combattimenti per tutto un anno. Il Monte Piano, i Tre Merli, il Costone, il Plaut ed il Pioverna erano divenuti testimoni dell'eroismo dei reggimenti «Hessen» e «Rainer». Ora dovevano mostrare anche nell'offensiva la loro abilità di instancabili e duri combattenti. Ma le cose dovevano andare diversamente, perché erano giunti fatti imprevisti e le riserve, che stavano a disposizione nelle retrovie, non bastavano per mostrare, ancora una volta la capacità di resistere. Queste riserve, inoltre, appartenevano principalmente alle formazioni uscite dalle leve in massa delle classi più anziane, che a dire il vero andavano benissimo nelle operazioni di difesa, ma erano inadatte nei difficili contrattacchi, in zone poco praticabili di alta montagna. Così, nelle ore pomeridiane del 29 aprile, i due battaglioni messi in allarme a Trento, furono inviati su autocarri verso Tione, all'imbocco della Val Rendena. Presso Pinzolo, mezzo battaglione di Hessen, ricevette l'ordine di salire al passo di Fargorida.

Nel grigiore del mattino, gli uomini lasciarono il villaggio e incominciarono la salita. Tra le tre e le cinque del giorno seguente, dopo ventiquattro ore di ascesa, con una sola sosta di un'ora, le due compagnie arrivarono al passo di Fargorida. I 2300 metri di dislivello dal piccolo paese di Pinzolo, posto a 770 metri, fino ai 3000 del passo erano stati superati in una sola marcia. Le truppe, mortalmente stanche, eseguivano gli ordini attraversando una scoscesa valle boscosa, scalando rocce, superando fenditure del

Pattuglia da ricognizione in equipaggiamento invernale al lavoro in un crepaccio. Gli uomini sono equipaggiati con mantello mimetico, picozza, corda e passamontagna. 

ghiaccio e morene senza fine. Fu un'impresa spossante, come solo la montagna richiede. Nonostante la salita comportasse per le truppe gravi difficoltà di ogni genere, nemmeno un uomo del battaglione rimase indietro. Ognuno, volonterosamente, portava il suo carico: duecento cartucce nello zaino e indumenti contro il freddo.

Da Trento piena di sole, dove la valle era ricca di alberi in fiore, percorsa dall'azzurra acqua dell'Adige, su al ghiacciaio dell'Adamello: il passaggio era brusco, eppure gli uomini sopportarono tutti i disagi senza far parola, senza lamentarsi. Ufficiali e soldati si abituarono subito all'aria pungente dei 3000 metri al vento gelido del ghiacciaio e al freddo intenso della notte. L'ultima parte della salita sarebbe stata ancora più dura. Improvvisamente si era squarciata la nebbia che nascondeva la colonna austriaca al fuoco dell'avversario. A distanza ravvicinata si ergeva il Crozzon di Lares, irto di mitragliatrici. Sulla pista angusta fra campi di neve scoperti, i soldati, calpestando le orme dei compagni, che li precedevano in lunga fila, erano esposti all'avversario come bersaglio costante. Sulla neve soffice, sotto il peso che li piegava, non potevano correre ed era già molto se riuscivano ad assecondare il passo lento e pesante del battaglione stremato. La situazione non era allegra: da un momento all'altro avrebbe potuto incominciare uno spaventoso tiro al bersaglio. Ma come la nebbia del ghiacciaio si era mostrata sfavorevole ai coraggiosi soldati del Reggimento Hessen, così fu propizia al sonno dell'avversario e le truppe marciarono ancora per lungo tempo, al sicuro dalle fucilate. Solo poco prima che gli ultimi uomini si avvicinassero alla parete che li proteggeva, eccheggiarono alcuni colpi, fortunatamente sparati troppo in alto, e perciò inoffensivi. Avevano potuto però fare subito conoscenza delle caratteristiche dell'alta montagna, l'addensarsi e lo sciogliersi sorprendente ed improvviso della nebbia, per pochi minuti amica compiacente e subito dopo pericolosa avversaria.

Sulla neve del passo di Fargorida (a 3000 metri) si trovavano i superstiti del battaglione della leva in massa giunto lassù prima di noi. Le povere truppe avevano vissuto giorni terribili. Si trattava, per la maggior parte, di soldati anziani, che avevano pagato il loro tributo di sangue. Fra dispersi, prigionieri ed assiderati, il battaglione era ridotto ad un pugno di uomini. Essi videro giungere con gioia il cambio che si avvicinava sopra le rocce, la neve e il ghiaccio e che, nonostante gli strapazzi della marcia, aveva l'ordine di contrattaccare immediatamente. Ma ciò, all'inizio, era impossibile. La stanchezza era tale che i soldati si erano buttati sul ghiaccio, senza togliersi di dosso il carico e pur non dormendo, rimanevano immobili, ad occhi chiusi. Le istruzioni relative all'attacco per le prime ore del mattino erano inattuabili. Le roccaforti del Crozzon di Lares e di Fargorida, dominanti completamente il Passo, erano nelle mani degli italiani. Tiratori scelti e mitragliatrici cercavano di impedire ogni movimento nelle nostre posizioni, male organizzate sul ghiacciaio. L'avversario si mostrava vigile e attento. Egli era là e non si poteva certo scherzare. Dovevamo starcene quieti ed immobili nelle caverne di ghiaccio. Verso la fine della notte seguente, i resti dell'eroico battaglione che avevamo sostituito scesero a valle. Felici, si congedarono da quel ghiacciaio infernale. Durante la stessa notte giunse una terza compagnia del nostro battaglione. Era stato riconosciuto necessario che il controattacco, se si voleva assicurare il successo, fosse appoggiato da un violento fuoco di artiglieria. Sembrava impensabile cacciare via il nemico da quelle posizioni, qualora non fosse stato possibile, durante la nostra arrampicata verso le stesse, impedirgli qualsiasi reazione. Come due torri corazzate si stagliavano alte le punte del Crozzon di Lares e di Fargorida sui cui passi gelati ci trovavamo. Se volevamo impadronirci della più alta, il Crozzon di Lares (3354 m) dovevamo prima far cadere il Crozzon di Fargorida.

bitte ofzir hier rittm graf starzsensky .

Aufgenommen III	Telegramm – Phonogramm	Befördert
von Rayon III	von III	an
am 29.	Zeit der Aufgabe 2 h 20	am
um		um
durch		durch 3/32
Dienstliche Zusätze:		

+ sehr dringend != hochdrall ,

von rayonskdo suedtyrol 29/4 1./30- nachm =

op no 1000/627 b :

feind hat vom dosson di genova mit 4 komp unsere in der fargorida stellung befindlichen kraefte angegriffen. und sich des passo di lares und crozzon di lares bemaechtigt . eigenerseits haelt ca 1/2 komp den fargorida pass , 1/2 komp rueckt gegen passo del diavolo (kote 2973 oes tl crozzon di lares) 2 1/4 komp werden nach bereitstellung von passo topete in der richtung m . fumo zum gegenangriff schreiten . fuer sicherung des rendenatales wurde 3/4 ldsch komp 2; mit mga und inft gesch . abtg aus abschnitt doss dei morti ueber vigo rendena richtung care alto disponiert . gleichzeitig wird gemeldet , dass gandronabschnitt unter starkem art feuer steht , angriff gegen diesen wahrscheinlich . durch entbloessung des doss dei morti erscheint dringend zuweisung eines baons gebirgsgewohnter truppen als res erforderlich . rayonskmdo bittet um deren zudisponierung nach tione . bitte erfolgt dringlichkeit halber direkte und wird zur kenntnis dem l . v . k . vorgelegt . op. 1000/627 b

luxkalif suedtyrol

an 11. Armee

präs. 29./4. 2h15m nachm.

HGK Stiftl., Kaif.

Rayon III meldet 1h30m nachm.

< >

Das L VK bittet dringend um Zuweisung eines gebirgsgewohnten Baons aus dem Bereiche der 11. Armee bis auf weiteres. Die 21. Gebbrig. ...

Durante una violenta bufera di neve, il battaglione dei Salisburghesi al quale si era aggiunta una compagnia di alta montagna e che occupavano il nostro passo e il vicino passo delle Topete, si predispose all'attacco.

Questi eroi si comportarono con uno spirito di sacrificio ed un coraggio sovrumano, tra ghiacci e rocce, nella tempesta, durante l'attacco all'avversario. Ma ben presto fu chiaro che la posizione naturalmente forte dell'avversario, quella cima di roccia, piena di mitragliatrici, era inconquistabile, senza un valido appoggio dell'artiglieria pesante.

Il comando di settore lasciò cadere questo piano e diede ordine di mantenere i due passi sul ghiacciaio. Ai soldati del battaglione Hessen fu così risparmiata la sanguinosa arrampicata sul Crozzon di Lares. Non avevamo davvero bisogno di altre sofferenze. Molto soffrirono le truppe a causa le frequenti bufere di neve. E appena il cielo si rischiarava subito iniziavano le cortesie nemiche. Chiusi da tre parti, non potevamo che rimanere col tempo buono immobili nelle caverne di ghiaccio. Ma tale soggiorno causava congelamenti in massa che, insieme alle altre sanguinose perdite quotidiane, pesavano duramente sulla compagnia.

Con un meraviglioso spirito di sacrificio, i medici ed i coraggiosi soldati della Sanità, si prodigavano in mille modi, sopportando impensabili fatiche. Il trasporto dei feriti, ad esempio dai tremila metri, giù nella valle, era un'impresa infinitamente pericolosa e faticosa. I feriti gravi, ai quali ogni movimento doveva essere risparmiato, venivano portati giù, scendendo i gradini di roccia per interminabili vie con una lentezza angosciosa e sfibrante. Ogni passo poteva essere fatale al ferito per di più esposto, con il suo soccorritore, al fuoco avversario. Coraggiosamente e con straordinaria sollecitudine questi valorosi ritornavano sulle nostre posizioni, per portare via altri camerati.

I sacrifici richiesti alle colonne di Sanità incaricate di trasportare i feriti divennero sempre maggiori. Il loro lavoro era incessante, perché mentre trasportavano a valle un ferito dieci altri attendevano il loro ritorno, per alleviarne il dolore delle ferite e la sofferenza dell'alta montagna.

Le due piccole baracche costruite sul ghiacciaio, erano stipate di feriti gravi. A molti sarebbe stato necessario avere almeno un tetto, mentre erano costretti a rimanere giorno e notte all'addiaccio sulla neve, immobili e senza aiuti così che alle ferite si univano i congelamenti più dolorosi. Guerra d'alta montagna! Vivere o morire fra rocce e ghiacci sopra i due, tremila metri. Ben pochi che non lo abbiano vissuto, sanno immaginare tutto il dramma. La stessa austera bellezza della natura si manifesta agli uomini nel suo aspetto più crudo, diventando, talvolta, un secondo terribile nemico!

Non vi era mai nulla di caldo da mangiare e talvolta niente del tutto. Le colonne dei portatori non potevano raggiungerci nelle notti di tempesta, costrette ad attendere riparate dietro le rocce, che il tempo si fosse rimesso; allora si imbattevano nella nebbia o calava l'oscurità della notte, rendendo impossibile proseguire il cammino. La nebbia però era necessaria, per poter passare nei punti scoperti. Più in alto, i compagni affamati e intorpiditi dal freddo, attendevano con ansia il loro arrivo, e questo ben sapevano quei valorosi, che utilizzavano ogni minuto per andare avanti, autentici eroi nel compiere il loro dovere. Ma nessuno oggi pensa più a loro. Nessun gesto particolare poteva essere loro attribuito ma la loro dedizione ai camerati, chiusi tra i ghiacci, era un compito lento, difficile, continuo.

Posizioni austriache sull'Anticima dell'Albiola (2978 m) in zona del Tonale.

Un giorno accadde un fatto terribile. Un numeroso reparto italiano di sciatori tentò, attraverso il ghiacciaio della Lobbia che ci stava avanti, un assalto violento al nostro passo. Avvertiti in tempo dalle nostre vedette, riuscimmo, in breve ad occupare le posizioni. I presidi italiani di Crozzon di Lares sostenevano con un fuoco furibondo l'assalto della propria pattuglia di sciatori e tentavano di impedire ogni nostra reazione. Dinanzi ai nostri occhi si svolgeva una scena straordinaria, un'operazione magnifica e temeraria.

In un baleno, la schiera avversaria, tutta avvolta in bianche nuvole di neve, scivolò sul ghiaccio, verso le nostre linee, incontro a sicura morte. Le nostre mitragliatrici incominciarono subito a farsi sentire. Il fuoco della fucileria crepitò sui campi di ghiaccio con esito spaventoso. Grovigli confusi di corpi caduti interrompevano tratto, tratto la linea volante dell'avversario. Ma con incredibile disprezzo della morte, i superstiti avanzavano verso di noi. Non ne sopravvisse uno.

Provammo una profonda stima per quegli eroici soldati noncuranti del pericolo che avevano accettato un impossibile compito. Le loro gesta per quanto magnifiche ed ardite, non potevano concludersi che così.

L'unico grande attacco della grande guerra mondiale compiuto sugli sci, aveva avuto una tremenda fine. Ora essi giacevano là sul ghiacciaio, avvolti nei loro bianchi mantelli, macchiati di sangue. Un coraggioso caporale di Sanità dei nostri, si assunse volontariamente il compito di correre in loro soccorso. Il fuoco violento degli avversari messi in allarme, annidati sul Crozzon di Lares, respinse nei ricoveri di ghiaccio quegli uomini che altro non volevano se non soccorrere quei disgraziati.

Probabilmente l'avversario temeva un contrattacco. Furono così sacrificati alla morte quei valorosi soldati. L'impossibilità di prendere il Crozzon di Lares con attacco diretto, non aveva persuaso il comando a rinunciare alla riconquista. Si pensò di giungervi per altra via: per prima cosa si doveva assediare la posizione avversaria di Crozzon di Fargorida; se essa si fosse arresa si sarebbe potuto tentare un assalto dai suoi fianchi. Il difficile compito dell'assedio fu affidato ad una mezza compagnia. Questa partì, nella notte, non notata dagli italiani che erano sul ghiacciaio, ed occupavano una linea che impediva i movimenti dell'avversario tra il Passo della Lobbia e il Crozzon di Lares.

Le vedette si erano così ben mascherate nel ghiacciaio, che per lungo tempo, non furono scorte dall'avversario, fino cioè alle ultime ore del pomeriggio. Un fuoco di artiglieria che durò più di due ore, fu diretto su quei coraggiosi, che nonostante le gravi perdite, non abbandonarono i loro posti. Un colpo, centrato in pieno, uccise il sottotenente ed i suoi uomini. Un'aspra tormenta coprì nella notte le vedette ed i caduti sotto la bianca coltre.

I morti dovettero essere abbandonati sul ghiacciaio quando il resto della mezza compagnia, un pugno di uomini, fu tratto in salvo da una mezza compagnia del Reggimento «Rainer».

Pene e privazioni aumentavano ogni giorno sopportate dagli uomini delle tre compagnie, ridotti sempre più di numero, senza purtroppo ottenere alcun risultato che avrebbe giustificato le gravi perdite subite, con una pazienza degna della più grande ammirazione.

Restavano solo dieci uomini, così che l'azione di fuoco era diminuita a tal punto, da non costituire più una reale difesa. Il comando dispose per il cambio e noi avremmo desiderato che le truppe che ci avrebbero sostituito, avessero a guadagnare il frutto dell'assedio al Crozzon di Fargorida, dove gli italiani, arrivati in seguito ad una incredibile azione (avevano perfino portato un cannone da montagna) erano tuttora inafferrabili.

Ma ciò non accadde. Nella notte, durante la quale i nostri successori si prepararono alla salita, si udì all'improvviso nel vicino settore, in direzione del Passo del Diavolo, un forte fuoco di fucileria. Il collegamento telefonico taceva sempre. Non sapevamo che cosa fosse accaduto laggiù; ma dai colpi, numerosi e continui, immaginavamo si trattasse di un combattimento violento.

Verso mezzanotte, il telefono riprese a funzionare. Mentre giungevano i primi uomini del battaglione che dovevano sostituire i nostri sul ghiacciaio, contemporaneamente arrivava per telefono l'ordine che non si doveva procedere al cambio, perché il Passo del Diavolo era occupato e si doveva tornare indietro immediatamente. I sergenti del battaglione «Hessen», dopo la distribuzione del materiale non trasportabile dovevano abbandonare la posizione.

Baraccamenti in alta montagna.
Cop di Casa (2950 m) Carè Alto, Sud-Adamello

In seguito a quest'ordine, quel pugno di uomini, senza farsi notare dall'avversario, si ritirò, abbandonando la posizione, dove avevano dovuto sopportare enormi sacrifici, un poco alleviati dal morale degli uomini, che era altissimo.

Il compito del battaglione era stato ingrato. Partito da Trento, piena di sole, verso il mondo dei ghiacciai, aveva difeso una posizione, la natura della quale fu talmente aspra, da imporre tali tremendi disagi, che avevano distrutto il battaglione.

Il dovere era stato compiuto fino in fondo. Gli ultimi combattenti, i pochi che, alla fine ancora difendevano la posizione con i fucili in pugno, ebbero l'amaro compito di lasciare, senza lotta, il terreno in mano all'avversario.

Wilhelm Winkler

Attacco su un ghiacciaio

Fu nell'ultimo anno di guerra. La nostra compagnia di guide alpine viene richiamata dalle posizioni del Monte Corno, Monte Spiel e Monte Testo. Non sappiamo dove saremo gettati. Ma è certo che come compagnia di guide alpine rimarremo sui nostri splendidi monti. L'enigma della nostra assegnazione è presto risolto. Gruppo dell'Ortles! Siamo gli eletti che dovranno raggiungere le più alte posizioni della guerra mondiale. Ai tremila metri siamo abituati, ma ora bisogna salire anche più su, nello splendido mondo dei ghiacciai. L'Ortles, con la sua cima eternamente ricoperta di ghiaccio ci saluta già da lontano. Superba e regale, vicino a lui una delle più belle montagne delle Alpi: il Gran Zebrù. Sui suoi fianchi, nel ghiaccio eterno, fedeli alla consegna, dobbiamo difendere patria e paese. Fortezza naturale, quasi come una corona d'acciaio attraverso la quale non c'è alcun ingresso ed alcuna porta.

È sorta una bella giornata di primavera. Arriviamo a Solda dopo un lungo viaggio: Solda, grazioso villaggio ai piedi del monte gigantesco. Gli abitanti delle povere vallate, che bene o male lottano per l'esistenza, hanno potuto rimanere nei paesi benché attorno alle cime delle loro montagne si dispieghi ora la linea del fronte.

Il cielo ed il comando ci donano ancora due splendide giornate in questa valle. Un tiepido sole di primavera illumina i fianchi ghiacciati dei giganti, protesi verso il cielo. Un lontano tuonare di cannoni trema nell'aria, e accompagna la nostra salita alle posizioni. Il crepitio delle mitragliatrici e delle fucilate, l'aria fredda dei ghiacciai si avvicinano.

Quanta serenità deve aver donato la bellezza di questa montagna meravigliosa, quanta gioia deve aver portato nel cuore dell'uomo! Ed ora anche qui infuria la guerra, con le sue dolorose prove, i suoi caduti, con la sua gioia e la sua tristezza.

Saliamo in alto per uno stretto sentiero, raggiungendo dopo una marcia di due ore il rifugio di Città di Milano. Da qui abbiamo ancora una marcia di molte ore sul ghiacciaio; poi superato l'erto canalone gelato sino alla giogaia del Gran Zebrù (metri 3295) l'erta cresta rocciosa ci condurrà alla meta, sulla vetta (3860 m). Dopo un breve riposo vicino al rifugio, mettiamo piedi sul ghiacciaio. Con faticoso lavoro saliamo il pendio pieno di crepacci. Uno segue l'altro intersecando il ghiaccio in tutte le direzioni. Ad ogni passo ci stanno in agguato ed ogni passo può perderci. L'acqua brilla cupa sul fondo, sotto il ghiaccio frantumato. Si fa strada in noi l'idea che forse il ghiacciaio darà lavoro all'avversario.

Il pensiero dei compagni che ansiosamente attendevano il cambio ci spinge a proseguire. Il calore diviene sempre più opprimente, la lingua arsa, il desiderio di un sorso d'acqua sempre più intenso: ma le boracce sono vuote. Pezzi di ghiaccio rinfrescano la lingua, ma aumentano, ancora più, la sete. Lottiamo per avanzare, passo dopo passo. Ogni metro di salita indica ai polmoni ansanti che l'aria diviene sempre più sottile. Grava sulla schiena il peso dell'equipaggiamento alpinistico, che ci deve bastare per alcune settimane.

Le posizioni sul Gran Zebrù (3860 m) Gruppo Ortles. Dove finisce la linea tratteggiata indicante l'accesso verso la cima, ha inizio la galleria in neve attraverso il ghiacciaio di vetta.

⌒ = posizioni austriache
xxxxxx = posizioni italiane
·········· = camminamenti

Dal ghiacciaio che sale lentamente comincia un crepaccio laterale largo cinque metri che, ricoperto di ghiaccio liscio continua con un erto sentiero fino al giogo del Gran Zebrù. Una scala a corda ci aiuta poi a superare il crepaccio, ma il pendio nasconde ancora maggiori insidie. La più piccola imprudenza, un passo falso ci può costare un volo precipitoso. Gli ultimi cento metri richiedono un incredibile sforzo fisico. Ansanti, col cuore che palpita, mettiamo piede sul giogo del Gran Zebrù. Fischiano nell'aria le prime pallottole poiché abbiamo raggiunta la posizione di difesa più avanzata. Dal giogo la salita prosegue lungo la cresta dello Zebrù. La prima parte del cammino corre sopra rocce che si elevano da un immenso campo di ghiaccio. Una sottile catena di scogli deve essere attraversata all'altezza vertiginosa di trecento metri. Comincia la scalata, che non procura agli uomini speciali difficoltà: la scuola e l'esercizio han fatto di loro dei buoni alpinisti.

Un fragore enorme impaurisce tutti. Spavento, paura, immobilità. Un uomo è precipitato a capofitto nell'abisso. Gli occhi dell'intera compagnia, paralizzati dal terrore seguono il corpo che piombando dalle rocce rimbalza in un abisso della profondità di dieci torri e rimane immobile sul ghiacciaio, il corpo massacrato. Povero camerata! Con passi incerti superiamo l'ultimo tratto di vetrato ed usciamo dall'erto pendio del nevaio. Passo dopo passo, tratto dopo tratto, il monte viene conquistato.

Ad ogni passo, un respiro dal profondo del petto, in cerca d'aria. Siamo cento metri sotto la vetta. Alla nostra destra è una parete ghiacciata a perpendicolo per molte centinaia di metri. La via davanti a noi è scoperta al nemico. Strisciamo in una galleria che ci conduce profondamente all'interno del monte. Notte fonda intorno a noi. Strisciamo, bocconi, con la sensazione di portarci lentamente nelle braccia della morte. Può essere trascorsa mezz'ora quando un'apertura ci porta alla luce del sole, presentandoci un quadro stupendo.

Il ghiaccio stesso si è creato questo tempio scintillante e dentro è così bello che per un momento, dimentichiamo guerra, miseria, fatiche.

Finalmente la superba vetta è raggiunta: siamo sulla cima del Gran Zebrù. La guarnigione ci saluta.

Gioiscono come bambini al pensiero di poter scendere per qualche tempo al piccolo villaggio. Il servizio logorante, la lotta contro il variare della temperatura a 3800 metri, hanno esaurito il loro fisico: hanno assoluto bisogno di riposo. Presto la notte ci avvolge. Occupiamo gli avamposti penosamente strappati alla tempesta sulla cima ghiacciata. Alcuni sacchi di sabbia ammonticchiati a guisa di muro offrono riparo dalle azioni nemiche. Questi avamposti, a quasi 4000 metri, sono degli ottimi osservatori. Un mare di vette è sotto e attorno a noi; abbiamo così la visione della linea del fronte per molti chilometri, per cime, passi e vallate. Isolati, a guisa di fuochi fatui, vediamo lampeggiare cannoni e fucili.

Nubi pesanti si profilano all'orizzonte e un gelido vento tempestoso, di inaudita violenza, spazza la cima. È l'inizio di un temporale di alta montagna. Il potente ululato della tempesta risuona ininterrottamente alle nostre orecchie. Sulla linea regna la calma. Nessun sparo turba ora lo scatenarsi della bufera. Sopra le nostre teste guizzano incessantemente i lampi immergendo le vette in un mare di fiamme: il tuono rumoreggia e scoppia con forza spaventosa. Sulle canne dei fucili brillano fiammanti fioc-

Uscita di una caverna di ghiaccio. A sinistra sono sospesi i cavi corazzati per i collegamenti elettrici e telefonici. ➔

chi luminosi. Buttiamo via, in un largo cerchio, tutti gli oggetti metallici ed angosciosamente ascoltiamo queste cannonate del cielo, che superano tutti i più pesanti calibri avversari. Le sentinelle sono sugli avamposti e attendono preoccupate gli eventi futuri. I loro fucili giacciono sepolti sotto la neve e così le bombe a mano, i primi mezzi del combattimento. In questa tempesta non c'è bisogno di armi: un avvicinarsi del nemico un attacco, un assalto improvviso sono da escludersi. La tempesta che aumenta sempre più e diventa uragano sprofonderebbe nell'abisso chiunque si muovesse sull'aperto pianoro e gli facesse resistenza. Un fulmine scoppia improvviso davanti ad una sentinella. Il soldato viene lanciato in aria, a venti metri dal suo posto. Il cappotto di pelo di capra e la neve morbida riparano il corpo contro l'urto grave. Egli deve restare sdraiato, aderendo fortemente alla neve; non si può muovere; la forza del suo corpo non basta a sfidare l'uragano. Scava una buca grande come un pugno, nella neve, e vi preme dentro il viso per poter respirare.

Un secondo fulmine fa tremare in ogni fessura il nostro ricovero. La conduttura telefonica ha ancora la corrente. Soldati e ufficiali fuggono dalla baracca, ma è impossibile abbandonare la caverna nella quale si trova. Immancabilmente l'uragano getterebbe ognuno nel ghiacciaio, come fosse una pallina.

Le vie sotterranee che, in tutte le direzioni, conducono, alla cima del monte gigantesco, ci accolgono tutti. Ci vediamo sicuri protetti dallo scatenarsi degli elementi. Un freddo gelido investe le nostre membra intorpidite. Vicino a noi passa il filo del campanello d'allarme fino agli avamposti, anch'esso ancora percorso dalla corrente. Alcuni uomini vi si aggrapparono e furono sballottati come fuscelli nelle gallerie. L'arma più spaventosa del cielo è questa straordinaria energia. Con le membra paralizzate, incapaci di muoversi, numerosi uomini giacciono nella galleria di ghiaccio. Finalmente spunta il giorno, ed hanno fine anche tempesta, lampi e tuoni.

Una parte della truppa deve essere sostituita dai rincalzi. Dall'altura vertiginosa i fulminati vengono condotti a valle, di stazione in stazione, con la piccola teleferica o con l'ascensore a mano.

I giorni successivi portarono nuovamente splendido sole. La natura si era sfogata. In tutto il cielo, fino all'orizzonte non una nuvola. Sono ore splendide e di indicibile godimento per tutti. Stiamo tra i magnifici giganti di questo mondo alpino, alto su tutti gli altri. Solo il regale Ortles (3905 m) il monte più alto delle alpi orientali, supera di un bel tratto la cima del Gran Zebrù.

La nostra tranquilla contemplazione viene presto turbata. Un ordine del comando di settore ci assegna il compito di scacciare l'avversario da una posizione chiave.

Brevemente ci viene comunicato: nella notte sull'X una parte della guarnigione dello Zebrù deve prendere d'assalto la Cresta di Solda, collocandovi una pattuglia. Ci sta dinnanzi un grave compito: la cresta di Solda va dalla vetta dello Zebrù, giù al giogo di Solda, alto 3438 m.

Gli avamposti di questa cresta costituiscono una posizione importante per l'avversario, perché da essi si domina quasi l'intera vallata e si può vedere anche ciò che accade vicino a Solda, cosa per noi affatto piacevole. La cresta offre poche difficoltà dalla parte avversaria: ma noi vi possiamo arrivare solo passando per la vetta dello Zebrù. La lotta non ci preoccupa, ma assai di più, l'avvicinarsi, senza essere visti, alla cresta di ghiaccio. Conquistare la parte della cresta fra i nostri avamposti e quelli del nemico

Postazione per fucilieri sul Palon della Mare. Sullo sfondo il S. Matteo e il Tresero.

è un compito enorme anche per le truppe perfettamente esperte della tecnica alpina. L'attacco deve essere sferrato su una cresta di ghiaccio, dalla quale precipitano per centinaia di metri pendii ripidissimi che finiscono negli stessi ghiacciai. Tale cresta strapiomba con paurosa inclinazione verso le sentinelle avversarie. Le difficoltà sono accresciute da un precipizio roccioso, alto venti metri, che può essere conquistato solo calandosi giù con le corde. La presa di questa difficilissima posizione alpina è nell'ambito della nostra capacità e possibilità, ma ci espone di notte al fuoco delle mitragliatrici e dei fucili: impresa dunque, quasi inattuabile. I preparativi per l'attacco sono compiuti. Già da parecchie settimane si lavora febbrilmente ad una galleria di ghiaccio in direzione degli avamposti avversari.

Sono le nove di sera. Fuori è notte cupa e un cappuccio lieve di nebbia grigia si adagia sulle vette dei monti giganteschi. Tre pattuglie d'assalto al comando di giovani ufficiali sono pronte per l'attacco. I soldati scompaiono silenziosamente nella profondità della galleria di ghiaccio, alla fine della quale verrà forato un diaframma che condurrà all'aperto. Le truppe d'assalto si arrampicano per il foro sulla cresta ghiacciata.

Palon della Mare (3705 m) ricoveri in località Forno.

Essa sta a circa trenta metri dall'avversario. In questo momento, dai nostri cannoni dell'Ortles comincia un fuoco micidiale sulle posizioni avversarie. È cominciata la preparazione dell'artiglieria. Ma i cannoni non riescono a provocare danno. I proiettili scoppiano in prossimità delle nostre truppe, costituendo per esse un grave pericolo. Finalmente l'artiglieria ha aggiustato il tiro. Ma comincia anche l'azione avversaria. I riflettori illuminano le vette, vagando tra rocce e ghiacci.

Le pattuglie d'assalto giacciono immobili sulla cresta, avvolte nei loro bianchi mantelli. I fasci luminosi dei riflettori scrutano tutt'attorno, sussultando. Improvvisamente uno si ferma. Le pattuglie sono scoperte. Le luci bianche ed abbaglianti inchiodano i nostri come fantasmi fissati sulla cresta. Comincia un fragore infernale. Tutta la linea

Posto di sosta nelle retrovie. Sullo sfondo il ghiacciaio di Solda e a destra il Gran Zebrù.

avversaria concentra il fuoco su quest'unico punto. Le granate dell'artiglieria frugano il ghiacciaio. Pezzi di ghiaccio di grandezza straordinaria volano intorno per l'aria. Le pallottole delle mitragliatrici e dei fucili battono sulla neve e rintronano contro le rocce. Per alcune ore il fuoco crepita sulle nostre pattuglie ed esaurisce i nostri nervi. Le pattuglie d'assalto giacciono sempre sulla cresta di ghiaccio: dinanzi ad esse sta spalancata la parete rocciosa. Possono appena reggersi in piedi sui ramponi. Ogni più leggera ferita significa morte certa, precipitando giù per centinaia di metri, nelle braccia dell'avversario.

Il fuoco si calma un poco. Lentamente le nostre pattuglie si spingono fino all'orlo della parete rocciosa. Velocemente vengono fissate le sicurezze per le corde ed il pri-

Posizione su una forcella nella parte Sud del Gruppo dell'Ortles.

mo assalitore scivola svelto e sicuro dalla parete. Lo scoppio di un razzo avversario l'ha avvistato. Bombe a mano gli volano intorno. A breve distanza sparano i fucili. Invano! Con rapidità febbrile l'uomo viene issato dagli altri.

Ma l'assalto si è esaurito senza successo. Ai primi albori le pattuglie si ritirano nelle gallerie di ghiaccio. Seguono giorni inquieti. Anche in queste altissime tane, l'avversario si sente minacciato. Il nostro attacco gli ha fatto raddoppiare la vigilanza. Anche per noi viene il cambio. Siamo stanchi ed il nostro spirito è quasi insensibile. Contenti

Il settore Ovest del Fronte sui ghiacciai nel Gruppo dell'Ortles visto dalla posizione di vetta (3902 m)

= posizioni austriache
++++++ = posizioni italiane

1 Punta Thurwieser (3692 m)
2 Cima di Vedretta Grande
3 Cima di Vedretta Piccola
4 Cima di Trafoi (3563 m)
5 Spalla
6—7 Cime di Campo (3482 m)
8—9 Grande e Piccolo Campana
10 Cima Tuckett (3458 m)
11 Monte Cristallo (3431 m)

ritorniamo nella piccola Solda: rivediamo uomini ed animali ed il meraviglioso verde dei prati e dei boschi, e ci sembra una liberazione dopo l'eterno candore dei ghiacciai e dei nevai.

L'ultima battaglia della vecchia monarchia danubiana del giorno 3 settembre 1918

SUL S. MATTEO (3692 m)

Il 3 settembre 1918 è, da diversi punti di vista, una data rilevante nella storia, con speciale riguardo alla prima guerra mondiale.

In questi giorni, sui ghiacciai del Forno, nella parte sud del gruppo dell'Ortles si ebbero dei combattimenti da annoverare tra le più significative azioni dei cacciatori imperiali non solo, ma tra tutti quelli combattuti alle quote più elevate nelle due guerre mondiali ed in tutti i tempi.

Già nella primavera del 1918 l'avversario, con forze preponderanti, premeva su tutti i settori del fronte del Tonale, allo scopo di aprirsi un passaggio e raggiungere attraverso la valle di Non il rovescio delle posizioni avversarie, poste a difesa della valle dell'Adige nella parte più a sud.

Importanti posizioni difensive vennero perdute ma poterono essere tenute le posizioni estreme (Punta Albiola 2798 m) con i caposaldi ad esse legati.

ATTACCO A PUNTA GIUMELLA

Nel quadro di questi tentativi di penetrazione, alla metà di agosto del 1918, l'avversario riuscì ad occupare, con un'azione di sorpresa, l'intera cresta del ghiacciaio, ben distante, fra i 3500 ed i 3700 metri e che era assai difficile da rifornire; solamente punta Giumella, situata più in basso, a quota 3599 rimase, quale ultimo baluardo, in mani austriache, ma costantemente sotto la minaccia della sempre maggiore potenza delle artiglierie avversarie che, dopo l'occupazione del S. Matteo (3692 m) avvenuta il 12 agosto 1918 erano appostate assai vicino. Altri tentativi di attacco dell'avversario, che riconosceva in punta Giumella l'ultima possibilità di ancoraggio per gli austriaci, al fine di averla rapidamente in possesso, si facevano di giorno in giorno più pressanti. Con la sua perdita sarebbe stata possibile la discesa su Peio e quindi nelle retrovie della difesa del Tonale. In tal modo l'iniziativa sarebbe passata completamente dalla parte opposta con le possibilità di sostenere, anche da questo lato, i combattenti per lo sfondamento al passo Tonale.

In effetti, l'occupazione di punta Giumella avrebbe consentito una rapida discesa dagli alti e difficili ghiacciai, di notevoli forze, anche se il difensore disponeva di reparti bene addestrati e perfettamente equipaggiati. Ma la perdita degli alti ghiacciai avrebbe significato ben altro: Infatti l'intera organizzazione logistica con i suoi deposi-

Ricoveri e reticolati sulle posizioni di Passo Cevedale viste da Sud.

ti di viveri, munizioni e materiali di equipaggiamento, dislocata sulla testata della valle di Peio particolarmente idonea a fornire il settore Tonale, sarebbe diventata facile bersaglio per l'avversario. La sua dislocazione al sicuro da minacce dal S. Matteo, non sarebbe più stata coperta.

Inoltre: senza l'occupazione delle posizioni sul ghiacciaio del S. Matteo, non sarebbe stato assolutamente possibile tenere le posizioni di punta Giumella, isolate e poste più in basso. Con la perdita di questa ultima linea di difesa austriaca sul ghiacciaio, l'avversario avrebbe potuto non solo scendere in valle di Peio, ma raggiungere posizioni tali per le artiglierie, da rendere possibile il tiro sul deposito e su tutte le linee di rifornimento, mettendole in condizioni di non poter più operare. Il generale Rudolf Müller, comandante della 22ª Divisione Cacciatori e del Settore Tonale, incaricò il generale Von Merten, suo diretto responsabile per il sottosettore, di rioccupare con qualsiasi mezzo, gli alti ghiacciai (i due ufficiali erano ben noti per i combattimenti di sfondamento nella zona di Tolmino Plezzo). Il generale Von Merten assegnò il compito all'unico reparto che ne aveva reale capacità, la 30ª compagnia di alta montagna, al comando del capitano Luis Molterer; l'azione prevedeva l'occupazione di punta Giumella e da questo punto saldamente tenuto si dovevano prendere tutte le misure possibili per assicurare i preparativi che permettessero di proseguire sull'intera linea dei ghiacciai. I relativi piani e le eventuali proposte per i necessari rifornimenti di mezzi di combattimento, dovevano essere presentate al più presto al comando di Brigata. L'ordine dato era di non facile esecuzione: la 30ª compagnia di alta montagna era stata ritirata, dopo aspri combattimenti a Punta Albiola (3000 m) che era il pilastro, della difesa del Tonale, ed aveva bisogno di una immediata riorganizzazione; le forze superstiti della 21ª compagnia di alta montagna rimaste sul ghiacciaio, erano profondamente provate dall'attacco d'agosto dell'avversario. Mancavano totalmente l'artiglieria pesante ed i mortai e, senza il loro appoggio, non pareva possibile un attacco su terreno così difficile, crepacciato e pieno di seracchi. Il capitano Molterer fece le sue proposte ed ebbe l'assicurazione del suo comandante di Brigata, pervenuta nel suo povero rifugio sui ghiacciai, che avrebbe dovuto agire presto.

Il capitano Molterer, detto «Pulce dei ghiacciai» si arrovelò a lungo, fra le tempeste di neve e sotto la pressione del nemico, nello studiare tutte le possibilità di un attacco che doveva essere condotto sotto gli occhi dell'avversario attento ad ogni movimento. Risultato dello studio delle possibilità di attacco, fu la certezza che il dispositivo doveva essere articolato su due direzioni: la prima verso il S. Matteo e la seconda verso il monte Mantello, con questa suddivisione delle forze: il gruppo uno, agli ordini del tenente Von Tabarelli consisteva di quattro pattuglie d'assalto, un plotone mitragliatrici leggere, un plotone della compagnia di alta montagna ed un plotone di mitragliatrici pesanti.

Il secondo gruppo, agli ordini del tenente Licka consisteva di una pattuglia di guide, quattro pattuglie d'attacco, un plotone mitragliatrici leggere un plotone della compagnia di alta montagna e un plotone di mitragliatrici pesanti.

Dopo un'ora di preparazione di artiglieria il gruppo uno avrebbe dovuto procedere sulla larga cresta in direzione del S. Matteo, mentre il gruppo due lo avrebbe seguito sulla stessa strada, scavalcando dopo l'occupazione del S. Matteo, per continuare il movimento verso il monte Mantello, ed occuparne le posizioni.

ATTACCO AL S. MATTEO

Le proposte ed i piani per l'attacco compilati dal capitano Molterer e dai tenenti Von Tabarelli e Licka, vennero approvati. L'inizio fu previsto all'imbrunire. Il 3 settembre 1918, prima delle 19, l'intero dispositivo d'attacco era pronto per uscire dalla caverna di ghiaccio preparata nei pressi del Passo degli Orsi, a lato della punta Giumella, che era sotto il fuoco avversario. Per primo si mosse il tenente Von Tabarelli, incontro alla posizione totalmente fortificata di punta S. Matteo a quota 3700, che era in pratica il punto più importante di tutta l'azione: la posizione avversaria sovrastava avvolta nel fumo nero provocato dal fuoco d'artiglieria.

Mentre l'ufficiale, silenziosamente e faticosamente, si spostava in avanti con i suoi fucilieri attraverso crepacci e neve alta, improvvisamente il fuoco di protezione che lo doveva proteggere si spostò sulle posizioni avversarie di monte Mantello. L'ufficiale era quasi solo e molto avanti rispetto alle sue forze, con la possibilità di avventurarsi contro le posizioni di vetta, che si presentavano davanti, ben visibili. La maggior parte

La fortezza «Madacciò» (3432 m) con le scale di accesso ai ricoveri in roccia per le mitragliatrici. In primo piano la capanna «Molterer». Al centro il Capitano Luis Molterer della compagnia di alta montagna del III Regg. Cacciatori Imperiali. È stato decorato dell'ordine di Leopoldo con decorazione di guerra e spade.

dei suoi tiratori non era stata in condizioni di seguirlo in una salita che, al fine di rispettare i tempi d'attacco, si era dimostrata troppo veloce: erano rimasti indietro nel bel mezzo del ghiacciaio a quota 3600, quasi senza fiato e ben lontani dalla linea di partenza. Soltanto pochi potevano raggiungere il valoroso comandante, mentre gli altri furono trovati, il giorno dopo l'attacco, ancora sulla via di salita, in parte indenni ed in parte congelati per il freddo notturno.

Nell'ultimo tratto di salita, l'avversario diede segno di vita, dalle sue caverne scavate nel ghiaccio ed incominciò a sparare con le mitragliatrici. Il tenente Von Tabarelli chiamò i suoi uomini ed ebbe ancora la forza di gettarsi, scandendo il comando «avanti avanti» contro la più vicina ed opposta posizione. Senza fiato, lo seguirono i primi dei suoi tiratori e successivamente attaccarono con granate a mano fino a quando la posizione venne occupata ed i prigionieri vennero fatti uscire dai loro ricoveri. Il valoroso avversario, comandante della posizione di punta S. Matteo capitano degli alpini Berni, che tenne la sua fortificazione fino all'estremo, giaceva, con circa trenta alpini in fondo ad una caverna di ghiaccio, sulla vetta, nella quale erano rimasti sepolti vivi dai massi di ghiaccio caduti a causa del nostro pesante fuoco d'artiglieria. A seguito del fuoco delle artiglierie italiane non fu più possibile portare aiuto e salvare gli alpini chiusi nella caverna assieme al loro capitano. La situazione infatti si aggravava di minuto in minuto, in quanto altri blocchi di ghiaccio cadevano nella caverna. Ciononostante il tenente Von Tabarelli fece dei tentativi per salvare gli uomini, ma senza, purtroppo, alcun esito, in quanto il fuoco d'artiglieria concentrato sul S. Matteo continuò a provocare un'ininterrotta caduta di massi che seppellì, in pratica, il presidio della vetta.

PROSEGUIMENTO VERSO MONTE MANTELLO

Nel frattempo la seconda colonna d'attacco, agli ordini del tenente Licka, si portò avanti sulla costa rocciosa a quota 3505, in direzione della vetta di monte Mantello. Secondo l'ordine d'attacco, il tenente Wilhelm Licka, che seguiva il dispositivo del tenente Von Tabarelli, avrebbe dovuto, a mezza via disporsi ad occupare la quota 3536 di monte Mantello.

Il capitano Molterer, a questo punto, aveva previsto ancora una variante: le guide e gli esperti di alpinismo avevano dichiarato che una traversata del difficile e ripidissimo pendio verso il ghiacciaio di valle Piana, soprattutto in assenza di copertura nevosa e quindi con ghiaccio completamente allo scoperto sarebbe stata possibile soltanto costruendovi dei gradini. Inoltre si sarebbe certamente avute delle cadute, se fosse stata effettuata da uomini non assicurati e dotati di completo equipaggiamento da guerra. Si doveva anche tenere presente che la traversata doveva compiersi sotto il tiro diretto delle artiglierie avversarie che potevano battere tutto il pendio. Il capitano Molterer propose che, a scelta del responsabile della colonna d'attacco verso monte Mantello, fino a quando il fuoco di sbarramento avversario non si fosse fatto avvertire sopra Punta S. Matteo, egli si dovesse dirigere, possibilmente verso la vetta appena occupata e predisporsi poi a scendere velocemente sulle posizioni della sella a quota 3505. Il tenente Licka si trovò quasi subito sotto il fuoco di sbarramento avversario e decise di iniziare immediatamente la traversata dei difficili pendii rivolti a sud. Il fatto che questa traversata, compiuta in circostanze estremamente difficili per un'ampiezza di 500—600 metri e una pendenza di 50 gradi, con l'incisione nel ghiaccio di circa seicento gradini, sotto la caduta continua di frammenti di ghiaccio staccati dal fuoco avversa-

Cannone austriaco da montagna da 75 su Cima Fratta Secca.

rio diretto sul S. Matteo, sia riuscita è, a pieno titolo, considerata una delle più grandi prestazioni nel corso della guerra di alta montagna. Essa permise, infatti, sotto la protezione del fuoco di distruzione d'artiglieria sul monte Mantello, il proseguimento dell'attacco e l'occupazione della vetta, con scarse perdite. Due ufficiali, il tenente Licka e il sottotenente Pilz, successivamente caduto, hanno dato il loro nome a questa straordinaria impresa.

Il gruppo del tenente Licka che guidò i suoi plotoni d'assalto sui gradini precedentemente scavati dal plotone guide, agli ordini dell'alfiere Knabls poi caduto, venne ostacolato, ripetutamente, nell'intento.

Componenti della forza d'attacco furono invece travolti e scagliati verso il basso nei profondi crepacci del ghiacciaio di Val Piana, dai massi che cadevano dal S. Matteo, per il fuoco d'artiglieria avversario. Il sottotenente Pilz seguiva la colonna d'attacco del tenente Licka, alla testa del suo plotone della 30ª compagnia da montagna, con il compito di rastrellare quei nidi di resistenza avversari che si fossero manifestati nel corso del combattimento e che erano forzatamente trascurati dalla testa della colonna; doveva successivamente raggiungere il monte Mantello e avanzare nelle linee fortificate avversarie e verso le postazioni in caverna delle posizioni di Villa Corno, per vedere se era possibile un'ulteriore prosecuzione dell'attacco. Era questo un compito particolarmente difficile in alta montagna. Qualora, infatti, le posizioni avversarie non fossero state in condizione di non più reagire all'assalitore, completamente esposto sul ghiacciaio e senza possibilità di aiuto, non sarebbe rimasta altra soluzione che rimanere sul posto.

EROICO SACRIFICIO SULLA CRESTA DI VILLA CORNO

Le posizioni avversarie della cresta di Villa Corno non potevano venir neutralizzate dal fuoco d'artiglieria, in quanto la difficile traversata compiuta dal gruppo del tenente Licka, ricca purtroppo di perdite, richiese il prolungamento del fuoco di distruzione su monte Cavallo per più di una mezz'ora. Questo tempo, nel quadro della preparazione d'artiglieria per l'attacco, era stato riservato per le posizioni della cresta di Villa Corno.

Il sottotenente Pilz era stato inserito a circa metà colonna, durante la traversata e si era adoperato incitando continuamente gli uomini ad andare avanti, ricacciandone il timore nato dal fatto che molti erano caduti dal pendio nei profondi crepacci sottostanti, con il loro equipaggiamento, ed era così riuscito a mantenere in movimento la colonna. Gli uomini caduti e scomparsi nei profondi crepacci del ghiacciaio di Val Piana non potevano in alcun modo, essere aiutati, perché l'attacco doveva proseguire ad ogni costo. Il sottotenente Pilz avanzò, dopo l'occupazione del monte Mantello oltre le posizioni, in direzione della cresta di Villa Corno, che stava scomparendo nella notte e tra le folate di nebbia. Non poté però portarsi molto in avanti, a causa del fuoco avversario e, nell'ultimo tentativo di occupare una posizione avversaria estrema, il 4 settembre 1918, all'alba, insieme con un manipolo di fedeli camerati della compagnia d'alta montagna, trovò eroica morte. Il riconoscimento del valore di questo valoroso ufficiale e dei suoi uomini a causa del tramonto della monarchia danubiana nel novembre 1918, non ebbe risonanza. Ma non può, qui non essere per sempre ricordato, insieme con i suoi valorosi compagni d'arme.

STRAORDINARIO SUCCESSO

In tutto il settore Ortles-Tonale, il successo ebbe grande eco anche perché le perdite furono relative, a confronto di quelle pesanti inflitte all'avversario. Per di più, si erano assicurate le vie per il rifornimento a tutto il settore e, con un solo attacco, si erano resi vani tutti i precedenti sforzi dell'avversario. Il comunicato di guerra dell'esercito austro-ungarico del 3 settembre 1918 mise in giusto rilievo il successo ottenuto. Fu l'ultimo bollettino di guerra della monarchia danubiana, nel quale si accennava ad un successo in combattimento.

Il maggiore degli alpini Caffaretti, straordinario e coraggioso comandante che si oppose all'attacco verso punta Giumella, immediatamente dopo la perdita del S. Matteo, cercò di proseguire l'attacco con le riserve dislocate dietro la cresta di Villa Corno, ma il suo contrattacco fin dall'inizio fu stroncato da un preciso fuoco di sbarramento.

Il 3 settembre 1918 è una data da ricordare per la nostra artiglieria che con il suo fuoco si spostava di obiettivo in obiettivo a sostenere il movimento delle truppe, in un terreno d'alta montagna, pieno di difficoltà e di ostacoli, fino al raggiungimento della meta finale.

Un particolare riconoscimento alle prestazioni dell'artiglieria, può essere desunto da un comunicato italiano che afferma: «Gli austriaci furono così precisi e tempestivi, con l'accompagnamento del fuoco d'artiglieria, che le nostre riserve erano ancora bloccate nei ricoveri scavati nel ghiaccio, quando le prime truppe d'assalto avversarie penetrarono nelle prime linee.»

NELL'ALBO DELLA GLORIA DEI CACCIATORI IMPERIALI

Accanto ai nomi degli ufficiali che guidarono queste azioni di guerra, altri ve ne sono di rilievo: quello del consigliere di corte Busch, ben noto nel mondo degli alpinisti, già presidente del club alpino austriaco, il quale, da punta S. Matteo, sostenne con il fuoco della sua mitragliatrice, la colonna d'attacco del tenente Licka; quello del professore universitario dottor Sauser, ufficiale addetto ai collegamenti della Brigata, il quale nel ricovero del comando del capitano Molterer, mantenne i collegamenti, nonostante fosse stato travolto da un fulmine durante le azioni di preparazione.

Vi sarebbero da elencare altri nomi di alpinisti famosi comprese le guide alpine che il capitano Molterer ebbe con sé e che svolsero compiti di grande difficoltà sui ghiacciai (preparazione della cima dell'Ortles; costruzione della fortezza di ghiaccio Madaccio-Tuckett; combattimenti sulla Trafoier Eiswand).

Macchina da presa su Cima Tonale a quota 2864 m.

E ancora altri meriterebbero una citazione: tutti coloro che, in questi combattimenti ad alta quota sacrificarono la loro vita ad un ideale; e non sono pochi gli uomini di montagna, che la lucente piramide di ghiaccio del S. Matteo ricorderà, alle future generazioni per sempre, per il loro silenzioso, eroico comportamento.

Sua Maestà l'imperatore Carlo, quale comandante di Reggimento ordina con suo comunicato del 11 gennaio 1917: «Io comando che i fucilieri territoriali si chiamino, da oggi, fucilieri imperiali; sono certo che queste valorose truppe che si sono fino ad oggi coperte di gloria, onoreranno, anche in futuro, il nuovo nome, per la mia gioia, per il loro onore, per il bene della Patria.»

Combattimenti di pattuglie fra i ghiacci

L'ASSALTO AL MONTE CRISTALLO

Nell'ottobre del 1916, tra i picchi del Cristallo (3431 m) nel gruppo dell'Ortles durante la notte si apersero feritoie, attraverso le quali alcune mitragliatrici italiane cominciarono a martellare violentemente le posizioni austriache, sul Gran Nagler (3274 m) e sul Monte Scorluzzo (3094 m) tanto di fianco che a tergo. In gran fretta si dovettero, perciò, costruire ripari anche in queste direzioni per evitare perdite maggiori. In un primo tempo non si era pensato che gli italiani potessero occupare quella linea coperta da ghiacci eterni. Ma ora che ne presidiavano la vetta, costituivano un serio pericolo per l'intero settore del fronte, che poteva diventare particolarmente grave, se su quelle cime, fossero stati issati moderni cannoni a tiro rapido, in condizione di battere senza scampo le posizioni austriache tanto di fianco quanto a tergo.

Nonostante le enormi difficoltà inerenti alla soluzione del problema, il comandante del settore dell'Ortles, maggiore generale barone Von Lempruch, dovette decidersi a dare l'ordine di muovere alla conquista del monte Cristallo. Poiché non era possibile prendere, con un'azione diretta, il massiccio di ghiaccio, ripido e talvolta a strapiombo e sui fianchi del quali i combattenti non avrebbero avuto la benché minima possibilità di ripararsi, fu deciso di eseguire l'attacco, costruendo una galleria sotto la superficie del ghiacciaio. L'esecuzione di questo piano presentava difficoltà certamente eccezionali.

Fu incaricato della direzione dei lavori il capitano Kalal dei Kaiserschützen del Tirolo.

L'ingresso della galleria di attacco fu posto a 800 metri a sud della punta Nagler, in un crepaccio del ghiacciaio. La via che doveva condurre all'imbocco era stata scelta in modo che l'ultima parte, pur essendo straordinariamente ripida, ma provvista di gradini e di corde di sicurezza, non potesse essere individuata dal nemico. Per quanto visibile essa era mascherata dalla pista che, dalla posizione Nagler, conduceva per il ghiacciaio alla Punta degli Spiriti, da lungo tempo conosciuta dal nemico. Perciò non si creavano innovazioni tali, in apparenza, da poter destare sospetti. Uscire dalla pista era severamente proibito.

Si riuscì effettivamente a mantenere nascosti all'avversario, fino all'ultimo momento, tutti i preparativi dell'attacco e ciò contribuì, in maniera determinante, al felice esito dell'azione. Il cambio degli uomini addetti alla galleria avveniva in tutta segretezza, dato che la pista dal Cristallo fino alla Punta degli Spiriti, era spesso sotto un nutrito fuoco di mitragliatrici, di proiettili di artiglieria e talvolta anche di granate a gas, ad esclusione della notte. Per sviare ancora più l'attenzione degli italiani dal nostro progetto fu issato e piazzato, nel fianco sud della posizione Nagler, un cannone da montagna, con l'esclusivo compito di mirare, con la massima esattezza, nelle feritoie avversarie del ghiacciaio, sul Monte Cristallo ed al medesimo scopo servivano due mitragliatrici piazzate lì vicino. Tutte le volte che l'avversario, dalla sua posizione, sparava sul

Costruzione di una baracca sul ghiacciaio di vetta del Cristallo (3431 m).

Monte Cristallo o che le sue sentinelle diventavano visibili, gli si fracassavano le feritoie, cosa che, evidentemente, non riusciva per nulla gradita; ma giunse a proposito per noi, perché il fuoco avversario, dopo alcuni colpi ben riusciti alle breccie, ammutoliva infallibilmente e spesso taceva per alcuni giorni consecutivi.

Pochi giorni dopo la decisione di espugnare la cima del Cristallo, incominciarono i lavori della galleria, che si continuarono di giorno e di notte, ininterrottamente, finché la lontananza dell'avversario rimase notevole. Come risultò da provate esperienze, nel ghiaccio, anche i rumori meno forti si ampflicano e si sentono chiaramente a distanza. Per questo si dovette escludere fin dal principio l'uso delle mine, e procedere alla continuazione della galleria con la massima cautela, usando solo zappe, picconi e pale.

Stazione di arrivo della teleferica nella caverna di ghiaccio sul Monte Cristallo.

Il lavoro fu straordinariamente difficile. Per mantenere l'esatta direzione ci si serviva della bussola e di continue e precise misure longitudinali. Là, dove non si doveva lavorare profondamente, sotto la superficie del ghiacciaio sospeso e in quelle parti dello stesso che non potevano essere viste dall'avversario, furono scavate buche verso l'esterno, misurate esattamente dalla Punta Nagler e dallo Scorluzzo, e segnate in un piano di lavoro. Ma quanto più profondamente si penetrava nel cuore del ghiacciaio, mantenere, nel buio, la direzione esatta diventava impresa di estrema difficoltà. Una precisa ricognizione dei luoghi non poté essere fatta. Si dovette perciò affidarsi alla bussola, basandosi sulle misure longitudinali e su quelle altimetriche. Grazie all'esattezza dei calcoli, si ebbero, considerate le difficoltà, poche perforazioni errate e, di conseguenza, un minimo sciupio di tempo e di forze.

La temperatura continuamente ed uniformemente bassa, in media sei gradi sotto zero, richiese molta fatica da parte di coloro che eseguivano la trapanazione; e, fintanto che anche dal lato opposto non si raggiunse un'apertura che permettesse la ventilazione, essi soffrirono molto, per l'aria viziata della galleria.

È naturale che l'ampiezza di questa galleria spesso ripida e quindi provvista di rozzi gradini di ghiaccio, fatti allo scopo di risparmiare le forze, non raggiungeva la dimensione necessaria per rendere possibile il traffico. Gli uomini alti di statura dovevano perciò camminare e lavorare curvi, e ciò comportava uno sforzo molto pesante. Quando si passò dal ghiaccio duro e compatto, al molle ghiaccio di nevaio, vicino alla cima, il lavoro proseguì molto più facilmente.

Un'altra difficoltà dei lavori consisteva nell'apparente impossibilità di eliminare la grande quantità di materiale da scavo che aumentava a 4000 mc. A questo proposito giovarono, in alcuni punti, fenditure del ghiacciaio mobile, nelle quali si gettava il ghiaccio scavato e attraverso le quali si dovettero, talvolta, gettare dei ponti. All'esterno, sulla superficie, per mantenere la segretezza dei lavori, non si poteva portare alcun materiale di scavo. Per l'incessante movimento del ghiacciaio, si dovettero spesso eseguire lavori straordinari per la galleria, che rubavano del tempo, ma che se non si fossero fatti, l'ampiezza necessaria si sarebbe troppo ristretta e modificata. L'aria sottile — la galleria si snodava fra i 3200 ed i 3500 metri — faceva tardare ancora di più il lavoro di per se stesso lento e pesante.

Si può dire, riassumendo, che questo attacco attraverso il ghiaccio del Cristallo per quanto riguarda l'esecuzione ed utilità, fu una delle imprese memorabili della guerra sulle alpi.

Durante il lavoro avvennero numerosi franamenti del soprastante fianco nord del Monte Cristallo, che sbarrarono l'entrata della galleria e dovettero essere immediatamente rimossi per sbloccare dalla terribile situazione i soldati rimasti all'interno.

La morte era in agguato in tutti gli angoli. La lunghezza totale di questa prima galleria d'attacco era di circa due chilometri. Tale straordinaria lunghezza dovette essere divisa in tappe per un maggiore riavvicinamento delle riserve, per risparmiare le forze, per l'enorme attrezzatura del lavoro, per l'assistenza regolare ai lavoratori come pure per un utile collegamento nel rifornimento di attrezzi e di materiali di ogni sorta. Si ebbero quindi, non lontano dall'entrata inferiore, a metà del percorso, e finalmente sotto la cima del Cristallo caverne più spaziose, nelle quali c'erano, accostate alle pareti, delle baracche fisse, coperte da tutte le parti con cartone catramato, che servivano da ricovero. Ognuna di queste baracche, nella notte eterna in mezzo al ghiacciaio, aveva un determinato numero di cuccette, una cucina da campo, una stufa ed un piccolo deposito di viveri. Il soggiorno nelle baracche, date le particolari circostanze, era abbastanza piacevole.

Non lontana dalla cima fu trovata una magnifica grotta di ghiaccio con magici effetti di luce; una prodigiosa fenditura, piena dei più strani ghiaccioli, forse secolari, spesso a grandezza di uomo. In questa grotta meravigliosa si trovavano anche giganteschi cristalli di forma non comune, fino ad allora non ancora osservate, poi studiate e descritte dai glaciologhi. In questa caverna, proprio nel ventre del monte ghiacciato, ebbero luogo, più tardi, esasperanti combattimenti di pattuglie.

Dalla fantastica grotta, il piano della galleria saliva ancora più ripido; finalmente ai primi di marzo del 1917 si giunse, dopo innumerevoli difficoltà sotto la posizione italiana. I lavori erano durati cinque mesi. Durante questo tempo, all'esterno, infuriava il terribile inverno alpino 1916—1917.

Vecchia via d'accesso attraverso il ghiacciaio.

Teleferica a Punta Nagler (3259 m) con una campata libera di 2000 metri.

Vie di accesso alle posizioni del monte Cristallo nel Gruppo dell'Ortles da Punta degli Spiriti (3476 m). Sullo sfondo il Gruppo del Bernina.

·········· = via allo scoperto
:::::::::: = caverna di ghiaccio
⌒ = finestre: si nota il segno lasciato dai detriti di ghiaccio
xxxxx = posizioni italiane
-o-o-o- = teleferica

Più ci si avvicinava alla posizione nemica, più si doveva lavorare con prudenza, per il pericolo di una scoperta prematura. Nelle ultime settimane di notte non si lavorava più nella galleria, i lavori furono limitati solo ad alcune ore della mattina, più vigile essendo, di notte, la sorveglianza avversaria, mentre nelle ore della mattina regnava, nella loro posizione, maggiore movimento che assorbiva i rumori e distraeva l'attenzione. Tentativi di tagliare il ghiaccio per mezzo di una perforatrice ad ossigeno si mostrarono inefficaci. Alla direzione dei lavori di scavo era il sottotenente Liendl, che come cadetto, nella conquista della cima del gruppo del Madaccio, aveva meritato la medaglia d'oro al valore. Il sottotenente Liendl era così preso dall'esecuzione della sua importante impresa che spesso per intere settimane, non usciva dal buio della galleria di ghiaccio concedendosi appena il minimo indispensabile riposo.

Il 17 marzo 1917, contrariamente al programma iniziale, che prevedeva un'uscita improvvisa dalla fine della galleria sulle posizioni avversarie, la conquista della cima del Cristallo, ebbe luogo in circostanze del tutto impreviste. I lavoratori che, negli ultimi giorni dei preparativi, avevano sempre tenuti pronti fucili e bombe a mano, riposavano durante la sosta di mezzogiorno. Fra loro si trovava l'alfiere di turno Kaiserschütze Sailer. Gli italiani, che si trovavano esattamente sopra gli austriaci, come risultò più tardi, separati solo da un sottile strato di ghiaccio, lavoravano senza sospetti nella loro posizione e ciò poteva essere chiaramente udito. Durante questo lavoro un alpino ruppe improvvisamente il ghiaccio e piombò nella galleria. Egli fu immediatamente dilaniato dalle bombe a mano austriache. Al rumore del combattimento, la guarnigione italiana dette l'allarme. Nel minor tempo possibile arrivò un rinforzo avversario che all'ultimo momento, avrebbe potuto rendere inutili i vantaggi di un lavoro estremamente difficile, che duravano da mesi.

Perciò il comandante prese la decisione di passare all'attacco senza alcun indugio, impiegando le riserve della baracca della cima. L'ordine fu rapidamente eseguito da tutti i valorosi. Sbucare dalla stretta galleria era per gli attaccanti un'impresa oltremodo pericolosa, perché ognuno di loro avrebbe potuto essere catturato dall'avversario, non appena messo fuori il piede. La confusione nata fra gli italiani dalla misteriosa scomparsa nel ghiaccio di uno dei suoi uomini, fu molto utile alla pattuglia austriaca attaccante e dopo breve e violenta lotta con fucili e bombe a mano, la guarnigione avversaria si ritirò, in parte attraverso l'entrata della sua galleria, in parte direttamente attraverso la cima. Il resto della guarnigione, circa dodici uomini, trovò una fine orrenda, precipitando oltre la parete sud del Cristallo, a strapiombo. Così riuscì, grazie alla decisione, all'energia degli assalitori, la conquista di questa importante posizione.

Uno scaglione, rimasto indietro, sulla cima, dopo l'irruzione aveva costruito in tutta fretta, nell'alta neve della vetta, una trincea, l'aveva occupata e armata con una mitragliatrice. Il vecchio cammino d'accesso avversario, che si apriva sotto il ghiaccio fu sbarrato mediante un esplosione. Si trattava ora di confermare il nostro successo ottenuto con un così diligente lavoro. A questo scopo fu costruita, nella gran massa ghiacciata della punta del Cristallo, un'intera rete di gallerie, al termine delle quali furono collocate postazioni di mitragliatrici e osservatori. L'intero sistema fu a poco a poco ordinato «sotto ghiaccio» con finestre di osservazione e feritoie che permettevano la vista da un lato delle cime occidentali del Cristallo, e dall'altro, dello Zebrù, che ora poteva essere completamente frugato dalla posizione austriaca; di là lo sguardo spaziava fino alla regione di Bormio. Questo ampio panorama era di una bellezza sbalorditiva. Si era così guadagnato un altro punto di grande importanza tattica, con enormi possi-

Monte Cristallo: poco sotto la vetta (3431 m) vi era una caverna naturale nel ghiaccio con ghiaccioli e ricca di effetti di luce.

bilità di osservazione. Per facilitare l'approvvigionamento della guarnigione sul Cristallo, fu costruita una teleferica tra la punta Nagler e la baracca della cima, azionata prima, a mano, e poi con un motore a benzina. A questo scopo, la parete del ghiacciaio che circondava la baracca verso nord, fu aperta e venne costruito un grande portale.

Molto più tardi, l'accesso alla posizione del Cristallo fu assai migliorato per mezzo di una galleria che dalla Punta degli Spiriti, lungo la cresta, sboccava direttamente nella parte superiore del sistema delle gallerie di ghiaccio. Così, fu possibile l'accesso al M. Cristallo anche di giorno e con tempo sereno. Si mantenne tuttavia l'entrata primitiva per possedere, per ogni evenienza, due accessi. La loro assoluta necessità fu chiaramente provata un giorno quando il vecchio accesso fu del tutto distrutto e reso inservibile, per diversi giorni, da una pesante frana di ghiaccio.

CONQUISTA E PERDITA DELLA PARETE DI GHIACCIO DELLA «CIMA DI TRAFOI»

Per il fronte austriaco, nel gruppo dell'Ortles, erano di straordinaria importanza le posizioni italiane della Cima di Trafoi (3563 m). Questo settore alpino — dirupato, enormemente erto e ghiacciato e dal lato austriaco quasi inaccessibile — dal quale si poteva dominare l'avversario, come da una finestra d'angolo, alle spalle della posizione di Passo dello Stelvio, e attraverso la valle di Trafoi fino all'alta valle Venosta, era, per gli austriaci, come una freccia infissa nel fianco. Il fronte di ghiaccio, altrimenti chiuso e trasversale alla punta del gruppo dell'Ortles, era interrotto, dall'occupazione di quelle posizioni, per un tratto considerevole. Era dunque di urgente necessità venire in possesso di questa cresta che si elevava verso il cielo.

Già nel 1916 gli austriaci avevano pensato di tentare l'occupazione della parete di ghiaccio di Cima Trafoi. Si dovette però abbandonare il progetto, per mancanza di truppe alpine. Essendo ormai occupata la punta dall'avversario, e da questi fortificata con attenzione e munita di un sistema di linee di difesa in roccia e ghiaccio, di batterie e di teleferiche, il progetto di impadronirsi con la forza della Cima di Trafoi parve un tentativo quasi disperato fin dal principio.

Poteva essere tentanto un attacco solo da ovest. Furono pertanto prese in considerazione quattro possibilità: procedere per la poco crepacciata vedretta di Campo, verso il Passo dei Camosci (3201 m) e, dopo averlo occupato, sferrare un'attacco lungo la cresta, in direzione nord ed occupare la cima; un attacco dalle spalle della posizione austriaca a 3419 metri, direttamente alla punta; una contemporanea combinazione di questi due attacchi e da ultimo, la penetrazione attraverso la profonda crepaccia terminale, ai piedi della parete di ghiaccio verso nord. Il primo progetto dovette essere abbandonato, data la scarsità delle forze a disposizione, perché la sola occupazione del Passo dei Camosci non garantiva la vittoria. Salire, da questa posizione, alla cima, sarebbe stato in sé molto difficile, un'impresa disperata e che avrebbe causato numerose perdite, sotto il fuoco diretto ed incrociato della posizione sulla vetta, della Beckmanngrat e delle postazioni intorno alla quota 3046. Il secondo progetto, di prendere, per così dire, il toro per le corna, poteva lasciare una speranza di successo, soltanto se fosse stato compiuto di notte e con la nebbia. Questa scalata, già molto difficile per alpinisti di grande classe non poteva essere fatta di notte. Salire sotto il fuoco avversario significava subire gravissime perdite, tanto più che per la strettezza del passaggio i soldati potevano attaccare solo uno dopo l'altro. Con queste due possibilità, anche l'even-

Via d'accesso alle prime linee della Cima di Trafoi (3563 m) ➔

tualità di portare avanti il terzo progetto era impossibile. Anche il quarto progetto, di penetrare, cioè, lungo l'attacco nord della parete di ghiaccio, superando in precedenza il profondo baratro, risultò inattuabile, per l'enorme spreco di tempo o di lavoro. Ma se anche questo era un grosso problema, questo era da realizzare e così si decise di usare i medesimi mezzi impiegati nella conquista del Cristallo e raggiungere lo scopo con lavori certo lunghi, ma che promettevano qualche successo: costruire, cioè, una galleria. Nella primavera del 1917 il capitano Molterer incominciò i preparativi, che conobbero difficoltà anche maggiori di quelle incontrate nella conquista del Monte Cristallo.

L'imbocco della galleria, nella parte superiore del ghiacciaio di Trafoi, venne fissato nel profondo avvallamento a nord della nostra posizione «Cima Campana» non vista dal nemico, e fu costruita una teleferica. La galleria di attacco si innalzava con serpentine molto ripide, attraverso il pendio del ghiacciaio sospeso, fortemente mobile, e che perciò richiedeva continuamente lavori straordinari, direttamente verso la posizione di vetta della Cima Trafoi a 3553 metri. Spesso, come già era accaduto per quella del Monte Cristallo, la galleria in costruzione franava a causa del forte movimento del ghiacciaio, cosicché gli uomini addetti al lavoro, furono più volte seppelliti sotto le macerie. Per somma fortuna, però nessun crollo portò ad una catastrofe.

L'irruzione e la presa della posizione avversaria fu decisa, per le prime ore della mattina del 1 settembre 1917 e venne compiuta dalla compagnia al comando del tenente Bayer.

Riuscita l'irruzione, immobilizzata l'assonnata sentinella sulla vetta, tagliato il sistema d'allarme avversario, ci si accorse che la guarnigione della posizione era stata trasferita in una baracca, situata a sud della cima su uno spiazzo di roccia, cinquanta metri più in basso. Con rapida decisione il tenente Bayer, con uno dei suoi uomini, si calò con una corda, lungo la ripida parete di roccia, per inchiodare, se possibile, l'avversario nel suo ricovero. Ma questi messo in allarme dai rumori, già incominciava a sparare. Gli uomini della pattuglia austriaca, annidati fra i denti della roccia e nel ghiaccio proteggevano, con tiri ben aggiustati l'avanzata dell'ardita cordata, giunta ormai sotto il violento fuoco nemico. Una parte degli italiani, vestiti appena del necessario era corsa fuori dalla baracca mentre una parte si trovava ancora dentro. La lotta durò accanita, finché la guarnigione dovette arrendersi. Furono fatti prigionieri due ufficiali e trenta uomini, e catturate provviste, medicinali e armi e l'intera documentazione di una compagnia ricca di annotazioni di grande valore: ordini, fotografie e carte.

L'avversario ebbe a lamentare diverse perdite. Molti uomini morirono colpiti dalle fucilate e dalle bombe a mano e parecchi precipitarono dalle rocce.

Il nuovo presidio si installò subito nelle linee avversarie. Alcune ore più tardi, l'avversario tentò, con rincalzi giunti in tutta fretta, di riconquistare la vetta con un contrassalto che però non riuscì. Bisognava sistemare il presidio nella posizione conquistata ed iniziare tutti i lavori necessari alla continuazione dell'azione, oltremodo diffici-

Cannone sul Pleisshorn (3754 m) ➔

Stazione radio sulla Cima del Lago Gelato a quota 3230.

Osservatorio di artiglieria all'uscita di una caverna di ghiaccio. ➔

le, verso la punta Thurwieser occupata dagli italiani (3652 m) e verso il passo dell'Ortles (3353 m) fino alla occupazione definitiva di quel settore del fronte di importanza decisiva. L'inverno era alle porte: bisognava quindi agire rapidamente.

In quei giorni di preparativi, il presidio della vetta fu assai disturbato dal fuoco concentrico delle batterie avversarie, che assumeva spesso violenza spaventosa, dalla Capanna Milano (2877 m), dalla Baita del Pastore (2212 m), dal monte Forcellino; come pure dai cannoni di grande portata issati sul monte Braulio (2986 m) ad occidente del passo dello Stelvio. Oltre a ciò, proprio in quelle critiche giornate, franò una parete della galleria ed il lavoro di sgombero richiese quasi tutto il giorno. Durante tutto questo tempo nulla poté essere portato nella posizione così bombardata. L'attività dell'artiglieria, più serrata del solito, faceva supporre che l'avversario meditasse un'impresa di maggiore importanza per la riconquista della posizione, per lui tanto preziosa. Si presentava ora un problema molto grave da risolvere e cioè se ci si doveva accontentare del successo ottenuto in questa azione memorabile in una delle regioni più alte delle Alpi, e quindi sgomberare la posizione, oppure tentare la lotta che si presumeva assai aspra.

La grande importanza tattica della posizione della vetta, sulla parete di ghiaccio di Cima Trafoi, la fiducia nella bravura e nello spirito di sacrificio delle brillanti truppe alpine, indussero a prendere, nonostante tutte le riflessioni quest'ultima decisione. Tre giorni più tardi, il 3 settembre 1917, si scatenò, in una chiara e limpida mattina, il contrattacco avversario, nel quale le truppe furono impiegate senza riguardo alcuno.

Il fuoco violento e concentrico dell'artiglieria bombardò fin dall'alba la posizione della vetta. Il luogotenente dei Kaiserjäger, Kurzbauer, comandante in quei giorni di quel presidio, dovette adoperarsi in ogni modo per impedire inutili perdite di uomini. Il nemico assalì la nostra posizione con tre colonne: una salì dal Passo dei Camosci, un'altra dal ghiacciaio dei Camosci e una terza si arrampicò lungo la Beckmanngrat dalla Punta Thurwieser. Un nemico molto superiore investì il piccolo gruppo a presidio della vetta, straordinariamente esiguo. L'intera artiglieria austriaca del settore, le batterie dell'Ortles (3902 m) e del corno di Pleisshorn (3154 m), i cannoni della posizione del Madaccio (3432 m) il cannone sul corno del Naso (2917 m) ed i due obici da campagna del Monte Livrio (3117 m) orientarono il loro fuoco sul piccolo settore d'attacco. Da tutte le vette intorno si potevano notare le gravi perdite dell'avversario. Si vedevano gli alpini cadere dal Beckmanngrat e dalla cresta dei Camosci nei terribili abissi, sul lato austriaco ed italiano. Eroicamente, la piccola schiera dei difensori della vetta fece buona prova, guidata dall'energico capo, più volte ferito. Le mitragliatrici seminarono strage tra gli assalitori. Ma, in breve, con un'abile mossa aggirante dell'avversario, che bloccò la galleria di ghiaccio, venne tagliata la ritirata alla piccola schiera.

L'avversario penetrò nella posizione e la occupò. Dei quindici uomini della guarnigione austriaca otto caddero, e gli altri furono feriti più o meno gravemente. Con un ultimo sforzo, riuscirono a distruggere le loro mitragliatrici, poi furono fatti prigionieri.

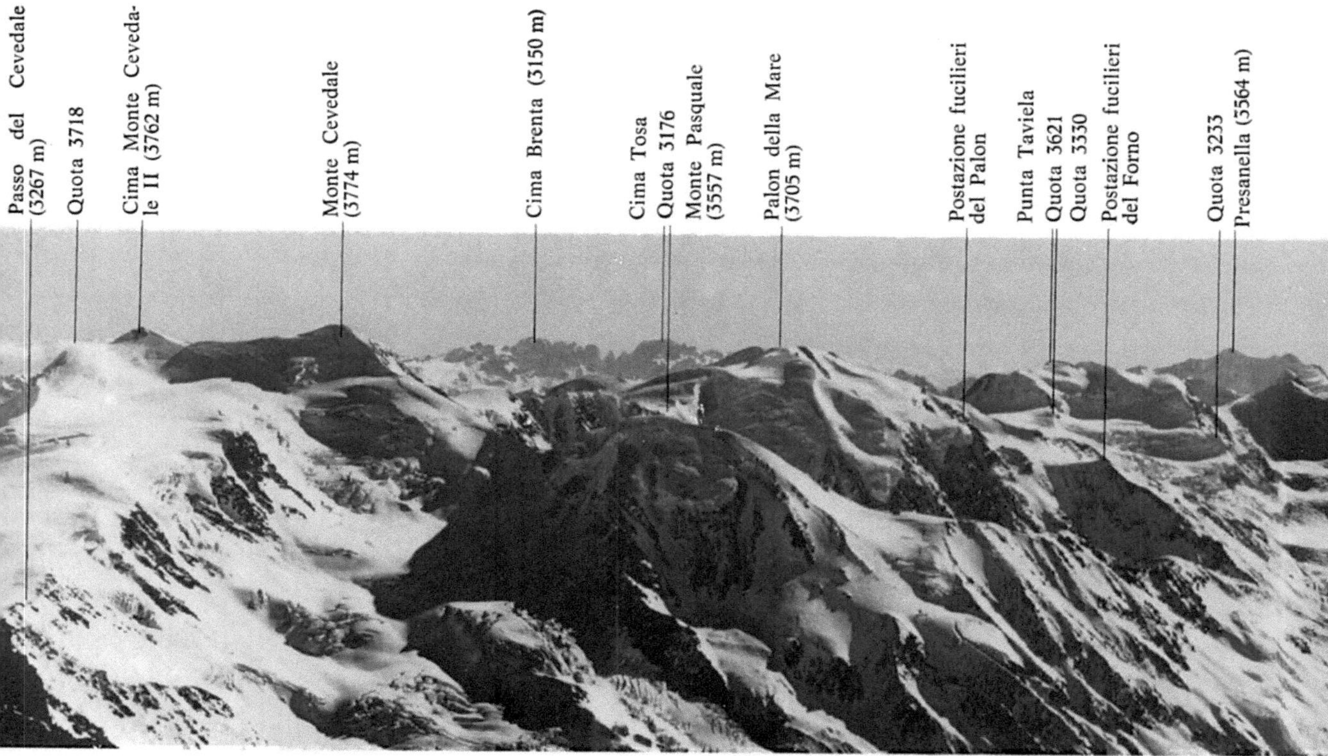

Teatro di guerra dal Cevedale al Tresero ripreso dalla Spalla del Gran Zebrù.

La difesa della parete ghiacciata di Cima Trafoi fa parte delle grandi gesta eroiche che le Alpi videro durante la grande guerra mondiale.

Un solo uomo della guarnigione sfuggì alla cattura, con una fuga precipitosa ed avventurosa attraverso il ghiacciaio, verso Cima Campana. Il suo rapporto dell'ultimo combattimento sulla vetta è un vero canto epico.

Le rovine dell'Hotel al Passo dello Stelvio (2756 m) viste da Cima Garibaldi. Poco sopra le postazioni di una batteria di cannoni. A destra il monte Scorluzzo (3094 m) sul quale correva la prima linea.

QUARANTA ORE SUI GHIACCIAI

Si trattava di preparare l'espugnazione della posizione italiana sul Zebrù, nel gruppo dell'Ortles. A questo scopo, dovevano essere mandate avanti, alle spalle delle posizioni avversarie, nelle vicinanze del Rifugio Pizzini (2700 m) e al Passo Zebrù pattuglie di ricognizione. Avvicinarsi all'avversario che, in questo settore era lontano dalle nostre linee 3 o 4 chilometri, separato da ghiacciai, era un'impresa alpina particolarmente difficile e pericolosa per delle pattuglie. Perciò furono scelti tre sottoufficiali di gendarmeria, che conoscevano la regione. Il furiere maggiore Schober, con quaranta uomini e una pattuglia di tiratori scelti aveva l'incarico preciso di attuare il piano. Due forti pattuglie, che procedevano di fianco, avevano l'incarico della sicurezza ai lati della pattuglia principale. Non era possibile scendere di giorno, dalla posizione austriaca al

Ricoveri e posizioni di artiglieria sul Cevedale (3778 m). A sinistra il Gran Zebrù e il passo della Bottiglia.

passo del Cevedale (3267 m) sul ripido ghiacciaio del Cedec, verso gli avamposti avversari, perché le pattuglie, sulle immense distese del ghiacciaio, senza riparo, sarebbero stati bersagli troppo facili alle mitragliatrici e ai fucili dell'avversario. Così la discesa fu iniziata nella notte, tra enormi difficoltà. La pattuglia procedeva passo, passo, tastando con precauzione le fenditure del ghiacciaio, ai molti pericoli del quale si aggiungeva anche quello delle vedette avversarie. Se ne ignorava l'ubicazione e le pattuglie potevano incappare nei loro fucili.

Con un fiuto straordinario, il comandante della pattuglia guidò i suoi uomini sul ghiacciaio e sui pendii delle rocce a picco sulla valle e finalmente, senza rumore, scivolando tra le sentinelle italiane, verso la posizione avversaria più importante. Qui la pat-

Sullo sfondo al centro il San Matteo (3692 m) e all'estrema destra il Picco Tresero (3620 m) visti dalle posizioni austriache del Monte Vioz (3650 m). L'occupazione del San Matteo da parte degli Italiani e la rioccupazione da parte austriaca, vengono ritenuti fra i combattimenti più duri della Guerra mondiale.

tuglia incominciò il suo lavoro. Girò instancabile per ore ed ore, durante l'intera notte, per tutta la regione, cercò le linee telefoniche avversarie e, dove poté, le tagliò. Il furiere maggiore ed i suoi uomini riuscirono a giungere di sorpresa alle spalle di una vedetta e ad ucciderla, dopo una tremenda lotta. La notte era turbata; da tutte le pareti di roccia echeggiò l'allarme della battaglia; le rimanenti sentinelle e le truppe della posizione presero parte al combattimento notturno. Bombardata da tutte le parti, la pattuglia fu costretta a prendere la via del ritorno. Ingenti forze avversarie avanzavano dalla posizione principale. La situazione della pattuglia si era fatta estremamente critica. Un ritorno per le ripide pareti rocciose non era più possibile, poiché, nel frattempo si era fatto chiaro. Non rimase così, al comandante della pattuglia, altra soluzione che portarsi, per quanto possibile, sul dirupato pendio roccioso, nelle posizioni più favorevoli, ed accettare la disperata battaglia con un avversario superiore. Tutto dipendeva dal fatto che la pattuglia riuscisse a difendersi dagli attacchi portati durante il giorno; il sopraggiungere dell'oscurità le avrebbe consentito il ritorno per la via del ghiacciaio. Quel pugno di uomini resistette diciasette ore, difendendosi strenuamente e respingen-

Il più alto posto di guardia della Guerra ripreso dal fianco sinistro del Cevedale.

do tutti gli attacchi dell'avversario e incominciare l'ascesa del ghiacciaio. Finalmente la notte tanto desiderata sopraggiunse e la pattuglia, estenuata, poté liberarsi dalla stretta dell'avversario e incominciare la salita.

Le difficoltà di questo ritorno crebbero a dismisura. Gli uomini camminavano da trenta ore, strisciando e lottando tra le rocce ed il ghiaccio e dovevano, ora nella notte buia, nuovamente salire il pericoloso cammino del passo del Cevedale.

E questi uomini affranti, quasi incapaci di reggersi sulle gambe, portavano sulle spalle, ciascuno con l'aiuto di un compagno, un compagno ferito.

Dopo un'assenza di quaranta ore, la pattuglia rientrava nella posizione sul passo del Cevedale.

Anticima dell'Ortles. Ricovero in caverna di ghiaccio. ➔

Generale

VIKTOR GRAF DANKL,
1854—1941

Vittoria di Krasnik

omandante della difesa terri-riale del Tirolo, Comandan- della XI Armata. Capo del-l'Ordine militare di Maria Teresa

ecorato con la grande Croce dell'Ordine Militare di Baviera.

Generale di Artiglieria

KONRAD KRAFFT von DELLMENSINGEN
1862—1953

Comandante del Corpo Alpino Tedesco

impiegato nelle zone: Travenanzes, Tre Sassi, Sief, Col di Lana, Monte Piana, Sesto, Alpi Carniche.

Decorato con l'Ordine «Pour le Mérite, l'Ordine della Corona di Ferro di 1ª classe ed altre decorazioni.

Sottotenente del VIII Reggimento Artiglieria da Montagna

GUNTHER LANGES
1899—1972

Fronti: Dolomiti, Marmolada, Monte Grappa, Alpi Carniche, Altipiano dei sette Comuni, Fronte Occidentale.

Decorato con Grande Medaglia d'Argento, Piccola Medaglia d'Argento e Medaglia di Bronzo al Valore. Insignito della Karl-Truppenkreuz.

Tenente del IV Reggimento Kaiserjäger del Tirolo

HUBERT MUMELTER
1896–1981

Dall'ottobre 1915 al settembre 1917 Comandante della 6ª Compagnia Kaiserjäger e successivamente della Compagnia Guide. Fronti: settore Rovereto, Arabba, Carbonin, Travenanzes, Tofane, Torre di Fanes, settore sud dell'Ortles, San Matteo, Giumella.

Decorato con medaglia al Valore d'Argento e di Bronzo, Signum Laudis di Argento e di Bronzo con Spade. Insignito della Karl-Truppenkreuz.

QUADRO D'ONORE

Capitano del II Reggimento Kaiserjäger del Tirolo

TONI von TSCHURTSCHENTHALER-HELMHEIM
1888—1967

Fronti: Galizia orientale, Hujcze-Dunajeg (dove gran parte degli uomini del Reggimento morì eroicamente) Sesto, Col di Lana.

Decorato con l'Ordine della Croce di Ferro di III classe con insegne di Guerra e Spade, Medaglia Militare di Bronzo e Croci di Servizio.

Capitano del III Reggimento Kaiserschützen Tirolese

LUIS MOLTERER
1886—1966

Comandante della Compagnia di alta montagna

Fronti: Ortles, Trafoier Eiswand, Monte Cristallo, San Matteo, Monte Mantello, Giumella.

Decorato con l'Ordine di Leopoldo, l'Ordine della Corona di Ferro, la Croce Militare di Servizio, il Signum Laudis in Argento con Fermaglio

Sopra i 5 Ordini le Insegne di Guerra e Spade

Guida alpina e Standschützen scelto

SEPP INNERKOFLER
1865—1915

Comandante della Compagnia Guide «Pattuglia Volante»

Impiego al Fronte: Dolomiti di Sesto e Monte Paterno. Caduto sulla cresta del Paterno il 4 luglio 1915

Decorato alla memoria con Medaglia d'oro al Valore

Letteratura

Hermann Czant: Alpinismus und Weltkrieg

C. Fettarappa-Sandri: La guerra sotto le stelle

Valentin Feurstein: Dolomitenkämpfe

von Lembruch: Der König der deutschen Alpen und seine Helden (Der Tunnelsturm auf die Hohe Schneid. Eroberung und Verlust der Trafoier Eiswand)

Cletus Pichler: Der Krieg in Tirol 1915/16 (Die Mine des Monte Cimone d'Arsiero)

Victor Schemfil: Das k. u. k. 3. Regiment der Tiroler Kaiserjäger im Weltkrieg (Der Minenkrieg in der Lagazuoiwand)

Fotografie ed autori

Baehrendt L., Meran: 173

Berti Antonio, Venezia: 40

Biehler B.: 79

*Dapino V.:*31

Dusini Eugen, Bozen: 101*, 122*

Finke Heinz, Konstanz: 121*

Ghedina, Foto, Cortina: 55*

Handl Leo, Innsbruck: 24, 35, 137, 138

Homa Adalbert, St. Anton am Arlberg: 48, 51, 58, 59, 63, 66, 112/113

Jöchler R.: 119*

Jori M., Canazei: 36, 134

Archiv Langes Gunther, Bozen: 38, 109, 130/131, 205

Molterer Luis, Bozen: 185

Österr. Kriegsarchiv, Wien (1932): 8, 10, 23, 25, 28, 29, 41, 43, 45, 49, 71, 73, 76, 77, 105, 129, 133, 140, 141, 143, 147, 149, 153, 154, 165, 171, 175, 179, 183, 187, 195, 206, 208, 210

Österr. Nationalbibliothek, Wien (Bildarchiv 1972): 17, 19, 21, 27, 50, 61, 69, 86, 87, 93, 95, 97, 108, 111, 145, 151, 161, 163, 177, 178, 199, 201, 202, 203, 207, 209

Raschin A., Innsbruck: 100, 117

Schaumann Walther, Wien, (Archiv): 30, 57, 159, 167, 169, 180, 192, 193

Zardini A., Cortina: 83*

Le fotografie segnate con asterisco sono state riprese dopo la guerra.

Il ritratto di Sepp Innerkofler è di Antonio Berti; la fotografia di Konrad Krafft von Dellmensingen e di Viktor Dankl provengono dall'archivio Nazionale Austriaco. Le rimanenti provengono da archivi privati o da raccolte di famiglia.

Persone citate

Indice